中央农业干部教育培训中心广东海洋大学分院、广东海洋大学继续教育学院、广东省普通高校人文社会科学重点研究基地——广东海洋大学海洋经济与管理研究中心、中央支持地方财政基金、广东海洋大学经济学院、管理学院、广东省精品课程——海洋经济学项目资助

U0864484

中国沿海港口交通体系与海上通道安全

朱坚真　主　编

海洋出版社

2017年·北京

图书在版编目(CIP)数据

中国沿海港口交通体系与海上通道安全/朱坚真主编．—北京：海洋出版社，2017.6
ISBN 978-7-5027-9806-2

Ⅰ.①中… Ⅱ.①朱… Ⅲ.①海港-交通规划-研究-中国②海上运输-交通运输安全-研究-中国 Ⅳ.①U659.2②U698

中国版本图书馆 CIP 数据核字(2017)第 150730 号

中国沿海港口交通体系与海上通道安全
ZHONGGUO YANHAI GANGKOU JIAOTONG TIXI YU HAISHANG TONGDAO ANQUAN

总 策 划：邹华跃
责任编辑：黄新峰
责任印制：赵麟苏
封面设计：申 彪
出版发行：海洋出版社 出版发行
地 址：北京市海淀区大慧寺路 8 号(707 房间)
100081
经 销：新华书店
技术支持：(010)62100057

发 行 部：(010)68038093(邮购)(010)62100077
网 址：www.oceanpress.com.cn
承 印：北京画中画印刷有限公司印刷
版 次：2017 年 7 月第 1 版
2017 年 7 月第 1 次印刷
开 本：787mm×1092mm 1/16
印 张：16
字 数：324 千字
定 价：48.00 元

本书如有印、装质量问题可与本社发行部联系调换。

本社教材出版中心诚征教材选题及优秀作者，邮件发至 hyjccb@ sina.com

《中国沿海港口交通体系与海上通道安全》编写委员会

主　编：朱坚真

副主编：周珊珊　罗国强　李　波　张　靳

编著者：朱坚真　周珊珊　罗国强　李　波　张　靳

张君丽　叶晓丽　胡俊雄　张　帅　张彤彤

石　歌　宋逸伦　刘汉斌　杨珍奇　王继全

目　次

第一章　中国沿海港口交通体系建设现状

第一节　改革开放以来中国沿海港口群建设突飞猛进

中华人民共和国成立以来，尤其是改革开放以来，随着我国外向型经济和进出口贸易的快速发展，沿海港口建设突飞猛进，逐步形成了具有中国特色的沿海港口交通体系和港口群。近年来，在世界经济贸易格局发展变化的大背景下，我国步入经济和产业结构调整与转型升级的关键时期，国家相继出台了一系列沿海地区区域发展规划，对沿海港口发展提出了新的要求。同时，沿海港口自身也逐步进入结构调整与优化升级的新阶段，区域港口发展也呈现出一些新的特点。

一、港口群的概念及形成过程

(一)港口及港口群的概念

港口是水陆交通的集结点和枢纽，工农业产品和外贸进出口物资的集散地，船舶停泊、装卸货物、上下旅客、补充给养的场所。由于港口是联系内陆腹地和海洋运输(国际航空运输)的一个天然界面，因此人们也把港口称作国际物流的一个特殊节点。根据港口所处位置的不同，可将港口划分为沿海港口与内河港口，本书重点讨论沿海港口，除港口间合作提及外，本书讨论的沿海港口不包括港澳台。

港口群是进行港口规划经营时使用的一个重要概念，但迄今学术界对港口群的定义并未统一。从港口规划角度出发，港口群被定义为“地理位置临近，共有部分腹地，部分功能可以相互取代并互为竞争对手的港口组合”。有的学者指出：“港口群是为共同腹地提供物流服务，在发展规模与性质上既相互制约又相互补充，在地域上彼此相邻或相近的一组港口的空间组合。”而另外一部分学者则认为：“港口群是在临近的特定地域上，以一个或多个大型港口为中心，在便利的交通基础上，区域内各港口之间以竞合关系为纽带，且各港口以投入产出关系为主带动区域经济发展而形成的盈利性和非盈利性组织的集合体。”①

① 唐宋元. 港口群协同发展的内涵、目标与意义[J]. 港口经济，2013，06：11-15.

但是,理论界普遍认为,港口群是指为吸引腹地提供货物运输和装卸服务,其发展规模和性质既相互制约又相互依存,其地理位置彼此相邻或相近的一组港口的空间组合形成港口地域组合。

各个港口地域组合之间既相互竞争又相互协作,同一港口地域组合内部港口等级划分清楚,喂给港、支线港和枢纽港功能合理定位,对外协作能力高,形成一个凝聚力强的、有机的、高效率的港口群。

(二)港口群的形成过程

港口群是为后方城市群及广大腹地提供物资运输服务的关键节点,它的发展演变始终依赖于并伴随着腹地经济社会特别是城市群的发展,并优先出现在区域经济率先发展的地区或城市群内,其形态经历了由单个港口、多个港口到港口群的历史变迁。实践表明,同一地区具备一定联系的多个港口并不一定都能发展成为港口群,还取决于其发展规模、水平、对腹地经济发展的作用等因素。①

从我国的长三角、珠三角,日本的东京湾等地港口发展历程来看,港口群的形成大致可分为三个阶段。

(1)起步阶段。在城市及区域经济发展初期,由于城市发展规模有限,贸易往来较少等原因,单个港口往往即可满足腹地物资运输需求。这一时期在同一区域内港口数量少,规模较小,功能单一,主要服务本地基础物资运输需求或作为腹地进出口物资的就近出海通道,港口群发展水平尚处于起步阶段。

(2)发展阶段。随着区域经济的发展,港口后方主要城市功能及工业、服务业逐步向周边地区溢出,城市发展形态由过去的单独个体逐步向组团式发展转变,而率先发展的核心城市对周边地区的带动作用逐步显露,城市群发展格局初具雏形。在这一过程中,为保障快速增长的运输需求,港口发展重点是以基础设施建设、规模扩张为主。基于港口资源利用、服务水平、货物运输成本等因素,原有单个港口已不能满足区域经济发展要求,港口运输功能开始向周边邻近城市溢出,进而推动了区域内其他港口的起步和发展繁荣。在此背景下,该区域内原有单一港口的发展模式被打破,港口发展呈现出两个乃至多个港口相辅相成的格局。这一时期,港口群发展格局逐步显露,原有港口往往发挥区域内核心港口的主导作用,与其他新兴港口形成一定的分工合作关系。同时,随着其他港口的快速崛起,也可能会涌现新的核心港口,进一步推动港口群发展格局的改变。

(3)成熟阶段。随着区域经济发展速度加快,城市群规模效益进一步凸显,产业发展呈现出集群化、规模化等显著特征,区域经济社会发展要求港口提供更加全面、可靠、高效的运

---

① 黄俊,李善友,施华栋. 我国沿海港口群划分及发展重点[J]. 综合运输,2014,10:23-28.

输服务。同时，随着大型综合运输通道的建设，区域港口的辐射范围超越了原有城市群的范围，通达更为深远的腹地。这一时期，区域港口发展水平、规模显著增强，亦可能出现新的港口。进一步提升港口群的服务保障能力，优化完善港口间的分工合作是这一时期港口群发展的重点任务。这是港口群发展的成熟阶段，也是区域特别是后方城市群经济、产业发展处于国家领先水平的重要标志之一。

(三)沿海港口群总体布局

1. 港口地域组合

沿海港口除了运输职能外，还具有促进临海型工业、商储、流通发展等多种功能。良好的港口条件对改善投资环境，吸引国外、国内投资具有重大作用。

表 1-1　我国沿海港口地域组合及其港口分工概况

组合区名称	位置	腹地大致地域范围	主要港口职能类型
东北沿海	辽东半岛及附近沿海	东北地区三省，内蒙古东部	中心枢纽港：大连；分流港：营口；地区港：丹东、锦州
华北沿海	渤海西海岸	华北地区北部和中部；西北地区东北部	中心枢纽港：天津；专业输出港和地区港：秦皇岛、黄骅；地区港：京唐港
黄淮沿海	胶东半岛及附近沿海	华北地区南部及其以南至秦岭、淮河以北地区、西北地区东南部	中心枢纽港：青岛；分流港和地区港：烟台；专业输出港和地区港：连云港；专业输出港：日照；地区港：威海、龙口
华东沿海	长江三角洲及附近沿海	长江流域东部，浙江中北部	中心枢纽港：上海；水水中转港、分流港和地区港：宁波、南通；工业港：宝钢、金山石化；地区港：张家港、舟山港
东南沿海	台湾海峡西侧及附近沿海	浙江南部，福建全部，广东东部，江西南部和东南部	中心枢纽港：厦门港；地区港：福州、汕头、温州、泉州；水水中转港与专业输出港：湄洲湾港、东山港
华南沿海	珠江三角洲及附近沿海	广东中部和北部，江西西部和西南部，湖南中部和南部，广西东北部	中心枢纽港：香港—广州；分流港与地区港：蛇口、赤湾、盐田；水水中转港：盐田、高栏；地区港：中山、珠海、江门、惠州和汕尾
西南沿海	雷州半岛及北海湾沿岸	广东西部，广西东部、湖南西南部，云贵川东部，海南全部	中心枢纽港：湛江；专业出口港和地区港：八所、防城；工业港：杨浦；地区港：海口、北海、钦州、三亚

根据沿海港口的自然条件、交通区位、地区经济、区域经济联合，以及依托城市的经济实力，可以认为，我国沿海港口将逐渐形成七个沿海港口地域组合区：东北沿海、华北沿海、黄

淮沿海、华东沿海、东南沿海、华南沿海和西南沿海。这些组合区分别由中心枢纽港、分流港、专业港和地区港组成,各港间有一定分工,大体表达我国今后海港布局的基本框架和结构体系。

2. 港口层次结构

从全国角度分析,依据各港的影响力度与其腹地的经济水平和发展趋势,将逐渐形成为以下的港口层次结构:国际特大型的综合性枢纽港,即在世界上具有重要地位的世界级港口,它们是世界洲际航运中心,香港已具备这一性质。上海也将步入这类港口行列;国家大型的综合性骨干港,不仅在亚洲占有重要地位,在洲际航运中也有一定地位的综合性大港,构成为我国各港口组合区中的中心枢纽港,如大连、天津、青岛、厦门、广州、深圳和湛江等港;国家大型专业港,即在我国海上运输中占居重要地位的各种大型专业港,主要有能源输出港,已形成或将建设的此类港口有秦皇岛、黄骅、日照、连云港等港口,此外还有水中转港,即可发展成此类港口的有宁波、舟山、南通(含吕泗)、湄洲湾、深圳(盐田)和珠海(高栏)等港口,大型工业港,此类港口有上海宝钢港和北海铁山港等;区域性大型港口和国家大型枢纽港的分流港,其地位、作用和运量介于国家大型综合性枢纽港与众多中小港之间的区域性枢纽港,或为国家大型枢纽港进行分流的港口,已形成或有条件发展成为此类港口的有营口、烟台、连云港(兼)、宁波(兼)、南通(兼)、南京、张家港、温州、福州、汕头、珠海(兼)、海口、洋浦、防城等港。

其他中小型地区或地方港口,为不属于以上港口的所有港口。另外,上述发展层次结构暂不包括我国台湾省各港。今后台湾省回归之后,其中高雄港也有可能成为我国第三个国际大型的综合性枢纽港。

二、改革开放以来我国沿海港口群布局情况

改革开放以来,我国外向型经济的繁荣推动了沿海港口的快速发展,港口规模、功能、地位不断提升,长江三角洲、珠江三角洲等区域港口呈现出集群化发展的典型特征,成为区域经济社会发展的重要引擎。2006 年,我国颁布实施的《全国沿海港口布局规划》从国家层面明确沿海地区划分为五大区域港口群的总格局,有效引导了沿海港口的合理布局。

目前我国基本形成了包括主要港口、地区性重要港口和其他一般港口三个层次的港口体系,在长三角、珠三角、环渤海、东南沿海、西南沿海五大区域形成了规模庞大并相对集中的港口群。我国沿海五大港口群区域分布,如图 1-1 所示。

(一)环黄渤海港口群

环黄渤海地区是全国沿海较大规模以上港口最集中的区域。近年来,特别是随着北方航运中心的建设,环黄渤海地区已基本形成以大连港为核心,营口港、丹东港和锦州港为主

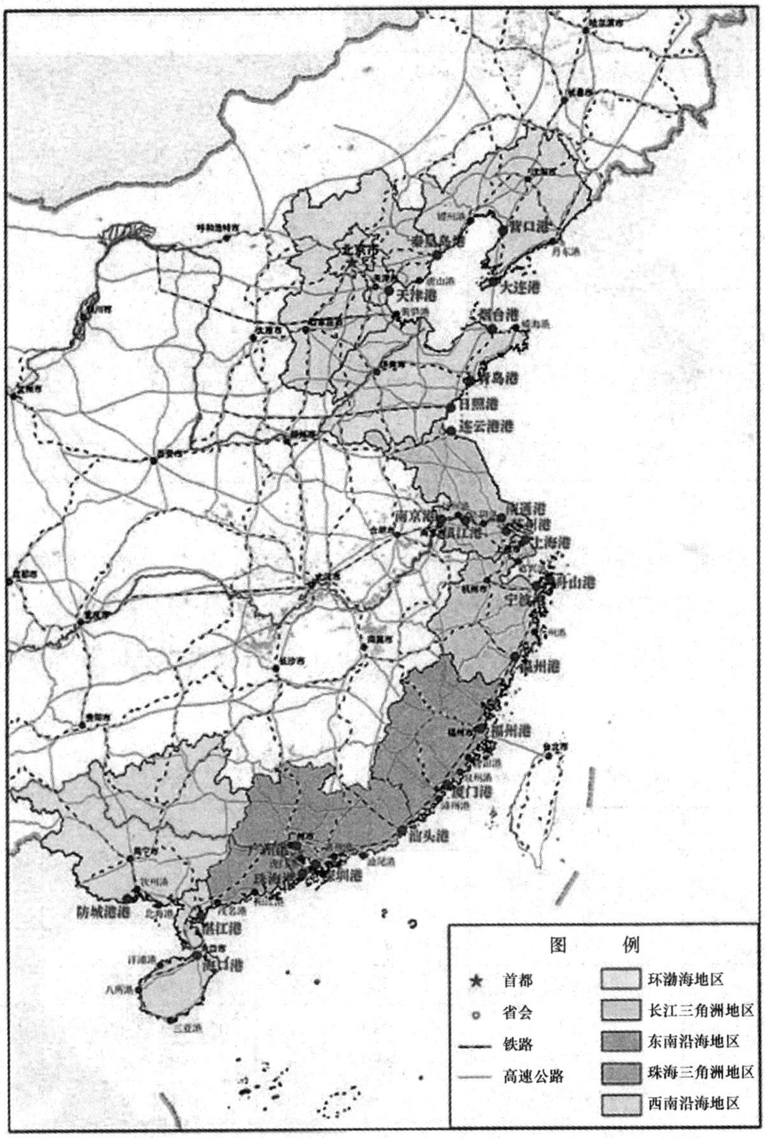

图 1-1　全国沿海港口(分区域)布局图

要支线港的辽宁港口群;以天津港为核心,以秦皇岛港、京唐港和黄骅港为主要支线港的京津冀港口群;以青岛港为核心,烟台港、日照港和威海港等组成的山东港口群。三大港口群间已形成“三足鼎立”的竞争态势。

据 2001—2009 年有关统计显示,环渤海港口群腹地工业增加值增长速度从 2004 年开始超越珠三角和长三角。固定资产投资的高速增长为环渤海区域未来经济长期增长打下基础。同时期环渤海港口群区域货物吞吐量、集装箱吞吐量、泊位数等发展迅速。

表 1-2　2001-2009 年环渤海区域港口群资源环境指标相关数据

年份	货物吞吐量（万吨）	集装箱（万 TEU）	外贸（万吨）	码头长度（米）	泊位数（个）	生产性码头长度（米）	生产性泊位数（个）	万吨级泊位数（个）
2001	51 036	625.5	23 007	65 211	363	57 743	289	192
2002	55 702	773.8	26 161	66 826	369	59 309	295	196
2003	52 554	975.2	31 722	81 493	489	72 978	409	224
2004	65 413	1 226.1	36 616	91 660	554	82 235	467	235
2005	76 999	1 253.5	37 918	66 031	346	60 834	287	194
2006	95 035	1 937.6	49 852	112 763	612	103 256	529	299
2007	117 591	2 372.4	58 362	125 729	681	114 957	583	335
2008	132 080	2 773.3	62 409	129 376	681	120 413	600	348
2009	174 887	2 864.4	68 615	138 490	707	129 520	627	375

近年来，随着中国经济进入新常态，对原油、矿石、煤炭等大宗原材料的需求有所减缓，导致环渤海港口群货物吞吐量增幅逐渐下滑。2015 年，环渤海港口群天津、青岛、唐山、大连、营口、日照、烟台、秦皇岛、黄骅 9 大港口共计完成货物吞吐量 31.1 亿吨，同比下降 0.3%。

表 1-3　2013-2015 年环渤海规模以上港口货物吞吐量　　单位：万吨

港口	2013 年	2014 年	2015 年	同比增长（%）
全国沿海	728 960	769 557	778 022	1.1
1. 天津	50 063	54 002	54 056	0.1
2. 青岛	45 003	46 802	48 955	4.6
3. 唐山	44 620	50 075	48 823	-2.5
4. 大连	40 746	42 337	41 575	-1.8
5. 营口	32 013	33 073	33 602	1.6
6. 日照	30 937	33 502	33 536	0.1
7. 烟台	22 157	23 767	25 454	7.1
8. 秦皇岛	27 260	27 403	25 156	-8.2
9. 黄骅	17 103	17 551	16 217	-7.6
环渤海合计	309 902	328 512	327 374	-0.3

注：本表所列港口为 2009 年沿海港区货物吞吐量达到 7 000 万吨的港口；数据来源：中华人民共和国交通运输部。

（二）长三角港口群

长三角港口群有 8 个沿海主要港口，以上海、宁波、连云港港口为主，包括舟山、温州、南京、镇江、南通、苏州等沿海和长江下游港口，是中国港口密度最大的地区之一。

长三角港口群鉴于长三角南部有宁波港、北仑港、洋山港、舟山港,北部有连云港、洋口港,在组织形态上正在逐步形成"以上海为中心、以宁波-舟山港为南翼、以洋口港为北翼、以长江诸港为纵深"的港口群空间发展格局,并由此形成了依托组合港的港口群系统。各港口在发挥自身优势的基础上,在港口之间构建新的竞合模式。上海港注重与长江中上游港口开展合作,延伸港口腹地(即"长江战略");南翼的宁波-舟山港注重建立"浙江港口联盟",以浙江为辐射腹地;洋口港注重与上海港形成组合港。该地区还成立了上海组合港管理委员会办公室,具体统一协调长三角地区港口规划和集装箱码头规划,推进港口分工与合作。长江中下游地区是该区域港口群的共同经济腹地,各港口与经济腹地之间的运输网络基本相同;区域港口之间的地理位置较近。在上述相同的区位优势下,长江三角洲港口群面向相同的海外市场。

长三角是我国外向型经济最为发达的地区之一,也是我国集装箱运输最为活跃、生成量最大的地区之一。① 从2010年长三角区域统计资料数据可以看出,长三角集装箱港口的通过能力合计超过4 107万TEU,2010年全年完成集装箱吞吐量5 327.8万TEU,上海港的吞吐量占了54.5%,宁波—舟山港占了24.7%,连云港占了7.26%,苏州港占了6.83%,其他的港口加起来占了6.71%。从这些数据中可以看出上海港、宁波—舟山港、连云港、苏州港四港在长三角集装箱港口中的地位。尤其是上海港和宁波—舟山港,两港的吞吐量占到了整个吞吐量的79.2%。

表1-4 2010年长三角港口群集装箱运力状况

港口	通过能力(万TEU)	2010年完成集装箱吞吐量(万TEU)
上海	1 850	2 906.9
宁波-舟山	1 278	1 314.4
连云港	274	387.1
苏州	350	364.4
南京	115	145
温州	70	41.23
南通	25	39.2
嘉兴	30	35.02
镇江	40	30.26
扬州	10	31.9
台州	45	12.16
常州	10	10.2
泰州	10	10.03

① 游道柱.长三角集装箱港口布局研究[D].大连海事大学,2011.

据统计,2011 年,长三角港口群共完成货物吞吐量 29.77 亿吨,同比增长 13.69%,占中国内地的 32.5%;港口集装箱吞吐量完成 6 160.53 万标箱,同比增长 13.69%,占中国内地的 34.3%。

但近年来,随着国际金融危机加剧,全球贸易式微,中国经济发展进入新常态,长三角港口群同样面临货物吞吐量增幅下滑甚至出现负增长情况。

表 1-5 2013-2015 年长三角规模以上港口的货物吞吐量比较 单位:万吨

港口	2013 年	2014 年	2015 年	同比增长(%)
全国沿海	728 960	769 557	778 022	1.1
1. 宁波-舟山	80 978	87 346	88 930	1.8
2. 上海	77 575	66 954	64 835	-3.2
3. 连云港	20 165	19 638	19 678	0.2
长三角合计	178 718	173 938	173 443	-0.28

注:本表所列港口为 2009 年沿海港区货物吞吐量达到 7 000 万吨的港口;数据来源:中华人民共和国交通运输部。

(三)东南沿海港口群

东南沿海港口群全部集中于港口岸线资源丰富、优良深水港湾众多的福建省,由厦门港、福州港、泉州港、莆田港、漳州港等港口组成。

东南沿海地区是中国经济发达地区,对台贸易活跃,也是中国大陆对台实现"三通"的主要口岸,已形成了以厦门港为干线港,以福州、泉州、漳州为支线港的集装箱运输体系,建成了泉州泥州湾原油接卸港。该港口群中,除厦门港、福州港被交通运输部列为全国沿海规模以上港口外,其余港口吞吐量均偏小。

1. 港航基础设施建设发展迅速

2013 年福建全省港航固定资产投资,首次突破 110 亿元,完成 110.55 亿元(包含陆岛交通投资),是"十五"期间总投资 64 亿元的 1.73 倍。港航项目中公共航道及防波堤项目 11.46 亿元,同比增长 31.3%;沿海码头完成 95.46 亿元,与上年持平;陆岛码头完成 2.29 亿元,同比增长 69.2%;支持系统完成 14 亿元。27 个港航攻坚项目进展顺利,全年共完成投资 49.78 亿元。

全年新增生产性泊位 14 个,其中万吨级泊位 8 个,新增吞吐能力 2 223 万吨,改善通航航道 49.26 千米,新增沿海航道 16.84 千米。至 2013 年底,全省沿海港口生产性泊位共 477 个,其中万吨级泊位 145 个,10 万吨级以上(含 10 万吨)泊位 24 个,货物吞吐能力 3.84 亿吨,其中集装箱吞吐能力 1 414 万 TEU,全省沿海港口具备停靠 30 万吨级散货船、30 万吨级油轮、15 万吨级集装箱船、14 万吨级邮轮及 2 万吨级滚装船的能力。

表 1-6　2013 年福建省沿海各港口投资及货物通过能力表

港口	生产用码头泊位							总投资（亿元）
	泊位数（个）	泊位长度（米）	万吨以上（个）	泊位设计通过能力				
				散杂货物（万吨）	集装箱（万 TEU）	旅客（万人）	汽车（万辆）	
沿海港口合计	477	68 698	145	26 642	1 414	2 180	137	107. 937 9
福州港	181	22 824	48	9 828	245	186	15	29. 023 5
厦门港	146	25 596	65	6 118	1 029	1 824	122	18. 249 3
泉州港	104	15 276	24	8 804	136	70		24. 977 9
莆田港	46	5 002	8	1 892	4	100		35. 687 2

2. 港口生产总体保持增长的态势

2013 年，福建全省沿海港口货物吞吐量完成 4. 55 亿吨，完成年度计划的 101. 1%，同比增长 10. 0%。其中外贸货物吞吐量完成 1. 86 亿吨，同比增长 11. 2%；内贸货物吞吐量完成 2. 69 万吨，同比增长 9. 1%。大宗散货中，煤炭吞吐量也低开高走，完成 7 814. 47 万吨（其中 2 185 万吨由水水中转及海铁中转外省煤炭），同比增长 14. 2%；石油、天然气及制品吞吐量完成 2 411. 51 万吨，同比减少 0. 6%；金属矿石吞吐量完成 4 137. 86 万吨，同比增长 31. 2%（其中铁矿石吞吐量同比增长 39. 1%，完成 2 941. 82 万吨），矿建材料吞吐量完成 9 493. 96 万吨，同比增长 2. 8%。

3. 集装箱吞吐量平稳增长

2013 年福建全省集装箱吞吐量完成 1 169. 39 万 TEU，同比增长 9. 0%。其中外贸集装箱吞吐量完成 713. 50 万 TEU，同比增长 6. 2%；内贸集装箱吞吐量完成 455. 89 万 TEU，同比增长 13. 6%。内贸集装箱所占全部集装箱吞吐量的比例较上年提高 1. 4 个百分点，达到 40%，较 3 年前高 6. 6 个百分点。随着厦门东南国际航运中心的快速建设，厦门港的集装箱吞吐量同比增长 11. 2%，增速在规模以上沿海港口中位列第二，比全国沿海平均水平高近 4 个百分点。

表 1-7　2013 年福建省沿海港口货物吞吐量统计表

港口		货物		外贸货物	
		吞吐量(万吨)	比增(%)	吞吐量(万吨)	比增(%)
全省港口合计		45 475. 62	10. 0	18 564. 83	11. 2
福州港	小计	12 759. 03	11. 8	5 956. 01	12. 8
	福州市港区	10 504. 87	12. 1	4 859. 77	17. 8
	宁德市港区	2 254. 15	10. 7	1 096. 25	-5. 3
厦门港		19 087. 83	10. 8	9 374. 91	10. 5
	其中漳州市港区	1 930. 54	12. 6	129. 57	192. 3
泉州港		10 804. 51	4. 2	2 389. 06	8. 1
莆田港		2 824. 25	20. 2	844. 85	17. 9

表 1-8　2013 年福建省沿海港口集装箱吞吐量统计表

港口	集装箱		外贸集装箱	
	吞吐量(万 TEU)	比增(%)	吞吐量(万 TEU)	比增(%)
全省港口合计	1 169. 39	9. 0	713. 50	6. 2
福州港	197. 79	8. 4	119. 38	3. 1
厦门港	800. 80	11. 2	582. 01	6. 7
泉州港	170. 06	0. 2	11. 36	18. 0
莆田港	0. 74	5. 0	0. 74	5. 0

近年来,东南沿海港口群货物吞吐量也出现下滑趋势,但仍高于全国沿海平均增长速度。

表 1-9　2013—2015 年东南沿海规模以上港口货物吞吐量　　单位:万吨

港口	2013 年	2014 年	2015 年	同比增长(%)
全国沿海	728 960	769 557	778 022	1. 1
1. 厦门港	19 088	20 504	21 201	3. 4
2. 福州港	12 759	14 391	14 017	-2. 6
3. 泉州港	10 805	11 201	12 209	9. 0
东南沿海合计	42 652	46 096	47 427	2. 9%

注:本表所列港口为 2009 年沿海港区货物吞吐量达到 7 000 万吨的港口;数据来源:中华人民共和国交通运输部。

(四)珠三角港口群

广东是中国第一经济大省,也是沿海港口大省。2013 年,广东规模以上港口完成货物吞吐量 149 351 万吨,比上年增长 10. 1%,增幅同比提高 5. 1 个百分点。港口内贸生产表现较好，全年完成内贸货物吞吐量 99 748 万吨，比上年增长 13.1%，增幅比整体水平高 3.0 个百分点；完成外贸货物吞吐量 49 603 万吨，增长 4.6%，增幅比内贸低 8.5 个百分点。全省超亿吨大港达到 5 个，年内珠海港和虎门港货物吞吐量相继过亿，成为继广州、深圳、湛江之后的亿吨大港。广东是全国唯一同一省份港口分属两个港口群的省份，其中，湛江港属西南沿海港区群，广东其他港口则归属珠江三角洲港口群。

表 1-10　2013 年广东省各市港口客货吞吐量完成情况

地市	旅客吞吐量		货物吞吐量				集装箱吞吐量		
	（万人）	出港	合计		出港		箱数	重量	
			（万吨）	其中:外贸	（万吨）	其中:外贸	（万 TEU）	（万吨）	货重
合计	3 045.51	1 549.63	155 033.24	50 111.94	59 947.24	17 333.27	4 948.56	53 621.37	43 654.85
珠三角	1 453.04	762.45	121 894.75	39 760.47	20 837.20	166 603.38	4 752.06	51 421.76	41 842.70
广州市	77.02	40.15	47 199.94	11 461.46	18 965.66	3 792.87	1 550.045	23 052.57	19 929.70
深圳市	490.20	268.39	47 199.96	18 174.41	11 865.66	9 877.09	2 327.85	18 098.07	13 409.46
珠海市	640.27	325.86	10 022.98	2 036.05	3 971.61	518.15	88.11	970.28	777.61
佛山市	73.69	36.98	5 474.48	2 246.98	2 280.85	1 407.35	275.00	3 024.39	2 472.10
东莞市	30.93	21.93	11 187.09	2 139.82	3 831.44	96.93	198.63	3 256.83	2 859.60
中山市	123.89	61.02	6 875.74	675.42	2 152.99	409.60	132.14	889.93	626.39
江门市	17.03	8.13	6 737.08	894.42	2 152.99	320.35	93.36	948.75	762.40
惠州市			8 045.31	1 859.44	3 957.46	77.21	16.43	206.64	177.31
肇庆市			2 954.17	272.28	1 464.55	103.83	70.09	974.29	828.47
粤东	1.13	0.55	7 886.41	1 759.26	740.19	243.54	125.019	1 186.17	935.79
汕头市			5 037.90	1 428.50	543.76	250.50	128.80	1 261.07	1 003.48
潮州市	1.05	0.46	1 050.64	633.65	78.11	2.82	0.17	2.05	1.73
揭阳市			2 509.880		268.86				
汕尾市			627.85	138.86	59.48	1.70	1.73	10.69	7.31
粤西	1 235.34	608.65	22 431.16	8 411.16	6 678.35	455.93	55.52	820.96	703.98
阳江市			2 055.21	1 163.45	33.65			0.10	0.10
湛江市	1 235.34	608.65	18 006.18	5 973.60	6 097.72	335.23	4.18	658.47	562.46
茂名市			2 369.76	1 274.10	546.98	120.70	10.34	162.39	141.43
粤北	356.00	178.00	2 820.92	181.05	1 691.49	30.42	12.80	192.48	182.37
韶关市			52.80		11.35				
河源市	24.00	12.00							
梅州市			125.00		125.00				
清远市	332.00	166.00	1 008.12		603.34				
云浮市			1 635.00	181.05	951.80	30.42	11.05	178.49	161.88

珠江三角洲海港群地处太平洋东岸，远东—欧洲和远东—北美两大国际航线交汇于此，为中国的南大门。港口群通过航运发达的珠江水系，四通八达的高等级公路，京广和京九等铁路干线连通广大内陆腹地。珠江三角洲地区沿海港口已成为广东省以及华中、西南地区能源、原材料和外贸物资运输的主要枢纽。集装箱运输的高速发展，为腹地加工贸易、现代加工制造基地的发展创造了条件。

珠江三角洲分布着货物年通过能力为 10 万吨以上港口 30 个，港口泊位年通过能力 21 464 万吨。2013 年完成货物吞吐量 27 745.7 万吨、集装箱标箱箱数为 531.7 万 TEU、旅客吞吐量 241.7 万人次，分别占水系的 53.1%、61.6%、15.6%。

珠江三角洲地区水运一直以来是该地区货物运输的主要方式，在经济发展中起着举足轻重的作用。珠江三角洲港口群的主要功能是输入本地生产所需的煤炭、水泥等大宗能源、原材料；输出外销产品，尤其是外贸出口，实际完成外贸货物吞吐量 4 317.0 万吨，占珠江水系港口外贸吞吐量的 64.1%，是香港港口、广州港、深圳港等枢纽港的主要集疏运方式之一。

2011 年，香港作为国际航运中心，港口集装箱吞吐量 2 438 万标箱，占华南三大港集装箱总吞吐量的 39.74%。深圳港远洋集装箱干线运输发展较快，2011 年集装箱吞吐量达到 2 257 万标箱，其中外贸箱吐量占全港总吞吐量的比重超过 90%。2013 年，广州港集装箱吞吐量 1 550 万标箱，排名国内第四，仅次于上海港、深圳港和宁波—舟山港。广州港近来发展势头高歌猛进，其中南沙港区表现尤为突出。南沙港区占广州港比率稳步上扬，从 2004 年仅占 4.2%大幅增加到占 61.1%。在短短的八年间，广州港已从过去以内贸形态为主的港口升级为“内外贸兼备”的千万级集装箱港口。此外，珠三角水系其他港口呈现对香港、深圳及广州港的喂给态势。

表 1-11　珠三角地区港口布局规划重点

珠江三角洲地区港口群	服务区域	港　口	运输系统
由粤东和珠江三角洲地区港口组成。以广州、深圳、珠海、汕头港为主，包括汕尾、惠州、虎门、茂名、阳江等港口	在巩固香港国际航运中心地位的同时，形成与香港港口优势互补、分工合作、公平竞争、共同发展的局面，服务华南和西南部分地区，加强广东省、内地与港澳地区的交流	广州等港口的公用码头和电企业自用码头	共同组成煤炭接卸及转运系统
		以深圳、广州港为干线港，由汕头、惠州、虎门、珠海、中山、阳江、茂名等为支线喂给港	组成集装箱运输系统
		广州、深圳、珠海、惠州、茂名、虎门港等港口	组成港口石油、天然气接卸中转储运系统
		以广州、珠海港为主	布局进口铁矿石中转运输系统
		广州、深圳港等珠江三角洲地区其他港口	组成粮食中转储运系统
		以广州港为主	布局商品运输系统
		以深圳、广州、珠海等港口为主	布局国内、外旅客中转及油轮运输设施

珠三角港口群主要为地区经济发展服务,以及为湖南、湖北、江西、广西、河南、四川等省提供货物中转服务。该区域内香港和深圳以外贸运输为主,广州港以内贸运输为主。以汕头港为代表的粤东港口群担负着粤东、闽西南、赣南地区对外进出货物的运输。湛江港作为粤西港口群的主体,是我国沿海主枢纽港,也是我国华南最大的干散货和石油集散地。

近年来,深圳港货物吞吐量出现逐步下滑趋势,但珠三角港口群整体仍然保持增长。

表 1-12 2013—2015 年珠三角规模以上港口货物吞吐量 单位:万吨

港口	2013 年	2014 年	2015 年	同比增长(%)
全国沿海	728 960	769 557	778 022	1.1
1. 广州港	45 517	48 217	49 856	3.4
2. 深圳港	23 398	22 324	21 833	-2.2
珠三角合计	68 915	70 541	71 689	1.6%

注:本表所列港口为 2009 年沿海港区货物吞吐量达到 7 000 万吨的港口;数据来源:中华人民共和国交通运输部。

(五)西南沿海港口群

我国西南沿海港口群主要由广东西部的湛江港,广西沿海的防城、钦州、北海三港(广西北部湾港)以及海南省的港口群组成。该港口群背倚大西南,面向东南亚,拥有得天独厚的区位优势,是中国西南地区发展开放型经济所必需的出海通道,也是规划和建设西南国际航运中心体系的硬件要素。

西南沿海地区腹地资源较为丰富,与其他地区相比经济发展程度不高。中国西部大开发政策的实施,使得这一地区的港口日显重要。作为西南地区出海通道,港口具有沟通腹地资源与市场的桥梁作用,现已形成东部依托湛江、西部依托防城,南部立足海口、洋浦的布局形态。为海南省扩大与岛外的物资交流提供运输保障。

2013 年,湛江港继续深入实施湛江市"工业立市、港口立市、生态建市"的发展战略,以钢铁、石化两大项目建设为契机,积极推进"大型化、深水化、专业化、信息化、适度多元化"发展,全面推进港口经济持续健康发展。湛江港全年完成货物吞吐量 1.80 亿吨,比上年增加 915 万吨,增长 5.4%,其中:外贸货物吞吐量完成 5 974 万吨,比上年增加 244 万吨,增长 4.3%;集装箱吞吐量完成 45.2 万 TEU,比上年增加 4 万 TEU,增长 9.6%;滚装汽车吞吐量完成 183.8 万辆,比上年增加 21.2 万辆,增长 13%;旅客吞吐量完成 1 235 万人次,比上年增加 20 万人次,增加 1.7%。

表 1-13　2013 年湛江港分货类吞吐量统计表

货物吞吐量(万吨)				集装箱吞吐量	滚装汽车吞吐量	旅客吞吐量
全港	液体散货	煤炭及制品	金属矿石	(万 TEU)	(万辆)	(万人)
18 006. 18	2 531. 72	1 662. 68	2 449. 53	45. 18	183. 78	1 235. 34

2013 年,广西北部湾港完成货物吞吐量 1. 87 亿吨(规模以上),位居全国沿海规模以上港口第 15 位,同比增长 7. 09%;集装箱首次突破 100 万标箱,达到 100. 33 万标箱,同比增长 21. 86%。其中,防城港完成货物吞吐量 10 561 万吨,同比增长 3. 8%;钦州港完成货物吞吐量 6 035 万吨,同比增长 5. 9%;北海港完成货物吞吐量 2 078 万吨,同比增长 17. 8%。

表 1-14　2012 年广西北部湾港分货类吞吐量统计表　单位:万吨

货物吞吐量(万吨)				集装箱吞吐量	滚装汽车吞吐量	旅客吞吐量
合计	矿石	煤炭	油品	(万 TEU)	(万辆)	(万人)
17 438	3 938	5 889	2 262	82. 43	4. 47	23. 3

2013 年,海口港货物吞吐量 8 293 万吨,占海南省港口吞吐量的 65%;进出岛旅客 1 278 万人次,占海南省港口吞吐量的 97. 5%;进出岛车辆 185 万辆次,占海南省港口吞吐量的 100%;集装箱吞吐量 117 万 TEU,占海南省港口吞吐量的 82%,其中:冬季瓜果菜和南海水产品集装箱冷链运输量约 4 万 TEU,为确保全国各地冬季瓜果菜和水产品供应提供了低碳、绿色、高效的运输保障,是国家南菜北送“海上绿色通道”的重要节点。

表 1-15　2013 年海口港分货类吞吐量统计表　单位:万吨

货物吞吐量(万吨)				集装箱吞吐量	轮渡汽车吞吐量	旅客吞吐量
合计	矿石	煤炭	油品	(万 TEU)	(万辆)	
5 619. 6	204. 9	37. 6	4. 1	116. 8	130. 6	724

近年来,我国中西部地区经济增速明显高于东部地区,西南沿海港口群的吞吐量增速也明显高于全国沿海其他港口群。

表 1-16　2013—2015 年西南沿海规模以上港口货物吞吐量　单位:万吨

港　口	2013 年	2014 年	2015 年	同比增长(%)
全国沿海	728 960	769 557	778 022	1. 1
1. 湛江	18 006	20 238	22 036	8. 9
2. 广西北部湾	18 673	20 189	20 510	1. 6
西南沿海合计	36 679	40 427	42 546	5. 24%

注:本表所列港口为 2009 年沿海港区货物吞吐量达到 7 000 万吨的港口;数据来源:中华人民共和国交通运输部。

三、我国沿海港口经济发展状况

我国改革开放近40年来,随着国民经济和对外贸易的快速发展,我国沿海港口迅速做大做强,较好的发挥了连接国内、国外两个市场,促进资源全球合理流动的重要作用。

(一)港口基础设施规模不断扩大

改革开放之初的1978年末,全国主要港口生产性泊位仅735个,其中沿海港口万吨级以上泊位仅133个,港口机械设备落后,运输船舶少,远远满足不了经济发展需求。随着改革开放进程的不断深入,中国经济发展进入一个新的历史时期,交通运输已成为国民经济发展中最薄弱的环节。中国政府把能源和交通运输作为国民经济发展的重点,在"八五"到"十一五"规划中,提出了一系列发展交通运输业的指导思想和方针政策,不断加大对交通运输建设的投资力度。港口建设步入了高速发展阶段。"六五"期间共建成54个深水泊位,新增吞吐能力1亿吨。"七五"期间沿海港口共建成泊位186个,其中深水泊位96个,新增吞吐能力1.5亿吨,比新中国成立后30年建成的总和还多。① 2008年末,全国沿海港口生产性泊位已达5 119个,其中万吨级及以上泊位1 157个;到2014年末,沿海港口生产性泊位增至5 834个,其中,万吨级及以上泊位达到1 704个。到2015年底,沿海港口共有千吨级及以上生产性泊位5 114个,其中,万吨级及以上泊位达到2 207个,码头通过能力79亿吨,其中集装箱1.74亿TEU。

表1-17 2014年全国沿海港口万吨级以上泊位 单位:个

泊位吨级	全国沿海港口	比上年增加
1万~3万吨级(不含3万)	586	19
3万~5万吨级(不含5万)	261	7
5万~10万吨级(不含10万)	558	26
10万吨级以上	299	45
合 计	1 704	97

数据来源:中华人民共和国交通运输部。

表1-18 全国沿海港口码头泊位拥有量 单位:个

地区	生产用码头泊位数	万吨级泊位数	公用码头泊位数	万吨级泊位数
天津	149	102	149	102
河北	172	139	148	132

① 中国港口发展历史沿革. 中国广播网[EB/OL]. 2005年05月26日

续表

地区	生产用码头泊位数	万吨级泊位数	公用码头泊位数	万吨级泊位数
辽宁	376	194	304	168
上海	608	156	219	87
江苏	129	57	83	49
浙江	1050	196	189	116
福建	477	145	273	118
山东	519	239	349	214
广东	1 827	273	756	223
广西	241	66	123	58
海南	127	40	58	26
沿海合计	5 675	1 607	2 651	1 293

(二)全国港口规模和吞吐量总量持续增长

1978 年,全国沿海港口货物吞吐量仅 1.9 亿吨。到 1985 年,沿海港口货物吞吐量已达到 3.1 亿吨。2013 年,沿海港口完成货物吞吐量已猛增至 75.61 亿吨。2015 年沿海港口完成货物吞吐量 93.5 亿吨,多年位居世界第一。2015 年货物吞吐量超过亿吨的沿海港口达到 28 个。

表 1-19　货物吞吐量超过亿吨的港口　　单位:亿吨

港口	货物吞吐量	港口	货物吞吐量
宁波-舟山港	8.09	烟台港	2.21
上海港	7.76	北部湾港	1.86
天津港	5.00	连云港港	1.88
广州港	4.55	厦门港	1.90
青岛港	4.50	湛江港	1.80
大连港	4.07	黄骅港	1.71
唐山港	4.46	福州港	1.27
营口港	3.20	泉州港	1.08
日照港	3.09	丹东港	1.20
秦皇岛港	2.72	虎门港	1.02
深圳港	2.33	珠海港	1.00

(三)沿海港口集装箱吞吐量继续保持增长

我国沿海集装箱运输始于 20 世纪 70 年代中叶,改革开放以后得到快速发展。2008 年,全国主要港口完成集装箱吞吐量1.26亿TEU;2010年达到1.46亿TEU;2013年达到1.90亿TEU,比上年增长7.2%。其中,沿海港口完成1.70亿TEU,上海港集装箱吞吐量完成3 362万TEU,继续排名世界第一,全国港口完成外贸货物吞吐量33.60亿吨,比上年增长9.9%。其中,沿海港口完成30.57亿吨。超过100万TEU港口达到24个。

表1-20 集装箱吞吐量超过100万TEU的港口 单位:万TEU

港口	集装箱吞吐量	港口	集装箱吞吐量
上海港	3 362	营口港	530
深圳港	2 327	烟台港	215
宁波-舟山港	1 732	福州港	197
广州港	1 550	日照港	202
青岛港	1 152	泉州港	170
天津港	1 300	丹东港	150
大连港	1 001	汕头港	128
厦门港	800	虎门港	198
连云港港	548	海口港	117

(四)全国规模以上港口完成货物吞吐量继续增长

2013年,全国规模以上港口完成货物吞吐量106.49亿吨,比上年增长8.9%。其中,沿海港口完成72.8亿吨,内河港口完成33.7亿吨,分别增长9.5%和7.7%。按货类分,其中完成煤炭及制品吞吐量21.73亿吨,石油、天然气及制品吞吐量7.58亿吨,金属矿石吞吐量16.70亿吨,分别增长8.9%、2.6%和11.4%。2015年,我国规模以上港口完成货物吞吐量114.3亿吨,同比增长1.6%,其中:外贸货物吞吐量35.9亿吨,同比增长1.1%。2015年,我国规模以上港口完成集装箱吞吐量2.10亿TEU,同比增长4.1%。

第二节 改革开放以来中国沿海港口交通运输业迅猛发展

改革开放以来,交通运输业实现了全面快速发展,以公路、铁路、航空、水运等为主的综合运输网络初步形成,交通运输量和港口吞吐量大幅增长,交通运输设施和装备水平显著提高,现代管理和信息化应用水平明显提升。交通运输业无论从运输里程、运输量,还是从技术装备水平等各个方面都实现了跨越式发展,步入了纵横交错、多种运输方式共同发展的新阶段。在交通运输业迅猛发展的影响下,沿海港口的交通运输业也表现出了强大的生命力,沿海港口城市的发展促进了交通运输业的发展,交通运输业的发展也反过来极大的推进了沿海港口城市的发展。

一、我国沿海港口城市发展迅速

早在改革开放之初的1984年5月,国家将天津、上海、大连、秦皇岛、烟台、青岛、连云港、南通、宁波、温州、福州、广州、湛江和北海14个沿海港口城市设立为首批“沿海开放城市”。随后,国务院批复营口市享受沿海开放城市某些特权;1987年,威海市从烟台市分离,翌年国务院批复威海市为沿海开放城市,广西防城港区从北海市分出,演变为后来的防城港市,使首批沿海开放城市扩大为16个。国家对沿海开放城市在扩大地方权限和吸引外商投资等方面实行了一系列优惠政策,如放宽利用外资建设项目的审批权限,增加外汇使用额度和外汇贷款,对“三资”企业在税收、外汇管理上给予优惠待遇,可逐步兴办经济技术开发区等,有力促进了沿海港口城市发展。这16个开放城市加上沿海经济开放区、经济特区、上海浦东新区,构成了我国沿海自南到北的对外开放前沿地带。

我国很多港口城市特别是沿海港口城市政府都提出了“工业立市、以港兴市、建设现代化新兴港口工业城市”的发展战略,利用港口的优势条件,在国际市场上,实行大进大出的发展战略,建立临港性工业体系。港口运输功能的增强和港口经济的壮大,有效带动着腹地的经济发展和对外开放,形成了我国几个主力港口群主导下的环渤海、长江三角洲、珠江三角洲三大城市群,同时也形成了我国东北、华北、西南地区对外开放格局。

(一)环渤海地区发展

环渤海地区是以京津冀为核心、以辽东半岛和山东半岛为两翼的环渤海经济区域,主要包括北京、天津、河北、山东、辽宁,也就是三省两市的“3+2”经济区域。面积51.8万平方千米;人口2.3亿,占全国17.5%;地区生产总值达到3.8万亿元,占全国28.2%。环渤海地区拥有40多个港口,构成了中国最为密集的港口群。环渤海地区也是我国重要的能源、原材料生产基地,其腹地煤炭、矿产资源十分丰富,同时,东北、华北也是我国重要的重化工业基地。此外,环渤海地区科技力量强大,仅京津两大直辖市的科研院所、高等院校的科技人员就占全国的四分之一。虽说与长三角、珠三角相比,环渤海区域经济发展相对落后,但由于第一产业及第二产业中采掘业、冶金和石油化工等重化工业所占比重较高,对港口经济的发展,带来了极大的潜力。①

(二)长三角地区发展

传统意义的长江三角洲北起通扬运河,南抵杭州湾,西至南京,东到海滨,包括上海市、江苏省南部、浙江省北部以及邻近海域。1992年,上海、苏州、无锡、常州、南通、杭州、嘉兴、湖州、宁波和绍兴、舟山、扬州、南京、镇江等城市成立长三角14城市协作办主任联席会;1997年泰州市加入其中,2003年浙江台州加入,至此长三角16市的基本格局确立。根据国

① 珠江水运编辑部. 带你认识“中国五大港口群”[J]. 珠江水运,2015,04:17-18.

务院2010年5月批准实施的《长江三角洲地区区域规划》，长三角范围包括上海市、江苏省和浙江省，区域面积21.07万平方千米。至2014年，长三角区域城市的规模扩容到30座，分为核心区和辐射区。核心区为原有16市，辐射区扩展至合肥、盐城、马鞍山、金华、淮安、衢州、芜湖、连云港、徐州、滁州、淮南、丽水、宿迁、温州等14个城市。区域范围扩展至沪苏浙所有城市和安徽的合肥市。该地区区位条件优越，自然禀赋优良，经济基础雄厚，体制比较完善，城镇体系完整，科教文化发达，已成为全国发展基础最好、体制环境最优、整体竞争力最强的地区之一，在中国社会主义现代化建设全局中具有十分重要的战略地位。2011年，上海、浙江、江苏和合肥分别实现生产总值1.92万亿元、3.2万亿元、4.86万亿元和0.36万亿元，同比分别增长8.2%、9%、11%和15.4%，区域GDP合计10.34亿元，占全国的21.9%。表明长三角区域经济发展良好，外向经济活跃，长三角地区的经济在中国乃至世界经济的发展中发挥着越来越重要的作用。

(三)珠江三角洲地区发展

珠三角地区是指位于中国广东省珠江三角洲区域的9个地级市组成的经济圈，这9个地级市是指广州、深圳、珠海、佛山、江门、东莞、中山、惠州和肇庆市。珠江三角洲地区是我国改革开放的先行地区，是我国重要的经济中心区域，在全国经济社会发展和改革开放大局中具有突出的带动作用和举足轻重的战略地位。改革开放30多年来，珠江三角洲地区充分发挥改革"试验田"的作用，率先在全国推行以市场为取向的改革，较早地建立起社会主义市场经济体制框架，成为全国市场化程度最高、市场体系最完备的地区；依托毗邻港澳的区位优势，抓住国际产业转移和要素重组的历史机遇，率先建立开放型经济体系，成为我国外向度最高的经济区域和对外开放的重要窗口；带动广东省由落后的农业大省转变为我国位列第一的经济大省，经济总量先后超过亚洲"四小龙"的新加坡、香港和台湾，奠定了建立世界制造业基地的雄厚基础，成为推动我国经济社会发展的强大引擎。2011年珠三角地区生产总值达4.37万亿元，占全国的9.3%。目前，珠江三角洲地区共有60多个港口，港口规模差异很大，大部分港口是中小型港口，珠江三角洲地区港口群已形成了以香港港为国际航运中心，深圳港、广州港为枢纽港，其他港口为补充的港口群格局。①

二、我国海洋运输业实现全面快速发展

改革开放以来，在沿海港口快速发展的同时，我国的海洋运输业也呈现出不断扩张态势，运输量及其在世界市场的比重都表现出不同程度的增长。但细分行业构成则呈现分化状态，散货和集装箱运货占比表现出明显增加趋势，而一般货物运输量占比则持续下降。

---

① 王健龙. 珠三角港口群的演化机理与协调发展研究[D]. 华南理工大学，2013.

（一）海洋运输变化趋势

自20世纪80年代初期以来，中国的海洋运输业呈现出不断扩张态势，1981年，中国的海洋运输总量仅为1 022万吨，2011年已达5 274万吨，增长达4倍以上。与此同时，中国在世界海洋运输业中的地位也明显增强，其海洋运输量在世界的占比从1981年的1.50%增长到2011年的3.78%，意味着中国海洋运输业的发展速度快于世界平均水平（图1-2）。

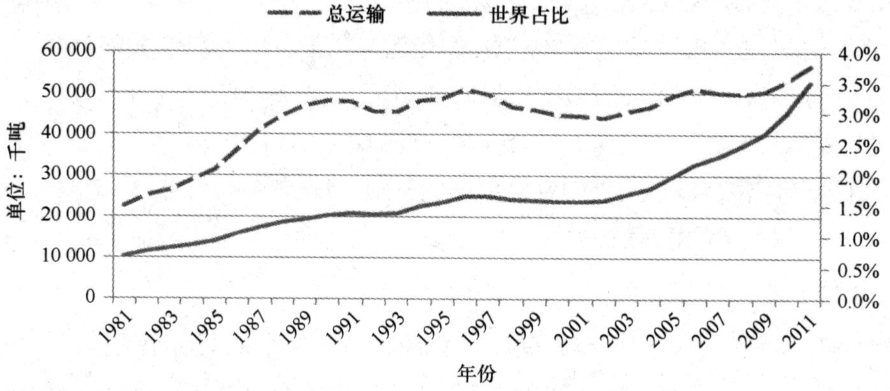

图1-2 1981—2011年中国海洋运输变化趋势

数据来源：http://unctadstat.unctad.org/ReportFolders/reportFolders.aspx，图中数据经作者计算所得。

（二）海洋运输的结构变化趋势

从细分行业构成看，除了一般货物和其他类型货船运输量呈现波动以外，其余海洋运输量均呈现出明显的增长趋势。其中，集装箱货运量增长最快，1981年仅为6 699吨，2011年达到624万吨，增长了930倍；占比最大的油船和散货船运输量分别从1981年的185万吨和300万吨增加至2011年的1 170万吨和2 722万吨。① 在此期间，一般货物与散货船运输量的构成形成鲜明对比，前者占比呈现明显下降趋势，占海洋运输总量的比重从1981年的49.2%下降至10.8%；后者占比则从1981年的29.32%上升至51.62%；同时，集装箱货运量占比从0.07%迅速增长至11.84%；油船占比也有所上升，前者从18.08%增加至22.19%（图1-3）。

（三）中国海洋运输业的国际竞争力

1. 中国海洋运输业的市场占比

用各经济体占世界海洋运输总量之比衡量海洋运输业的国际市场份额，结果如表1-20所示。2011年，海洋运输业居世界前20位的国家基本上达到世界海洋运输总量的1%，它们占全球海洋运输总量的86.70%。这些国家或地区主要包括两大类：一类是世界上重要的沿

① 数据来源于http://unctadstat.unctad.org/ReportFolders/reportFolders.aspx.

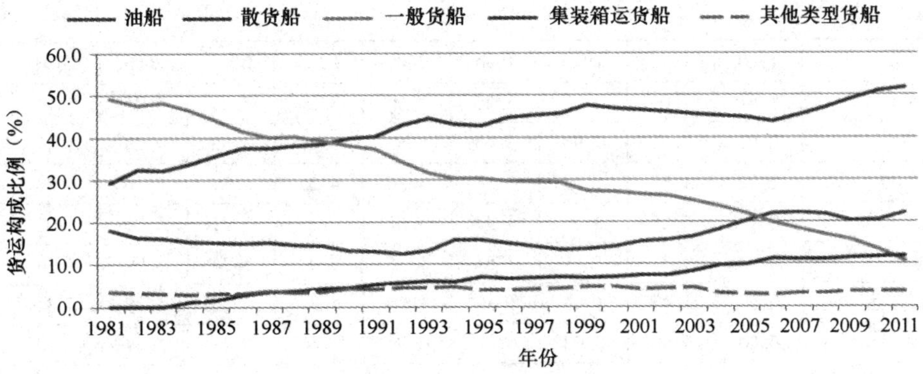

图 1-3　1981—2011 年中国海洋运输构成变化趋势

数据来源：http://unctadstat. unctad. org/ReportFolders/reportFolders. aspx，图中数据经作者计算所得。

海贸易港口，它们是国际海洋运输的重要航运通道或转口贸易地区，如巴拿马、利比里亚、马绍尔群岛、中国香港；另一类是全球贸易大国，如中国、美国、日本、德国、英国等，它们也是重要的沿海国家。其中，美国、意大利、挪威、日本、英国、希腊、利比里亚等经济体的海洋运输业国际市场占比呈现明显下降趋势，而中国、中国香港、马耳他、新加坡、马绍尔群岛、巴拿马地区海洋运输业占比则表现出不同程度的增长。巴拿马和利比里亚是其中两个增长和下降最为显著的地区，从 1980 年到 2011 年期间，国际市场占比变化幅度均接近 12%；比较而言，中国海洋运输的增长相对比较温和，同期内在国际市场的占比从 1.41%增加至 3.78%，居世界第 9 位，高于主要发达经济体。

表 1-21　海洋运输业的国际市场占比　　单位：%

年份	1980	1985	1990	1995	2000	2005	2007	2009	2010	2011
美国	3.16	3.49	3.64	3.04	3.23	1.28	1.19	1.00	1.00	0.91
安提瓜和巴布达	0.00	0.00	0.11	0.28	0.59	1.00	1.00	1.04	1.02	1.00
丹麦	1.34	1.19	1.10	1.01	0.93	1.00	1.00	1.06	1.08	1.06
印度	1.39	1.55	1.62	1.46	1.41	1.36	1.33	1.28	1.17	1.09
德国	0.00	0.00	1.08	0.95	0.98	1.03	1.27	1.51	1.38	1.26
意大利	2.85	2.24	1.83	1.30	1.23	1.25	1.27	1.21	1.35	1.39
挪威	5.87	4.58	4.22	4.81	4.46	2.67	2.30	1.97	1.63	1.44
韩国	0.92	1.68	1.96	1.50	1.09	1.32	1.58	1.90	1.63	1.44
日本	9.87	9.67	6.72	4.49	2.86	1.76	1.45	1.29	1.39	1.59
塞浦路斯	0.50	1.77	5.19	5.47	4.62	3.77	2.88	2.63	2.45	2.32
英国	6.71	3.61	1.63	1.17	1.50	2.55	2.75	2.73	2.89	2.78

续表

年份	1980	1985	1990	1995	2000	2005	2007	2009	2010	2011
中国	1.41	2.09	3.21	3.25	2.99	3.28	3.34	3.35	3.54	3.78
马耳他	0.02	0.31	0.90	3.65	5.89	3.98	3.88	4.25	4.40	4.39
新加坡	1.92	1.65	1.89	2.58	4.36	4.51	4.89	5.10	4.83	4.82
巴哈马群岛	0.02	0.85	3.05	4.97	5.66	5.29	5.31	5.20	5.02	4.83
希腊	9.42	9.31	6.11	7.51	5.36	6.02	5.24	5.29	5.30	5.12
中国香港	0.33	1.43	1.64	1.89	1.66	4.84	5.25	5.38	5.84	6.57
马绍尔群岛	0.00	0.00	0.00	0.00	0.00	4.64	5.21	5.74	6.10	7.08
利比里亚	23.81	18.17	14.21	13.36	10.73	9.21	10.09	10.57	11.14	11.91
巴拿马	0.00	9.29	11.96	13.62	20.02	21.52	22.26	22.98	22.63	21.93

数据来源：http://unctadstat.unctad.org/ReportFolders/reportFolders.aspx，表中数据经作者计算所得。

上述分析表明，虽然中国海洋运输业在国际市场中的份额并不大，但作为新兴开放的发展中国家，中国在世界中的地位明显在上升，无论从区域市场还是经济体视角。表1-22给出了中国在不同经济体海洋运输量的占比，可以看出，从1980—2011年期间，中国海洋运输业在G20国、主要制造业出口国、新兴市场国家等经济体海洋运输总量中的比重呈现明显上升趋势；在发展中国家、亚洲发展中国家和沿海发展中国家海洋运输市场的占比变化不大，处于相对稳固地位；但在东亚地区、亚洲新兴市场国家、东南亚国家、主要发展中制造业出口国家等经济体海洋运输市场的地位在明显下降，表明中国海洋运输业在东亚、东南亚和亚洲地区的市场地位在降低。

表1-22 中国海洋运输量与各经济体的占比 单位：%

年份	1980	1985	1990	1995	2000	2005	2007	2009	2010	2011
中国/世界	1.41	2.09	3.21	3.25	2.99	3.28	3.34	3.35	3.54	3.78
中国/发展中经济体	3.37	4.42	6.04	5.70	4.86	4.84	4.74	4.70	4.93	5.20
中国/亚洲发展中国家	15.54	14.69	17.52	16.53	15.15	14.75	14.71	15.05	15.83	16.57
中国/东亚地区	52.45	39.29	46.54	40.33	43.38	32.07	30.94	29.98	30.74	30.81
中国/东南亚国家	50.54	60.86	57.63	51.41	37.65	43.01	41.57	41.55	44.39	47.79
中国/沿海发展中国家	15.54	14.69	17.52	16.53	15.15	14.75	14.71	15.05	15.83	16.57
中国/主要制造业出口国	3.72	5.94	11.33	13.02	11.96	11.99	12.06	12.10	12.68	13.33
中国/主要发展中制造业出口国	28.35	27.29	33.77	28.09	23.63	20.31	19.79	19.32	20.36	20.82
中国/新兴经济体	28.40	32.99	46.11	40.73	33.07	37.82	37.81	36.82	41.82	45.93
中国/亚洲新兴市场国家	35.41	32.30	36.11	30.57	26.15	23.34	22.82	22.32	23.47	24.21
中国/G20	4.05	6.24	11.57	13.17	14.22	17.90	18.36	18.75	19.48	21.15

数据来源：http://unctadstat.unctad.org/ReportFolders/reportFolders.aspx，表中数据经作者计算所得。

2. 中国海洋运输的资源禀赋比较

与世界上海洋运输量居前20位的国家和地区相比,中国海洋运输的资源禀赋优势并不显著。海洋运输业资源禀赋系数最高的国家依次为马绍尔群岛、利比里亚、巴拿马、安提瓜和巴布达、巴哈马群岛、马耳他、塞浦路斯等,海洋运输业在这些国家和地区具有相当重要的地位,对国内生产总值具有突出的贡献;新加坡、中国香港、希腊、挪威等国家和地区,它们具有较强的海洋运输业资源比较优势;美国、日本、德国、中国、印度等世界经济和贸易大国并不具有明显的海洋运输业比较优势,但它们都是沿海国家;中国只是在20世纪90年代前半期略有海洋运输资源比较优势,其后开始减弱。

表1-23 海洋运输业的资源禀赋系数

年份	1980	1985	1990	1995	2000	2005	2007	2009	2010	2011
美国	0.12	0.10	0.14	0.12	0.10	0.05	0.05	0.04	0.04	0.04
安提瓜和巴布达	0.03	0.03	51.8	137.7	241.5	455.7	431.5	497.0	558.2	584.1
丹麦	2.05	2.33	1.79	1.65	1.89	1.76	1.79	1.97	2.19	2.21
印度	0.82	0.81	1.11	1.19	0.96	0.77	0.64	0.59	0.46	0.45
德国	0.00	0.00	0.15	0.11	0.17	0.17	0.21	0.26	0.26	0.25
意大利	0.65	0.60	0.36	0.34	0.36	0.32	0.33	0.33	0.41	0.44
挪威	9.86	8.52	7.95	9.61	8.56	4.00	3.25	3.04	2.46	2.07
韩国	1.53	2.03	1.61	0.84	0.66	0.71	0.84	1.31	1.01	0.90
日本	0.97	0.83	0.48	0.25	0.20	0.18	0.19	0.15	0.16	0.19
塞浦路斯	25.2	87.9	208.6	178.2	162.2	101.4	73.8	64.8	67.3	64.7
英国	1.32	0.92	0.35	0.30	0.33	0.51	0.55	0.72	0.81	0.80
中国	0.75	0.81	1.82	1.33	0.80	0.66	0.53	0.39	0.38	0.36
马耳他				297.1	480.0	302.7	287.9	303.3	341.6	343.9
新加坡	17.1	10.7	10.8	8.8	14.9	16.4	15.3	15.9	13.4	12.9
巴哈马群岛	1.4	35.5	178.0	363.3	288.8	312.5	355.7	384.9	411.5	417.0
希腊	18.8	24.7	14.7	17.3	13.6	11.3	9.4	9.3	10.9	11.8
中国香港	1.2	4.8	4.7	3.9	3.2	12.4	14.1	14.9	16.4	18.8
马绍尔群岛						15 174.3	18 570.7	20 292.7	23 192.4	
利比里亚					6 552.6	7 745.0	7 582.3	6 935.9	7 102.7	7 189.9
巴拿马	0.0	205.4	499.3	512.8	556.5	634.1	626.1	549.3	536.8	499.6

数据来源:http://unctadstat.unctad.org/ReportFolders/reportFolders.aspx,表中数据经作者计算所得。

(四)沿海水上运输船舶构成

改革开放初期,我国交通运输基础薄弱,总量不足。1978年,内河航道大都处于自然状态，通航里程逐渐萎缩，沿海港口深水泊位仅有133个，港口机械设备落后，运输船舶少。

改革开放以来，尤其是20世纪90年代以来，国家将加快交通运输发展作为优先发展的战略目标，实现了交通基础设施规模总量的快速增长。2013年底，全国拥有水上运输船舶17.26万艘，比上年末减少3.4%；净载重量24 401.03万吨，增长6.8%；平均净载重量1 414.11吨/艘，增长10.5%；载客量103.30万客位，增长0.8%；集装箱位170.16万TEU，增长8.1%；船舶功率6 484.66万千瓦，增长1.5%。在全国水路货运中，沿海运输完成货运量16.47亿吨、货物周转量19 216.14亿吨·千米；远洋运输完成货运量7.12亿吨、货物周转量48 705.37亿吨·千米。

表1-24 2013年沿海水上运输船舶构成

类别	指标	计量单位	实绩	比上年增长(%)
沿海运输船舶	运输船舶数量	艘	11 024	0.7
	净载重量	万吨	6 818.78	4.5
	平均净载重量	吨/艘	6 185	3.8
	载客量	万客位	19.56	3.5
	集装箱箱位	万TEU	28.03	23.4
	船舶功率	万千瓦	1 736.60	1.8
远洋运输船舶	运输船舶数量	艘	2 457	-1.2
	净载重量	万吨	7 366.60	6.1
	平均净载重量	吨/艘	29 982	7.3
	载客量	万客位	2.04	4.5
	集装箱箱位	万TEU	117.66	1.7
	船舶功率	万千瓦	1 736.62	2.9

三、沿海港口城市与交通运输业的共同发展

“港为城用，城以兴港”，是世界范围内港口城市成长发展的最为普遍的规律。大部分港口城市都是依托着优越的交通条件发展起来的，作为港口城市发展的一大优势，惟有不断发展才能进一步促进经济发展。①

促进交通运输业的综合化枢纽化成为当今沿海港口城市值得思考的问题，事物总是在相互作用，不断发展的，从沿海港口城市的发展过程不难看出，城市发展的每个不同阶段影

① 王小雨，曹馨月，邵若愚，张育心，王磊．港口城市发展对交通运输业综合化枢纽化的驱动效应——以连云港为例[J]．全国商情(理论研究)，2012，15：19-22.

响着该阶段的港口及交通运输业的发展。交通运输是一个城市发展的必要支持,交通的发展离不开人力资源、土地、集疏运等硬件设施,也不能缺少金融和贸易等软件环境。这些交通发展必需的软硬件环境,必须依托于城市的发展。

(一)沿海港口城市发展为交通运输业的发展创造良好的外部环境

改革开放揭开了中国沿海港口交通运输业发展历史的新篇章,使我国沿海港口交通运输建设和发展发生了巨大的变化,实现了交通运输基础设施规模总量的快速增长,交通运输网络覆盖面持续扩大,通达度进一步提高,形成了具有相当规模的综合交通体系,综合运输能力明显增强,技术装备和水平显著提高,交通运输业取得了累累硕果。

随着城市经济的发展,城市有更多的资金投入交通运输业及基础设施的建设,为港口城市提供综合物流活动的空间和内陆连接通道,从而使交通运输业不断适应城市经济更高层次发展的需求,实现港口的交通运输业与城市发展的良性循环。同时,信息化的应用、通关速度的提高、配套设施的完善等,为交通运输发展创造良好的环境,推动沿海港口城市向现代化综合性交通枢纽发展。作为城市发展的基本物质条件,城市基础设施是否完善,城市运输方式是否齐全,衔接方式是否有效,通讯设施是否先进,这些因素都影响着交通运输业的发展。

(二)城市发展对交通运输业的发展提供要素支持

交通运输业成长与腹地经济状况密切相关,腹地经济扩大,为交通运输业的发展带来不竭的新动力。港口城市是港口的最直接经济腹地,其经济的发展也为交通运输中转运货物提供重要货源,港口货物输出显著体现着港口城市的经济发展状况。城市工业经济的发展和城市工业品竞争力的提高,使运输业货物吞吐量不断增加,货物种类不断发生变化。随着运输货物种类和数量不断增多,运输的货物由一般散杂货物向大宗干液散货、集装箱专业化方向发展,运输效率大幅提高,交通运输业的经济效益得到提升。

沿海港口城市建设中各大沿海城市把沿海港口交通运输业列入重要的工作日程,形成有利于港口交通运输业发展的领导体制和工作机制,营造良好的发展环境,调动全社会的力量支持港口交通运输业的发展。推进其他专业化码头建设,加强液化天然气码头规划工作,在规划阶段深入开展通航安全影响评估专题研究,先规划、后建设。相对集中建设成品油、液体化工码头,提高码头利用率和公共服务水平。

(三)加快港口城市信息化平台建设,提高海铁联运运输效率

我国沿海港口交通基础设施网络更趋完善,结构更加合理,交通运输供给能力明显增强,运输装备进一步改善,运输组织不断优化,运输效率和服务水平明显提升,创新能力不断增强,科技进步和信息化水平不断提高,行业监管能力明显加强,以低碳为特征的交通运输体系建设取得成效,资源节约型、环境友好型行业建设取得明显进展,交通安全监管体系逐

步完善,应急反应能力进一步加强,安全保障能力明显提高。便捷、安全、经济、高效的综合运输体系初步形成,基本适应国民经济和社会发展的需要。我国各大沿海港口城市实施科教兴航战略,逐步加大科技特别是高科技的投入。引进港口航道建设新技术,调整船舶结构技术性能,对综合性技术难题组织科研攻关,使科技成果尽快转化为实用技术。建立人才激励机制,努力培养一支技术精、业务熟、懂经营、善管理的高级专业人才队伍。

第三节　中国沿海港口交通运输体系逐步完善

一、港口交通运输体系建设的重要性

沿海港口城市与内陆城市交通发展有着较大的区别,港口城市以港兴城、以城促港、港城互动特征明显,必须实现港口与城市交通在功能、结构、能力、布局、设施等方面的有机衔接和相互配套,保障中心城区和港区在完善自身功能和发挥地理区位优势的同时不产生相互串扰,同时又要保证两者的良性互通、交互顺畅,以保障"港"、"城"在自身健康发展的同时实现互动协调发展。当前,世界交通运输业发展主要有两大趋势:一是随着世界新技术革命的发展,交通运输业广泛采用新技术,提高运输工具和设施的现代化,尤其是运输信息化、智能化;二是由于运输方式的多样化,运输过程的标准化,各种运输方式朝着分工协作、协调配合、建立综合运输体系的方向发展。①

我国要顺应港口群发展潮流,大力发展综合交通枢纽建设,加快推进综合交通运输体系建设能够实现各种运输方式间的良好衔接,以推进综合运输枢纽的建设为构建综合交通体系的重要切入点。作为沿海经济带动的港口群,要通过综合运输枢纽的衔接作用,实现将各种运输方式进行有效便捷的联系,以便能够尽量地减少转换时间和距离,从而提高运输效率。综合交通运输枢纽是整个港口城市客货站场体系中的最高层次,单一运输方式的客货场站(如公路客、货运站、铁路客、货运站等)是综合运输枢纽站场体系的有益补充,通过不断完善多个层次的枢纽建设,可构建一个有序的站场体系,实现客货在不同方式间的自由转换,进而实现运输效率高效、经济、便利的目标。

港口作为海陆运输的中转站,其交通运输体系的构建就是以港口为平台和纽带,充分发挥各种交通方式的优势而形成的综合运输体系。在全球经济一体化进程加速以及现代物流业快速发展的形势下,构建以港口为枢纽的综合交通运输体系具有重要意义,主要体现在3个层面上:其一,是国家发展综合交通战略有机组成部分,是充分发挥各种交通运输方式的优势、形成高效多式联运体系、实现资源合理配置、优化交通系统结构、促进港口腹地国民经

① 陈云飞,吴晓磊. 构建以港口为枢纽的综合交通运输体系[J]. 水运工程,2010,02:16-19.

济又好又快发展的纽带;其二,是实现港口与城市在空间布局、交通运输系统、经济结构与产业发展、社会与环境等方面协调发展,实现港城共荣的重要保障,对于提升港口城市的辐射力和影响力及促进区域经济协调发展具有重要作用;其三,是适应现代物流业发展和建设现代化港口的需要,是拓展港口服务功能、提高港口服务水平的必要条件。

二、中国沿海主要运输系统建设

我国沿海各港口群依托群体内大型综合性港口的主体作用,逐步形成了煤炭、石油、铁矿石、集装箱、粮食、商品汽车、陆岛滚装和旅客运输等 8 个运输系统的布局。

(一)煤炭运输系统

由于我国煤炭矿产生产和需求地分布离散,“北煤南运”的格局将长期存在。煤炭由北方沿海港口,主要有秦皇岛、唐山港(含曹妃甸港区)、天津、黄骅、青岛港、日照港、连云港等七大装船港发运,运往华东、华南、西南等南方沿海地区电力企业的专用卸船码头和公共卸船港口。由于西南沿海地区靠近印尼、越南等国际煤炭产地,国外进口煤炭成为该区域主要煤炭供应渠道。

津冀沿海以秦皇岛、天津、黄骅、唐山等港口为主,山东沿海以青岛、日照港为主、烟台港为辅构成煤炭装船发运系统;长江三角洲地区以连云港为主与该地区公用码头、能源企业自用码头共同组成煤炭接卸及转运系统;福建沿海地区以沿海大型电厂建设为主构成专业化煤炭接卸系统;珠江三角洲地区港口群煤炭接卸及转运系统由广州等港口的公用码头和电力企业自用码头共同组成;西南沿海地区港口群则由防城港和湛江港为主构成进口煤炭接卸转运系统。2014 年全国规模以上港口完成煤炭及制品吞吐量 21.89 亿吨。

在煤炭码头建设方面,北方煤炭装船港新建投产了黄骅港煤炭港区神华煤炭码头四期工程,新增深水泊位 5 个、装船能力 5 460 万吨,开工在建锦州港煤炭码头一期工程、唐山港京唐港区工程装船泊位和曹妃甸港区秦港煤炭码头二期工程、华电煤炭码头工程等项目取得不同程度进展。沿海煤炭接卸港建成试投产的项目主要有:唐山港京唐港区煤炭码头工程接卸泊位、温州港华润电厂煤炭接卸码头工程、华能苏州港太仓港区煤炭中转基地码头工程、汕头港海门港区煤炭中转基地泊位、海丰电厂煤炭码头工程、广州港珠江电厂煤炭码头扩建工程和珠海港北顺岸煤炭码头工程等,合计建成煤炭接卸泊位 11 个、能力 7 140 万吨,新增二次装船泊位 19 个、能力 2 720 万吨。截至 2014 年底,全国共有万吨级以上煤炭专业泊位 219 个。

(二)原油运输系统

环渤海地区:辽宁沿海以大连、营口港为主,锦州等港口为补充;津冀沿海以秦皇岛、天津、唐山等港口为主;山东沿海以青岛、日照、烟台港为主,威海等港口为补充。长三角地区:

以上海、南通、宁波、舟山港为主，南京等港口为补充。东南沿海地区：以泉州港为主。珠江三角洲地区：由广州、深圳、珠海、惠州、茂名、虎门港等港口组成。西南沿海地区：由湛江、海口、洋浦及广西沿海港口组成。2014 年全国规模以上港口完成石油、天然气及制品吞吐量 7.86 亿吨，其中原油 4.29 亿吨。

2014 年是沿海原油码头建设高峰年之一，年内建成试投产了大连港长兴岛港区原油码头工程、日照港岚山港区实华公司第 2 个原油泊位、泉州港中化公司黄干岛原油码头工程、钦州港大栏坪作业区原油码头工程。此外，青岛港董家口港区原油码头建成试投产，但由于后方输油管道配套滞后，系统能力未形成，暂按局部试投产考虑。沿海港口合计新增原油接卸泊位 6 个、能力 7 120 万吨装卸兼顾泊位 1 个、能力 620 万吨，在建舟山港黄泽山石油中转储运码头工程和光汇石油码头工程、洋浦港国投孚宝储运项目配套码头工程。截至 2014 年底，全国共有万吨级以上原油泊位 72 个、成品油泊位 130 个、液体化工泊位 172 个。

（三）铁矿石运输系统

环渤海地区以大连、营口、天津、唐山、青岛、日照、烟台港为主，布局大型、专业化的铁矿石中转储运设施；长三角地区进口铁矿石中转运输系统以宁波-舟山、连云港为主，相应布局上海、苏州、南镇江、南京等港口；珠江三角洲地区进口铁矿石中转运输系统以广州、珠海港为主；西南沿海地区进出口铁矿石中转运输系统由湛江和防城港等港口组成。2014 年全国规模以上港口完成铁矿石吞吐量 16.28 亿吨。

2014 年沿海港口矿石运输系统码头建成试投产的项目主要有：丹东港大东港区矿石码头工程、唐山港京唐港区四港池 20 万吨级散货泊位（主要接卸铁矿石）、黄骅港散货港区矿石码头一期工程和湛江港霞山港区散货码头工程等，合计新增铁矿石接卸泊位 5 个、能力 6 800 万吨；苏州港太仓港区矿石码头完成扩建工程。此外，日照港岚山港区岚桥港务公司 3 号万吨级散货泊位主要承担矿石接卸任务。董家口港区万邦矿石码头工程、日照港岚山港区岚桥港务公司 4 号 30 万吨级矿石泊位、湄洲湾港东吴港区罗屿作业区泊位等工程由于客观原因建设进展滞后计划。截至 2014 年底，全国共有万吨级以上金属矿石泊位 64 个。

（四）集装箱运输系统

环渤海地区：辽宁沿海以大连港为主布局集装箱干线港，相应布局营口、锦州、丹东等支线或喂给港口；津冀沿海以天津港为主布局集装箱干线港，相应布局秦皇岛、黄骅、唐山港等支线或喂给港口；山东沿海以青岛港为主布局集装箱干线港，相应布局烟台、日照、威海等支线或喂给港口。长江三角洲地区：以上海、宁波、苏州港为干线港，包括南京、南通、镇江等长江下游港口共同组成的上海国际航运中心集装箱运输系统，相应布局连云港、嘉兴、温州、台州等支线和喂给港口。东南沿海地区：集装箱运输系统布局以厦门港为干线港，相应布局福州、泉州、莆田、漳州等支线港。珠江三角洲地区：集装箱运输系统以深圳、广州港为干线港，汕头、惠州、虎门、珠海、中山、阳江、茂名等为支线或喂给港组成。西南沿海地区:集装箱运输系统布局以湛江、钦州、海口及防城港、北海、洋浦、三亚等港口组成集装箱支线或喂给港。2014 年全国港口完成集装箱吞吐量 2. 02 亿 TEU,其中,沿海港口完成 1. 82 亿 TEU。

2014 年沿海港口集装箱运输系统建成试投产码头项目有:唐山港京唐港区泊位、青岛港前湾港区招商局泊位设备配套工程、泰州港永安作业区三期工程、宁波港梅山岛港区集装箱码头工程泊位、广州港南沙港区三期工程前 2 个海轮泊位及配套驳船泊位等。此外,宁波港穿山港区四期码头、唐山港京唐港区、烟台港和湛江等老港区集装箱码头等通过新增、调减转移装卸设备等调整了功能定位和通过能力。2014 年沿海新建和改造共净增集装箱泊位 12 个、通过能力 598 万 TEU。截至 2014 年底,全国共有万吨级以上集装箱泊位 322 个。

(五)LNG 运输系统

液化天然气(Liquefied Natural Gas,LNG)主要用于燃气发电、城市燃气、工业燃料、燃气汽车、化工用气等,是清洁能源,符合节能环保、低碳经济的发展方向,具有较好的行业发展前景。2014 年我国天然气表观消费量为 1 800 亿立方米,同比增长 7. 4%,其中进口天然气 580 亿立方米,对外依存度达 32. 2%。鉴于我国经济发展对进口 LNG 的大量需求,中石化、中石油、中海油,近年来相继在广东、海南、福建、上海、浙江、江苏等沿海地区加快布局 LNG 项目,此外,辽宁、河北、山东等地也有 LNG 项目规划建设。LNG 项目一般由 LNG 码头和卸船系统、LNG 储存系统、LNG 再汽化和外输系统构成,组成一个完整的 LNG 运输系统。

2014 年沿海港口 LNG 码头布局建设平稳发展。青岛港董家口港区 LNG 码头和陆域配套罐区基本建成,但配套输气管道建设滞后,系统能力没有形成;洋浦港神头港区 LNG 接收站及其码头工程 9 月份建成投用,填补了沿海海南省 LNG 接收站及其配套码头布局建设的空白,福建 LNG 接收站通过扩建罐容增加了接卸能力,合计新增接卸泊位 1 个、能力 420 万吨,在建深圳港大鹏湾迭福 LNG、中石化广西 LNG 接收站及配套码头 2016 年建成投产,届时广东省将成为沿海第一个拥有 3 个 LNG 接收站及其配套码头的省份。

三、中国沿海港口交通运输体系建设

改革开放以来,随着我国沿海地区经济的繁荣,港口综合交通运输体系的建设取得了长足发展,在交通需求不断增长、资源环境矛盾突出的发展条件下,与城市、铁路、公路、民航等综合交通体系类似,以港口为枢纽的综合交通运输体系的构建都取得了一定的成绩。

(一)港口集疏运系统不断完善

快速高效的集疏运通道,是港口与广大腹地相互联结进行一体化运输组织的关键,是港口赖以生存与发展的主要外部条件。从国外成熟港口的发展经验看,大力发展铁路、水路交通方式,构建高效、环保、低成本、各种运输方式合理配合的集输运通道是现代港口发展的主要方式。我国沿海港口基本都属于“陆向腹地型”港口，改革开放以来，在梯度经济发展战略的指引下，东部沿海首先实现了经济腾飞。由于这些地区一般都在公路的经济运距范围内，公路成为港口首选的集疏运方式，从而形成了目前我国港口相对发达的公路集疏运通道。

在港口为枢纽的综合交通体系中，港口是水运、铁路、公路和管道等多种运输方式交汇点，是实现一体化运输、发展“无缝”衔接的关键节点。我国逐步实现了以港口为中心的综合交通枢纽，其内部线路、场站、信息传输等设施、设备应合理布局及优化配置，且具备方式齐全、功能完善、手段先进的转换条件以及强大的运输组织管理功能，以促进各种运输方式的有效衔接，提高枢纽的通过能力。

20 世纪 80 年代以后，国际先进港口在经历了第一代以装卸和水陆联运功能为主和第二代传统业务与临港加工业并举的初级阶段之后，已经进入第三代港口的发展时期，其特点是：港口集聚了大量生产和物流要素资源，不仅要实现货物装卸、仓储和集疏运，而且要吸引货物留下来进行加工、配送、增值服务，尤其通过商贸和信息技术，使港口成为国际贸易和跨国公司生产组织运输仓储的基地。第三代港口对通过港口的货物流的通畅度、由港口引入并进行资源再配置的能力、信息技术与智能化管理平台以及高效的口岸行政服务水平等方面都提出了更高要求。

（二）港口与城市协调发展

港口枢纽的形成不仅仅是航运业本身发展的结果，更重要的是现代海洋贸易、海运技术、区域内陆交通与所依托城市的经济社会功能共同发展、相互作用的结果。经济性和社会性造就了港口具有双重性质，首先，作为经济独立体和运输企业，港口承担着腹地经济生产、市场竞争和商业发展的职能；其次，在城市用地性质上，港口是公用基础设施，具有促进城市经济社会发展的公共产品性质，具有提高人们的生活质量和提升城市环境品质的属性。

由于港口所依托的城市处于快速发展时期，空间布局和产业结构存在调整和升级的需要，原来港口同城市相互依存、共同发展的格局被打破，港口同城市发展目标的不同导致两者功能的冲突。港口与所依托城市的交通体系协调与冲突，由港城共同发展而带来，又将通过港城协调发展来解决。

（三）以现代物流为导向的资源得到合理配置

随着现代物流的兴起，港口在物流中的核心与枢纽地位逐渐显现。港口的发展正由传统的货物运输模式向第三方物流中心转变，大力发展商贸物流业，拓展现代化物流分拨功能，形成物流配送和综合运输服务中心，提供全方位、高效的物流服务已成为世界港口新的发展方向。因此，在构建港口为枢纽的综合交通运输体系时，要充分利用现代物流的发展理念，把交通问题放到港口整体物流功能中去考虑，通过资源的合理配置，引导有效的交通需求，从而形成优化合理的交通体系。

在近几年的发展中，港口综合交通已经突破了几种交通方式衔接和配置的传统概念，而是扩展到以港口为枢纽的物流、客运、产业、信息、商贸、金融服务等广义交通概念。构建以港口为枢纽的综合交通体系已不再是简单的港口集疏运问题，而是以港口为中心，以现代物流为导向，统筹港口、城市、产业和谐发展的资源再配置问题。

（四）智能交通系统得到应用

目前，为使沿海港口道路交通状况更加适应港口的发展，沿海港口采用智能交通系统。采用国际强港通用的智能系统模式，其基本框架包括监控识别、数据采集、协调控制、交通诱导和事件处理五大功能，通过应用技术对港口道路交通实施智能管理。智能化管理将为沿海港口创造更多的经济效益和社会效益，表现为开放式窗口、数字化服务、提高路网容纳能力、节约道路用地、减少交通违法和交通事故、减少车辆的行程延误等等，进而与港口业务调度、船舶动态、物流控制等自动化系统实现无缝连接，打造国内领先、国际一流的智能管理模式。

若沿海港口实施智能化交通管理，将使人在驾驶过程中可以随时通过 GPS/GPRS/GIS、广播、信息发布板等手段了解目前的交通状况，而交通管理部门则可通过道路上的车辆传感器、视频摄像机等外端设备随时了解各个路段的交通情况，并随时对各个交通路口的交通信号进行调整以及对外界进行信息发布，使整个交通系统的通行能力达到最大。①

按照我国交通运输发展的长期战略目标：以市场经济为导向，以可持续发展为前提，建立客运快速化、货运物流化的智能型综合交通运输体系。我国沿海港口在综合交通体系构建发展过程中，应针对港口集疏运的瓶颈所在，重点建设主要港口的疏港铁路、疏港高速公路、内河集疏运通道和港口综合运输枢纽。实现货物运输无缝对接和乘客零换乘目标的关键，在于政企分开，建立货主、各种运输方式建设与运营多方利益协调机制，引入建设与运营合作机制，引入市场竞争机制，引入专业公司作为战略合作伙伴。

港口为中国站在全球资源配置的角度，为解决人口负担过重、能源短缺、资源不足、资源开发利用欠合理、劳动力布局欠合理等全局性问题创造了条件。在进行以港口为枢纽的交通体系构建时，要顺应港口升级换代的发展趋势，统筹政府调控监管职能、合理配置土地等资源、形成城市配套设施与服务体系、有机衔接各种交通方式，以临港物流业、临港产业发展带动港口所在城市经济与社会的发展，建设环境优美、经济发达、人民幸福、社会安定的港口大都市；并通过铁路、内河延伸带动港城外围城市、产业的发展，形成以港口为核心、逐级放大、辐射全国的经济圈，缩小城乡差别、缩小东西部差别，促进国家经济平稳较快发展、提升综合国力、推动社会和谐进步，实现全面建设小康社会目标。

---

① 郭振东．改善天津港交通运输体系的建议[J]．物流工程与管理，2010，02：21-23.

第四节　中国沿海港口交通运输经济规模全球领先

改革开放以来我国港口基础设施规模明显扩大,专业化码头建设取得突破性进展。经过改革开放30多年的不断建设和发展,我国沿海港口的交通运输经济规模也明显提高。

一、沿海港口货物吞吐量处于全球领先地位

2013年,我国港口货物吞吐量2亿吨以上的港口数量达到16个,中国大陆港口货物吞吐量3亿吨以上的港口数量达到10个,4亿吨以上的港口数量有8个,5亿吨以上的港口数量共3个,分别为宁波-舟山港、上海港和天津港。在16个2亿吨以上大港中,继2012年新增烟台港后,2013年增加了3个江苏省内的港口,分别为南通港、南京港、连云港港。

在全球货物吞吐量前10大港口中,我国占据8个,我国大陆港口集装箱吞吐量500万TEU以上的港口数量,共11个,包括沿海的10大港口和内河的苏州港,1 000万TEU以上港口共有7个,分别为上海港、深圳港、宁波-舟山港、青岛港、广州港、天津港和大连港。上海港集装箱吞吐量3 361.7万TEU,是全球第一大集装箱港,深圳港2 328万TEU,超过香港港,成为全球第三大集装箱港口。

2015年,全球10大集装箱港口排序依次为上海港、新加坡港、深圳港、宁波-舟山港、香港港、釜山港、青岛港、广州港、迪拜港、天津港,其中中国大陆港口达到6个,上海港继续保持世界第一集装箱港口地位。

二、沿海临港产业发展迅速

临港产业是一种具有地理上毗邻港口,产业上与港口产业密切相关,共同以港口为依托、输入或输出与港口相关产品的企业的集合。[①] 临港产业的发展往往对于所在地区的经济发展起到引领和带动作用。港口区域临港产业的发展既为港航及其相关服务业提供了业务来源,也促进了依托港口的各种相关产业的发展。从广义上来划分,临港产业可分为临港直接产业、临港关联产业、临港依存产业、临港派生产业;按产业结构划分,临港产业还可以划分为第一、第二、第三产业。

临港产业的作用机理,体现在港口城市的工业建设既依靠港口建设作先导,又围绕着港口作为归宿。港口借助巨型海船使其成为工业原料、燃料的供给基地和成品出口基地,使港口改变了原来单一的运输功能,港口地区已成为高效率的理想工业生产基地。临港工业成为创造巨大生产力的源泉,临港产业也成为港口经济发展的主要依托。

---

① 钟铭,李娜,刘建纯. 日本促进临港产业发展的政策与经验[J]. 现代日本经济,2008.4.

广义的临港产业包括下列四类:临港直接产业,指港口的装卸主业以及港口企业所经营的全部产业;临港关联产业,指与港口主业有着前后相联系的产业部门,如海运业、集疏运业、仓储物流业等;临港依存产业,指以港口存在为主要选择依据而设立的产业部门,如造船业、贸易、钢铁、石化等建立在港口及港口区域一定范围内并依港口而布局的产业;临港派生产业,其既包括建立在沿海一定范围内,与港口直接产业、港口关联产业、港口依存产业的经济活动有关的金融、保险、房地产、饮食、商业等服务业,又包括市区内直接和间接与港口直接产业、关联产业、依存产业的经营活动有关的其他产业。

按照产业结构的划分,临港产业还可以划分为第一、第二、第三产业。临港第一产业是指以出口为主或合作生产的农、副、渔业;临港第二产业指进出口产业加工工业、港口设施设备、建筑与制造产业;临港第三产业是指承载和服务与物流、商流、人流、资金流的诸产业。

我国沿海利用优良海港和海湾,在积极发展现代化水平高的造船工业的同时,大力发展海运物流,选择骨干工业进行重点建设,带动相关产业发展,增加出口创汇能力。港口城市因地制宜地制定临港产业规划,推动传统产业不断升级、改造,开发新型产业,增强科技的先导作用,注重产业配套,形成产业群体,扩大临港工业的辐射范围,促进腹地经济,带动整个沿海区域经济的发展。在我国沿海主要港口后方均形成了规模不等的临港经济区或临港产业基地,有力带动了地区和腹地经济发展。

例如,始建于 2003 年 6 月的天津临港经济区(原临港工业区),规划用海 205 平方千米,总成陆面积 200 平方千米,定位为国家级重型装备制造基地和石化基地,依托天津港和天津滨海国际机场,逐步形成装备制造、粮油、物流三大产业板块和造修船、海上工程、重型装备、绿色动力、粮油加工、生态化工六大产业集群,招商引资额近 2 000 亿元。其中,世界 500 强企业投资项目达到 9 家,中国 500 强企业投资项目 10 个,百亿元以上项目 5 个。2012 年,完成地区生产总值 145 亿元,同比增长 30%;完成工业总产值在地口径 400 亿元。预计到 2020 年,实现年工业产值 8 000 亿元以上,港区吞吐量 1 亿吨,就业 20 万人以上。

又如,位于上海东南长江口和杭州湾交汇处的上海临港经济区,规划面积 315 平方千米,由主城区、重装备产业区、物流园区、主产业区、综合区、临港奉贤园区 6 个功能区域组成,依托洋山国际深水港、浦东国际航空港的区位优势,引进产业项目 130 个,产业项目总投资额达 430 亿元,其中外资 14. 2 亿美元。预计到 2020 年,建成高端装备制造和新兴产业集聚的国家级新型工业化示范基地,初步形成产业高端、生活舒适、生态协调的创新型产业园区。实现工业总产值 5 000 亿元。

三、沿海五大港口群带动区域经济发展

环渤海港口群物流商贸服务业不断壮大。各大港口正依托"一体两翼"组合大港,大力

发展新型临港工业和以港口物流业为主的现代服务业。目前,船舶修造、装备制造产业初具规模,钢铁、石化产业取得突破,炼化一体化、新型管材项目等已达成合作协议。现代服务业发展向高端迈进,国际商务中心、保税物流园区、科技创意园、旅游景区等一批重点项目加快建设,区域性国际物流中心地位逐步显现。此外,港口丰富的陆域和岸线资源为当地海港物流业的发展提供广阔的空间,为当地建设集装箱干线港奠定了基础。煤炭、矿物、油料、建材等货物的经营,在港口的带动下逐步建立起来。海港物流涉及区域性的基础设施建设和各种运输仓储、产品包装、进出口、信息管理、金融保险等各个行业,在直接带动城市经济发展的同时,提高了烟台市信息化现代化水平,带动第三产业发展,优化了产业结构。

长三角洲港口群产业与城市规划布局实现了一体化。比如说,“十一五”期间,连云港港完成吞吐量突破5亿吨,年均增幅达到17%、集装箱运量突破1 300万标箱,年均增幅超过40%,分别是“十五”的2倍和6倍,共完成港口基础设施投资建设148亿,是“十五”期间总投资的4.5倍。未来5年间,连云港港计划投入250亿元左右,形成吞吐能力1.6亿吨、集装箱600万标箱,基本建成集装箱干线大港和区域性国际物流中心,成为服务我国长三角和中西部两大区域发展的国际物流中心,成为服务区域发展的亿吨强港。为此,连云港市《关于科学推进沿海开发的意见》明确提出“以港口为龙头带动、以产业为主攻方向、以城市为有力依托、以基础设施为坚实支撑、以城乡统筹为战略取向”的沿海开发策略,确立了发展创新型经济、建设创新型城市,打造区域性的航运、物流、商务、金融、信息、旅游“六大中心”。

东南沿海港口群成为城市发展的有利依托。作为发展物流的突破口,通过物流核心业务向周边地区辐射,带动进出口贸易,进而又促进港口物流的发展。而物流发展能带动相关产业如货运、仓储、集疏运的发展,促进金融、通信、保险、维修、旅游、服务等第三产业的发展,使产业重心转移,加速产业结构的升级。同时,由于现代物流极强的产业联动效应,使得传统工业也焕发出蓬勃生机,从而推动了区域经济产业结构的高级化进程。例如,福州市依托福州港口大力发展现代物流并形成清晰的供应链和产业链,是西欧沿海地区经济发达的一个重要原因,鹿特丹、安特卫普港依托港口兴建物流园区和国际航运中心等都是成功的典范。福州市五区八县中有六地具有优良港湾岸线,通过有重点分层次的港口物流的发展,以点带线,以线促面,能够推动整个区域经济的快速发展。

珠三角港口群经济贡献较为突出。港口的生产和发展促进或带动了其他部门的发展而产生的那部分效益,促进了以港口生产为中间产品的其他部门的发展而带来的经济效益,带动了港口生产所需产品的生产部门的发展而带来的经济效益。例如,中山港口发展使得货物得以及时运送而获得的生产效益与市场效益,减少了客运时间而创造了时间价值,既增加就业人数及就业人员工资带来的消费的增长,又促进了经济的增长。中山港口除了核心活动以外,还有部分扩展经济活动,正是这部分活动产生了港口的间接经济影响。这部分活动中的典型活动就是贸易活动、临港工业活动以及基于港口的物流活动。

西南沿海港口群带动重化产业加快发展。西南沿海地区港口群建设起步晚,目前尚处于发展阶段,但是潜力大,并且已经依托主要港口形成了以钢铁、石化为主的重化产业链。湛江地区以钢铁、石化、造纸为三大抓手,带动临港产业加快发展,宝钢湛江钢铁基地、晨鸣纸业等重大项目建成投产,中科炼化项目动工建设,水产、家电、粮食等行业发展。“十二五”期间,湛江生产总值年均增长 10.6%,实现了从 1 000 亿元向 2 000 亿元的跨越。广西北部湾地区以港口建设为引擎,形成以港区发展为龙头的经济发展格局,从完善港口基础设施入手带动经济全面发展,按照“大项目-产业链-集群化-循环经济”的发展方向,以钢铁、核电、镍铜三大项目为引领,建成以临港工业为龙头,重点发展钢铁、有色金属、粮油加工和化工等支柱产业,加速产业集群化,构筑起广西沿海工业新高地。海南省则依托海口、洋浦、三亚等港口发展做优做强和重点培育旅游、生态循环农业、海洋渔业、海洋油气与加工等海产业,2015 年全省实现地区生产总值 3 702.8 亿元,增长 7.8%。

第二章　中国沿海港口交通体系的结构性问题

第一节　沿海港口群重复建设问题

港口建设在我国的经济发展中发挥着越来越重要的作用,因此沿海各地区都在进行各种等级的港口建设。但是,我国沿海港口不按总体规划、低水平重复建设的问题依然存在,不仅影响到我国沿海港口的资源配置,还造成巨大资金与资源的浪费,导致我国各港口的恶性竞争,严重影响到我国港口的系统规划。

一、沿海港口群重复建设现象严重

近几年,港口经济在我国取得了前所未有的发展,其带动区域经济的作用明显,使得各地政府在港口建设方面,普遍给予政策上的大力支持,但很多港口建设计划在规划不充分的情况下匆匆上马,在环渤海湾漫长的海岸线上,辽宁、山东、河北、天津各港口正大兴土木,并都提出了一系列的发展计划。各港口群中大小不一的港口,为了争夺有限的货运资源,追求自身的发展与壮大,展开了一系列的竞争,从而出现了腹地交叉重叠等一系列的重复建设现象。

《2010—2015 年中国港口码头行业投资分析及前景预测报告》显示,目前港口吞吐能力已超过实际需求的 25%左右,目前大连港利用率为 78%、青岛港为 68%、天津港为 55%,厦门港的利用率只有 40%。若加上在建及待建的港口,供需将进一步失衡。若港口建设无节制,将导致许多港口使用效率下降,拉低其竞争力,不利于长远发展。港口岸线资源是不可再生的资源,我国深水岸线尤为稀缺。如果各港口仅从自身的局部利益出发,追求自身利益最大化,长期各自为政,对不可再生的岸线资源只重开发不重保护,对岸线的开发与整治就可能带有较大的盲目性和随意性。另一方面,像上海港这类大港不断扩容,中小港口也在加快建设,固定资产投资规模巨大,这些港口只能通过各种手段争取货源和船公司的挂靠,再加上港口业务同质化日趋严重,使得同一个港口群内的港口不得不互相竞争。尽管适度的竞争有利于港口业的发展,但是一旦形成过度竞争,危害也十分严重。

政府在发展和建设港口时也往往会产生冲突。港口管理权的下放,有力地促进了港口建设和发展,然地方经济割据的现实又使各地加速开发港口资源,结构不合理、局部产能过剩的弊端开始显现,重复建设、无序竞争、资源浪费的弊端有增无减。如在江苏沿海地区,建有港口多达10处,万吨级以上的泊位多达100个,而各种规模不等的中小型码头不计其数,此外还有大批待建码头正在审批。① 其中很多的港口都在一个港口群内,它们的腹地交叉甚至重叠,因此,争夺货主物流的港口竞争变得非常激烈。这种区域内的港口重复建设产生的巨大内耗,使得沿海港口资源配置不合理,最终造成港口的发展扭曲。例如,《东北地区振兴规划》确定大连为东北亚国际航运中心,但滨海新区规划又将天津定位为北方国际航运中心。尽管青岛未从国家层面获得定位优势,但山东省明确提出全力支持其竞争北方国际航运中心。这使得同一集群内部港口的规划和发展重点趋同,或造成重复投资和重复建设,其损失将难以估量。在环渤海经济圈,几乎每个亿吨大港都建有铁矿石码头。如在山东半岛港口群,就比邻而居着铁矿石进口第一大港青岛港和第二大港日照港。而青岛港区的南翼——董家口港区,核心货种之一就是铁矿石,董家口距离日照仅20余千米。董家口铁矿石、煤炭、原油和其他散杂货的经营定位与日照港的主营货种无异。在辽东半岛港口群,锦州港、绥中港和葫芦岛港均位于辽宁西部,距离都在100千米以内,而绥中港距秦皇岛港仅20多千米。

苏州洋山港和宁波北仑港存在着明显的竞争关系,随着洋山港和杭州湾跨海大桥的建成,货源地到两港的距离变得更小了,围绕着港口货源的竞争变得愈来愈激烈(见表2-1)。

表2-1　跨海大桥建成前后杭州湾北部地区到洋山港、上海港、宁波港运距的变化

单位:千米

起点	到达港口	未建成之前运距	大桥建成后运距
苏州	洋山港	210	210
	上海外高桥码头	130	130
	宁波港北仑码头	343	219
上海	宁波港北仑码头	370	233
嘉兴	宁波港北仑码头	163	163
	上海外高桥码头	163	163
	洋山港	140	140

洋山深水港位地处浙江省舟山市的北部,与上海南汇的直线距离仅有30千米,它处于东南沿海与长江的"吨"型交汇口,具备建设15米深水港区和航道的优越条件,可形成深水

① 董洁霜,范炳全:"长江三角洲主要集装箱港口扩张与竞争",《人文地理》,2002年第12期,第20-24页.

岸线达 18 千米,20 万—30 万吨级的货轮可以自由出入,这个港口计划为 1 300 万标箱,规模将超过香港;①宁波港是一个集河口港、河内港和海港于一体的大中小泊位配套的多功能、综合性的现代化港口。2014 年,宁波舟山港实现货物总吞吐量 8. 73 亿吨,是世界上为数不多的亿吨大港。因为地理位置相近,浙江省兴建跨海大桥,从宁波到嘉兴,建设的杭州湾跨海大桥指向苏南地区,目的是争夺苏南地区甚至是上海地区的货源,从而扩大宁波港的货源腹地。

表 2-2　洋山港与宁波港的比较

港口	腹地范围	服务范围	运输条件
洋山港	直接腹地:上海市、江苏省和浙江省的杭嘉湖地区。 间接腹地:长江流域的五省一市及中国中西部广大地区。	国际集装箱枢纽港,功能相对单一。	主要以水中中转为主
宁波港	直接腹地:宁波市、金华市、绍兴市、台州市和杭州市。 间接腹地:浙江全省、江西省东部、安徽省南部以及浙赣沿线与长江流域。	集装箱,煤炭、原油、矿石等。	主要以水铁中转、水中中转、公路中转

二、沿海港口重复建设带来的问题

(一)浪费大量的海岸线资源

我国虽然有着丰富的海洋资源,但是无节制的开发,会使有限的资源得不到充分的利用,这将影响到我国的可持续发展战略。我国的深水化港口与大型化的泊位以及沿海港口的建设应该按照科学的系统规划,合理开发,注重效益,不能各自为战。目前在环渤海地区 5 800 千米的海岸线上,有大小 60 多个港口,其中亿吨级大港有大连港、天津港、青岛港、秦皇岛港和日照港,占到全国亿吨大港数量的一半,而其他中小型以及待建港口更是数不胜数。一些港口城市将港口岸线作为招商引资的条件,导致货主码头挤占大量优质港口岸线,甚至于海岸线资源和生态环境被破坏。以江苏为例,2005 年货主码头岸线已占沿江开发岸线的 80%,但货物吞吐量与仅占 20%岸线的公共码头大致相当,造成大量岸线资源的浪费。

(二)破坏沿海的生态环境

港口建设在对基槽、港池开挖和航道疏浚以及陆域回填时,会让附近海域的悬浮物增加,从而导致局部海水浑浊;施工人员产生的生活污水,施工、船舶清洗、维修时产生的含油废水、船舶溢油污染及生活垃圾都会对附近海域的水质造成一定的影响。水质的下降又会

① 李晓明,"洋山港——上海打造战略性枢纽",《中国投资》,2004 年 06 期,第 45-48 页.

使阳光投射率降低，从而导致海域内的生物迁移，浮游生物也会受此影响。水质的下降、海水的污染也会带来赤潮，对鱼类的生存带来影响，除少数适应力强的生物能幸免于难，大部分的海底生物会面临着死亡的威胁。

近年来，随着广西沿海三大港口建设的推进，尤其是深水码头的建设，目前，该港口群主要采取由岸边设置引桥甚至是吹填道路的方式直达深水码头，虽然从某种程度上解决了交通运输问题，但其对海底地形、地貌、冲淤环境及海洋水动力环境的影响巨大，局部的水域甚至改变了原有的海水交换通道，一方面冲淤环境的改变可能导致局部海域的淤泥聚集，还可能导致港口、航道疏浚压力的增加，另一方面还会让近岸的污染物随潮水进入湾外，给海洋生态环境造成巨大的安全隐患。

（三）造成恶性竞争，扰乱市场经济秩序

有些港口为了谋求未来的发展和生存，采取大肆让利杀价的手段，造成恶性的竞争，给国家带来了非常巨大的损失。在长三角地区，为数不多的港口为区内的外贸出口提供了便利的交通运输条件，促进了区域内经济的迅速发展。但由于港口间缺乏协作互动而功能又相似，因此不可避免地引发了竞争，再加上政府缺乏有效的宏观调控，港口之间的竞争愈演愈烈，甚至出现了为争夺货源，抢占市场份额出现的一系列的恶性竞争，扰乱了正常的市场经济秩序，造成了国有资源的浪费以及税源的流失。受市场疲软、需求萎靡、煤炭供给不足、港口通过能力过剩影响，环渤海秦皇岛港、国投京唐港、国投曹妃甸港、黄骅港等围绕煤炭货源的竞争更为激烈，促使港口之间的价格战愈演愈烈。

（四）削弱区域中心港的国际竞争力

处在同一港口群中的港口是相互影响，相互制约的统一体。但由于重复建设，导致物流量的严重分流，减小了中心港的生产规模，从而削弱了中心港的国际竞争力。甚至可能使得港口群中的所有港口都下降为境外枢纽的支线港和喂给港。比如说：宁波港与洋山港口之间的竞争也将会削弱上海港在全球海洋运输体系中的竞争力，一旦形成恶性竞争，将会给我国的经济造成巨大的损失。长江三角洲地区各个港口如果长期各自为政，其重复建设的后果很可能导致长三角地区最终难以出现一个国际航运中心。

第二节　沿海港口运输系统行政分割问题

港口作为资源运输集散的枢纽，对外开放的门户，联结生产与消费、沿海与内地、国内与国外的纽带，是为整个腹地服务的，与港口腹地区域发生着密切的联系。但是，目前我国沿海港口运输系统依然存在着行政分割的现象，区域间没有建立统一的市场监管体系，各自为政与恶性竞争现象突出。

一、沿海港口群运输功能竞争加剧

在我国港口群的快速发展中,各城市也在积极寻找自己的出海口,各个港口在所隶属的行政区域以及经济形势的不同,导致各港口功能定位、营运环境逐步发生变化,再加上我国竞争机制的不健全和竞争市场的不规范,港口竞争存在消极的一面,主要是港口经济腹地的竞争、港口基础设施和服务质量上的竞争和经营管理上的竞争。给我国港口物流带来一定的负面影响,在一定程度上阻碍了我国物流的发展壮大。

目前,我国形成了北方以大连、青岛、天津为中心的环渤海湾港口群,中部以上海为中心的长江三角洲港口群和南部以广州、深圳、香港为中心的珠江三角洲港口群。在这三大港口群中,长江三角洲港口群中的上海港凭借其自身强大的实力和影响力,再加上强大的腹地优势,主枢纽港的地位无可动摇。在珠三角港口群中,香港作为国际航运中心,深圳和广州在短时间内也难超越其地位。环渤海经济圈港口群中,大连、青岛、天津实力接近,而渤海经济圈的实力与长三角、珠三角相差甚远,腹地资源难以同时满足这三大港的巨大需求。

随着港口竞争的加剧,以及中西部地区的外贸量的增加,传统的腹地区域界线正在淡化,各个大港都盯准了中西部的快速增长的货源,纷纷主动与中西部大型货主建立合作的关系,在运输和装卸以及仓储等环节设立种种的优惠条件,因此出现了舍近求远的现象,造成了运输资源的浪费和运输成本的增加。这种价格战的后果就是港口的恶性竞争,一个港口制定优惠政策后,其他的港口与之竞争的港口就会制定更加优惠的政策,逐渐形成了恶性循环。三大港口群之间以及内部港口对腹地的恶性竞争导致了港口资源的浪费。

在环渤地区形成了天津、青岛、大连三大综合性港口,三大港口本应在渤海湾地区形成布局科学、结构合理、层次分明的港口体系,形成渤海湾港口的整体优势,与韩国、日本港口展开竞争,服务于我国北方沿海和内陆地区的经济社会发展。然而,由于陆上腹地交叉、海上腹地基本相同,加之国际海运船舶尤其是集装箱船舶的大型化趋势明显,引发了环渤海地区三大枢纽港之间对货源、船公司、投资等的激烈争夺,并在这一背景下,形成了三大港口群之间的"群斗"。

长三角洲港口群竞争加剧,长江三角洲港口群已成为世界上数量最多,规模最大的港口群之一。各港口在广义上拥有共同腹地,但由于地理位置、城市依托、内陆及输运条件以及港口自身环境、运输距离、内陆运输费用等因素,其腹地吸引范围存在差别,在一段时间内,腹地货源量是相对稳定的,一个港口吸引了货源就说明另外一个港口的货源被分流(见图2-1)。

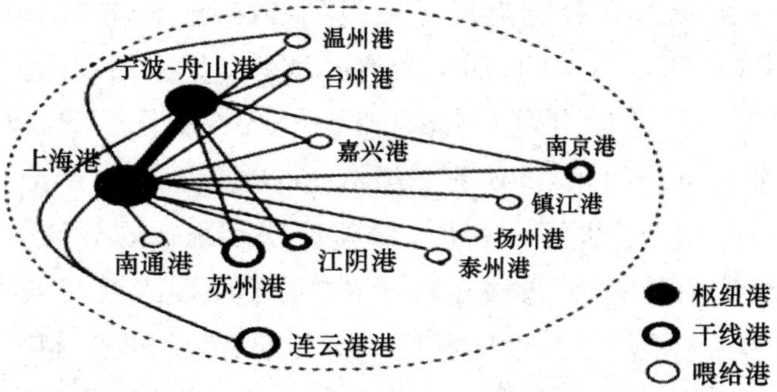

图 2-1 长三角港口群现状图

为了争夺更多货源、吸引更多船公司挂靠，长三角地区主要沿海城市加紧港口扩建力度，加强与周围港口的联合，发挥规模效益，合作的同时恶性竞争愈演愈烈，盲目扩建港口来吸引货源最终结果是造成了资源的浪费和重复建设。由于还没有形成良性的区域合作，各港口仍然受到行政区域的束缚，呈现各自为政的局面，各港口间相互争夺资源的竞争愈发激烈，甚至出现多败俱伤的局面。

二、沿海港口运输系统行政分割带来的问题

当前，各国港口腹地区域之间发生着越来越密切的联系，各个港口都在力争做强做大，我国有五大港口群：环渤海港口群、长三角港口群、东南沿海港口群、珠三角港口群和西南沿海港口群，然而各个港口内部之间的竞争却日益激烈。

众所周知，在几乎相同的经济区域内的港口之间的竞争，仅仅是争夺腹地资源和几乎相同的中转资源，是港口间内部分配的问题。首先，按照目前发展的趋势，港口能力过剩、码头能力过剩、码头泊位利用率低下的窘迫局面在所难免；其次，由于行政区划上的分割，各地港口建设缺乏统一规划，影响相互之间的协调配合，港口的定位和分工不甚明确，重复计算腹地，建设的盲目性造成了大量资源浪费；再次，由于港口建设需要大量资金，重复建设占用了本来就很紧张的财政预算，导致其他重要项目难以顺利建设投产，降低了资本的利用率；最后，货物出口路径的选择对货主的运输成本有着重要的影响，不同的出口港决定着不同的运输方式和要求，如果腹地货物运输路径不当，将给货主带来相应的成本负担。

环渤海港口群。由于投资管理不当，投资额度大且回收期较长，损失十分严重。同一港口中各港口的腹地范围十分模糊，各个港口经常会超出自己的腹地范围跨地区揽货，所以造成了港口对腹地的恶性竞争。港口之间竞争的好处在于可以降低物流成本，提高物流效率和服务水平，推进贸易和综合物流的发展，有利于提高港口项目开发和运营管理水平，但在环渤海港口群中港口之间的竞争过度，危害过大。

长三角港口群。该区域是我国港口密度最高的区域，集群内部的一些枢纽港的规划和重点发展货类往往都是雷同的，都认为本港是港口集群内部的主枢纽港，内外两个方向的腹地中的大部分物流都由列入本港中转划分，均制订了雄心勃勃的投资发展计划，都要发展大而全，多且专的港口功能。虽然这一现象暂时被局部港口运输紧张的压力掩盖着，但在行政区划的分割下，各地港口建设缺乏统一规划，影响相互之间的协调配合，港口定位和分工不甚明确，形成重复投资、重复建设的潜在风险巨大。港口岸线资源是不可再生资源，大型深水岸线对我国尤为稀缺，各港的发展势必造成资源的不合理利用。同时港口还存在经营人之间的恶性市场竞争，将不利于推进港口的专业化、信息化和技术进步，不利于物流配送体系的优化，不利于港口之间、港口经营人之间的优胜劣汰、优化组合。

珠三角港口群。该区域城市密集、港口众多，由于港口发展缺乏统一规划和合理分工，港口码头重复建设情况十分严重，尤其是众多中小港口城市争先恐后大力发展集装箱运输，导致区域集装箱产能过剩与恶性竞争，也导致区域最大的集装箱枢纽港深圳港的集装箱吞吐量逐年下滑，削弱了区域港口群的整体竞争力。此外，香港、广州、深圳三大港口之间也存在一定的恶性竞争关系。因此，有必要站在区域高度对珠三角港口群进行统一规划，明确珠三角每个港口的定位和港口功能，推动珠三角港口一体化发展。从单一港口来看，香港、广州、深圳港在世界上均有一定的名气，但相对于世界一流港口知名度而言，尚存在一定差距。如果珠三角港口通过整合，形成以香港、广州、深圳港为核心的一体化港口群体，将成为世界上最大、最具竞争力的港口群。

西南沿海港口群。在广西北部湾沿海相距不过 50 公里，却有防城、钦州、北海三个港口。三港虽然共用一片海域，却分属不同的行政区划，长期以来存在吞吐量小、相互压价、互抢货源的问题。此外，三个港口的货物吞吐量总量均较小，这种各自为政、同类竞争的发展方式难以为继，严重阻碍了广西北部湾的快速发展。为此，广西壮族自治区党委、政府决定实施北部湾港口整合的重大战略，在 2007 年组建广西北部湾国际港务集团，作为三港口的整合主体。2015 年 6 月广西壮族自治区发布《广西北部湾沿海港口发展一体化改革试点实施方案》，推动广西沿海港口政资源整合，逐步打造品牌一体化、管理一体化、政策一体化、信息一体化北部湾港口。但另一方面，即使广西沿海较好地实现了港口资源整合，广西北部湾港与广东湛江港之间仍然存在因港口功能雷同、腹地重叠、港口项目重复建设，导致同区域港口间的同质化竞争问题（见图 2-2）。

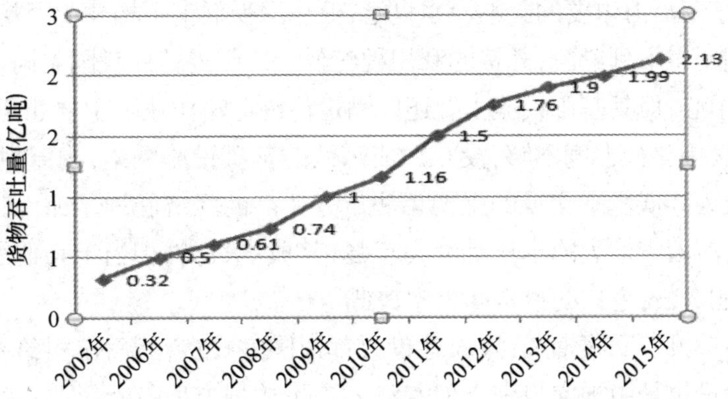

图 2-2　2005—2015 年广西北部湾港口群水陆货物吞吐量

第三节　沿海港口运输线低水平构建问题

一、沿海港口运输线低水平构建现象

自改革开放以来，交通行业顺应形势，抓住机遇，积极推进港航体制改革和机制创新，解放和发展生产力，大力发展先进的运输方式，积极参与国际竞争与合作，促进了统一开放、竞争有序市场的形成。港口运输已成为我国开放水平高、融入国际市场最好的领域之一，我国在港口运输领域取得了显著成效，但尚存在港口运输线低水平的问题。

长江三角洲地区港口群依托上海国际航运中心，以上海、宁波、连云港为主，充分发挥舟山、温州、南京、镇江、南通、苏州等沿海和长江下游港口的作用，服务于长江三角洲及长江沿线地区的经济社会发展。但调查发现，长江三角洲港口群普遍出现了发展滞后，尤其是集装箱码头，船舶滞港、货物压港的现象。船舶越来越趋于标准化和大型化，码头不按标准化船型的要求去建设，规模小、尺度小、水深不够。长江上游的川江港口都有这个问题。在长江下游，上海港等港口虽然设备设施好，但码头太少，船舶作业时还要排队，有时为了等卸货，排队长达一两天，船员们吃饭睡觉必须在船上。另有港口码头基础设施落后，建设资金紧张，港口结构不合理，机械化程度低等问题，制约了航运发展。

天津港，位于天津市海河入海口，处于京津冀城市群和环渤海经济圈的交汇点上，是中国北方最大的综合性港口和重要的对外贸易口岸。2014 年集装箱的吞吐量突破 1 800 万标箱，全港货物吞吐能力达到 5. 6 亿吨，因集装箱货运量迅速增加，场容量严重不足，导致压港现象经常发生。青岛港是太平洋西海岸重要的国际贸易口岸和海上运输枢纽，也存在低水平的现象，落后的斜坡式提升集装箱工艺，降低了装卸效率，增加了货运成本，阻碍了港口发展。厦门港口是东南沿海重要的天然深水良港,但也深受低水平构建的困扰,主要体现在港区建设上,融资问题得不到解决,外资的利用程度低。广州港地处我国外向型经济最活跃的珠江三角洲地区中心,但其基础设施主要还以满足传统运输作业为主要业务,铁路、公路、机场等地物流基础设施整合力度不够,没有形成高效的基础设施网络,物流规模化程度不高,辐射范围狭窄,成为其低水平建设的主要诟病。三亚港的经济腹地是海南省南部的三市三县,码头开发区是海南省最大的水产品交易市场,其成本较高,相当于其他沿海地区的两倍和国外一些港口的3倍,港口的投资回报率较低。

在国外,因港口投资回收期长,港口建设大都由国家投资,然后出租给企业运营。在我国,以前大港口建设也是由国家投资。但长江港口下放地方后,在亏损或微利的状况下,一方面要考虑建设,另一方面要考虑国有资产保值增值和职工吃饭的问题,严重缺乏自有资金。现阶段,就我国沿海大多数港口而言,仍然只是亚洲地区一些港口的喂给港,且小码头多,先进的专业化港口缺乏,信息化程度低,基础设施滞后于市场需求,市场化程度偏低,融资困难,各自为政,很多港口发展出现了瓶颈。

二、沿海港口群低水平构建带来的问题

(一)港口系统内部改革不协调

我国实施了港口政企分开和引航体制改革,国有港口企业的经营环境发生了重大变化,长期形成的港口规划和管理、建设、生产经营、引航一体化为主的运营体系被彻底打败,增加了新的独立的港政管理主体,增加了引航协商主体,下一步有可能开放货主码头,以提高效率。所有这些举措,对我国大陆港口的发展必将产生重大影响。但是,这些政策没有充分考虑到港口的现状,比如小码头占份数多,大码头占少数,缺乏公平性的政策难以推行。

(二)海铁联运难

我国大陆港口集装箱输运主要靠公路,其次是水路,铁路运输进展很小的份额,与发达国家有很大的差距。以上海为例,2015年完成集装箱吞吐量3 520万TEU,但铁路运输只有500万TEU,制约水路与铁路集装箱联运的主要原因是,两者的市场化程度都有待提高。海铁联运难将严重影响港口和铁路作用的发挥。

(三)港口恶意竞争加剧

各地港口为了实现自己的发展目标,在市场经济体制的作用下,开展竞争是难以避免的。但是有的港口通过降价来吸引顾客,从而解决融资问题,但此种行为只会带来无序的竞争,且使我国大陆的货源流向周边国家,不仅延缓大陆国家航运中心或枢纽港的建设进程,而且让周边国家从中受益,由于缺乏合作,港口企业在与船公司的合作谈判中,也将处于不利地位。

(四)港口集装箱运输信息化建设滞后

现代港口开展集装箱运输离不开建设与新科技应用,在集装箱码头装配有计算机控制的自动化系统,无人操作即可完成装卸作业,使劳动成本大大减低,但是,我国港口公用信息平台滞后,各自为政,系统开发很难满足实际需求,运输信息采集处理智能水平低,自动配载功能、场地地位功能等缺乏有效应用,从而导致效率低下。

第四节　沿海港口产业对周围经济关联效应问题

近年来,随着港口物流业的快速发展,港口对区域经济的带动作用愈加明显,港口物流与区域经济二者之间的关系也越来越紧密。港口作为区域经济的门户,能够带动区域经济的发展,吸引投资,不断促使区域完善交通等基础设施,使得区域经济多元化发展。港口物流发展的最终目的是为了加速区域经济的增长,从而带动腹地和全社会的快速进步;而区域经济不断发展、科学技术的不断进步、区域生产力的不断提高以及集疏运体系的不断完善,为港航等相关产业的发展提供了良好的基础和广阔的空间。

一、沿海港口产业对周围经济的带动作用

(一)港口物流的发展提高区域 GDP

从五种不同的运输方式来看,水运是相对来说运价最便宜而且运量较大的一种运输方式。因此,对于有港口的区域来说,港口物流的不断发展,港口基础设施的不断完善将会带动第一、第二、第三产业在港口区域设立分支机构,充分利用港口区域的金融、产业、信息及人才的优势,带动区域经济的快速发展。与此同时,港口依托原有的区位优势,扩大临港产业的规模,以产生港口集群效应,带动临港产业的快速发展。另一方面,由于现代港口的服务范围是门到门,这就需要构筑与港口物流产业相配套的现代物流综合物流运输体系,完善腹地市场体系,进一步促进区域交通和物流等基础设施的建设。这些均是港口物流与区域经济的直接贡献,可以通过地区生产总值的增加或者港口货物吞吐量、港口集装箱吞吐量的增加提现出来。

(二)港口物流会推动产业在港口集聚

一般来说,港口城市是一个国家对外联系的重要区域,因此从空间上来说,港口城市是一国国内经济和国际经济联系的枢纽。对辽宁沿海经济带来说,之所以提出大力建设大连国际航运中心战略,一方面是能够带动东北老工业基地经济的发展,另一方面是为了从空间布局上提高国际货物在中国港口中转的比例。在环渤海区域,辽宁沿海经济带各港口和韩国的釜山港、日本的横滨港等在国际货物中转方面的竞争很大,而在国际和国内之间贸易往

来过程中，港口以其优越的区位优势，较低的运输成本，是形成产业集聚的重要区位。但是，这种产业集聚可以发生在辽宁沿海经济带各港口，也可以在韩国、日本的港口发展。如果我国辽宁沿海经济带港口实施一些优惠的政策，就会立即吸引国外资本向我国港口城市集聚，这种集聚会产生循环积累的效用，即来我国辽宁沿海经济带港口的资本集聚越多，市场规模越大，会吸引新的投资进入，不断良性循环。

（三）港口物流的发展会提高区域人口的就业率

港口物流业本身的发展就会提供很多的工作岗位，而伴随着港口物流业发展带来的国内外投资的增加，港航相关产业的规模扩大都将会提供较多的就业机会，提高港口所在区域人口的就业率，有利于社会和谐发展，促进区域经济贸易的发展和腹地经济的繁荣。

二、沿海港口产业对周围经济关联效应问题

（一）沿海港口群综合服务功能还比较薄弱

沿海港口群综合服务功能还比较薄弱，国际中转枢纽地位尚未稳固，特别是在日韩等境外港口的激烈竞争下，近年来我国远洋货源境外中转现象逐年加剧。大量国际集装箱通过釜山、神户等港口中转，严重制约了我国港口的航线开发和枢纽港的建设，在直接促成釜山等国外港口飞速发展的同时，使我国部分主要港口成为它们的喂给港，造成我国沿海港口在国际集装箱枢纽港的发展竞争中处于十分不利的地位。

（二）港城联动欠缺，港口群集聚动力不足

近年来，港口的快速发展对促进临港产业集聚、城市化发展做出了较大贡献。然而，目前港口、产业与城市三者联动发展还处于相对薄弱阶段，加强三者联动发展，充分发挥港口岸线资源优势，加快临港产业集群，形成现代港口带动和辐射效应，是建设大港口、发展大产业、构筑大城市，尽快昂起江苏沿海开发的龙头，更好地服务和带动区域协调发展的重要路径和必然要求。

（三）港口发展缺乏自由宽松的政策环境

缺乏宽松自由的政策环境。中国香港、新加坡之所以从一个弹丸之地发展成为世界级的国际航运中心，除去它们位居天然航运要冲的优势之外，更重要的是得益于港口实行的自由港政策，自由港政策为港口发展带来了大量的过境转运船舶和集装箱货源。如果缺乏自由港政策，而只依靠内地货源来同韩国和日本的港口竞争，未来我国港口将很难在东北亚地区国际集装箱枢纽港建设的角逐中胜出。

第五节　中国沿海港口群在全球海洋运输体系中的分工

“十三五”期间是中国港口发展的重要时期,也是中国走向世界海洋港口大国的时期。在过去10年里,中国已经实现了从“世界港口小国”转变为“世界港口大国”的目标,并还将向“世界港口强国”迈进。今后,我国经济将继续保持快速发展,沿海地区将进一步扩大对外开放,内陆地区“借边出海”的要求也将增强。在利用国内外两种资源和面向国内外两个市场的形势推动下,我国沿海港口群与世界海洋港口间的联系也将越来越密切。

一、我国沿海港口竞争态势

沿海港口间的竞争可分为4个层面:一是国际层面的竞争,主要表现为我国港口群与国外港口群、航运中心的竞争。如珠江三角洲港口集群与新加坡港等港口群之间的竞争,长江三角洲港口集群与日本太平洋沿岸港口群之间的竞争,渤海湾港口集群与釜山港及日本太平洋沿岸港口群之间的竞争等。在国际层面的竞争中,我国港口在市场需求和硬件设施方面的竞争能力正在日益增强,很有发展后劲,但港口服务水平和口岸环境等软件的竞争能力还处于较低水平。港口间有目的的分工协作和相互整合还很少。二是港口集群内部枢纽港之间的竞争,主要是港口集群内部围绕国际主枢纽港地位或航运中心地位的竞争,更多地体现在各港口主要经营人,即原政企合一的港务局改制成的港口企业之间的竞争。同一区域内部枢纽港之间的竞争,在相当程度上削弱了港口集群的国际竞争力,这在渤海湾港口集群中表现得最为突出。三是港口集群内部枢纽港与周边中小港口的竞争,这是经济需求与政府行为双重作用的结果。四是港口内部各港区经营人之间的竞争。

港口之间的竞争主要表现在两个领域:一是投资发展领域,即规划、项目、港口地位主枢纽港或航运中心地位的竞争。局部地区带有浓厚的地方行政色彩,往往形成重复规划、重复投资、重复建设。二是市场领域的竞争,即货主、价格、集疏运渠道方面的竞争。

二、我国沿海港口群在全球海洋运输体系中存在的瓶颈

(一)港口吞吐能力失衡

当前,国际市场持续低迷,中国经济下行压力加大,我国沿海港口吞吐能力出现结构性过剩与不足并存现象。在环渤海地区,目前,中国仍然是是世界上发展最快的经济体之一,随着“十三五”规划以及国家的宏观调控,我国的经济将朝着“又好又快”的方向发展。这对港口的发展提供了有利的条件,同时也对其提出了更高的要求。我国的经济发展与对外贸易增长明显,但我国沿海港口的吞吐能力仍然不足。当前,我国沿海港口的总能力缺口达5

亿吨，而与2015年的需求相比，缺口将达到20亿吨以上。其中集装箱、煤炭、原油、矿石的接卸能力缺口分别为8 200万标准箱、3.3亿吨、0.8亿吨、3.5亿吨。而全国主要的枢纽港的综合能力利用率都在120%左右，处于超负荷运转状态。

(二)港口等级滞后

港口是物流链中重要的节点与枢纽。目前，我国沿海港口存在着“一高一低”的问题，“高”是指港口发展速度高，“低”是指港口等级相对较低。从十年前的“世界港口小国”到现在的“世界港口大国”，中国港口实现了巨大的飞跃，2013年我国超过美国成为世界货物贸易第一大国，发展速度之高举世瞩目。然而，日照港虽凭借其煤矿的优势，扩能上量，跻身我国沿海港口前十、世界港口前二十，但其在资源整合、综合服务、质量效益以及对区域经济的龙头带动作用方面明显不足，发展等级依然偏低。当前，我国港口大多数处于第二代向第三代过度的阶段，与世界一流的第四代港口相比，在信息化水平、产业链、综合服务功能、资源配置等方面存在着不小的差距。

(三)港口运输成本高昂

港口运输业是物流业的一个重要的环节，也是生产服务性行业的重要组成部分。从近年我国沿海港口与世界海洋港口的发展来看，我国海洋运输的贸易总额依旧可观，但海洋运输的成本却很高，物流总费用与GDP的比率多年维持在18%左右，是发达国家的两倍。由于物流业包含运输、储存、流通加工、信息处理等环节，容易因范围广、周期长、环节多、效率低而增加成本。沿海港口应该要控制好物流链上的重要节点，优化整合物流链、产业链，提高货物运转效率，解决物流“最后一公里”等难题。

(四)港口物流的基础设施落后

从目前的发展状况看，我国沿海港口依然存在着很多问题，其中基础设施落后尤为明显。而一些大型的港口，如天津港、上海港、深圳港等虽然其综合水平在国内处于领先，但与世界先进的港口鹿特丹港、新加坡港相比，差距还是比较大的，其水平只是发达国家20世纪80年代的水平。据统计，在我国港口物流运输体系中，公路所占的比例是27.5%、铁路所占的比例是33%、深水泊位所占的比例是16.4%。可以看出，我国沿海港口物流运输缺乏较多的自动化设备、没有足够多的深水航道里程、没有足够多的深水泊位等，这些都将影响到我国港口物流的发展。

(五)港口物流集疏运网络比较落后

我国港口货物吞吐量虽然在过去的十年中取得了飞速的发展，装卸率也与世界先进水平接轨，但港口的集疏运条件不发达，公路集疏运依然是目前我国的主要模式，而铁路疏运、海铁联运的发展相对较慢，公路集疏运的比例是78%、水路为20%、铁路为2%，远比国际港口的10%—30%低。陆路运输由于铁路运输的短板，变得不堪重负，目前，陆路集疏运的技术较低，再加上没有较高配套设施，因此在城市规划、环境保护方面引发诸多问题，成为港口物流中比较严重的问题。

（六）港口之间条块分割现象严重

目前，我国沿海各港口物流业的状况，大多都是无序的竞争，前方码头货物的装卸，后方码头货物的运输与储存之间缺乏协调。特别是在货物的储存方面，规模较小，主要以粗放式经营为主，物流信息的管理技术还比较落后。各个港口之间由于缺乏有效的交流与合作，关于港口物流的先进知识与经验，相互之间也缺乏了解，自身的发展受到了很大的限制。我国沿海港口间条块分割，无序竞争的现象主要集中在长三角一带，以上海—洋山港、浙江—宁波港、苏州—苏州港三港之间的竞争为主。

第三章 中国沿海港口交通体系建设的内部架构

第一节 环渤海湾港口交通体系建设与运输经济构架

一、环渤海湾港口的主要构成

环渤海地区位于我国华北、东北、西北三大区域结合部，包括北京市、天津市、河北省、辽宁省、山东省和山西省、内蒙古自治区，面积 186 万平方千米，2014 年末常住人口 3. 14 亿人，地区生产总值 18. 5 万亿元，分别约占全国的 19. 4%、23%和 27%。环渤海地区海岸线长达 5 800 千米，占全国海岸线总长的 32%。2014 年，环渤海地区海洋生产总值 22 152 亿元，占全国海洋生产总值的比重的 37%。据不完全统计，目前环渤海岸线有大大小小的港口近 80 个，平均 72. 5 千米就有一个港口，港口之间最短距离仅为 19 千米。

环渤海湾港口群包括辽宁沿海港口群、津冀沿海港口群和山东沿海港口群，如表 3-1、图 3-1 所示。

表 3-1 渤海湾港口群主要港口

辽宁沿海港口群	大连港、营口港、丹东港、锦州港、葫芦岛、港盘锦港
津冀沿海港口群	天津港、秦皇岛港、唐山港、黄骅港
山东沿海港口群	青岛港、烟台港、日照港、威海港、潍坊港、东营港、滨州港

二、环渤海湾港口交通体系建设

（一）环渤海湾港口交通体系建设总体要求

1. 环渤海湾港口交通体系建设的分工要求

2015 年，国家发展改革委印发《环渤海地区合作发展纲要》，为环渤海湾港口群的分工合作指明了方向：

辽宁沿海港口群。大连港和营口港为主要港口，丹东港、锦州港、葫芦岛港 和盘锦港为地区性重要港口，主要服务东北三省和蒙东地区。大连港重点发展集装箱干线运输和能源、

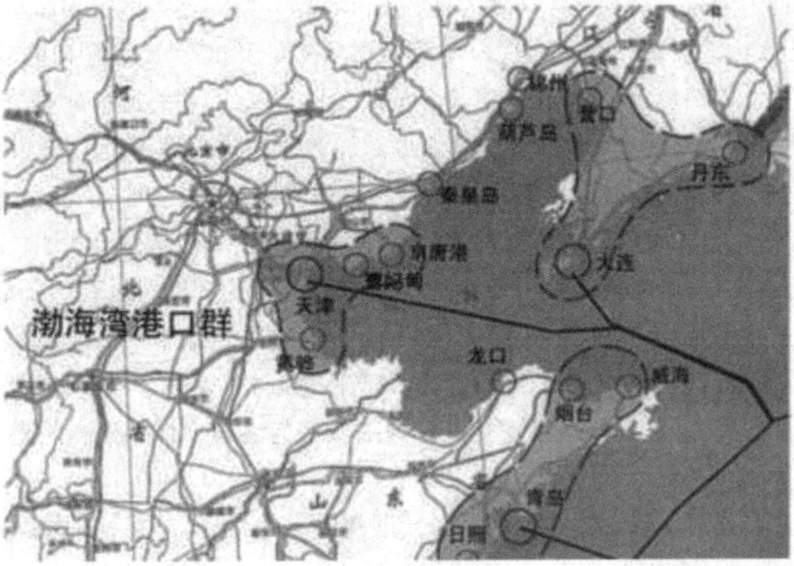

图 3-1　渤海湾港口群分布图

原材料等大宗物资运输，积极发展液化天然气、商品、汽车和邮轮运输，拓展现代航运、贸易、物流服务。提升大连东北亚国际航运中心功能。营口、丹东、锦州等港口重点发展能源、原材料、粮食等大宗物资运输和集装箱支线运输，拓展临港工业、现代物流等综合服务功能。

津冀沿海港口群。天津港、秦皇岛港为主要港口，唐山港和黄骅港为地区性重要港口，主要服务京津冀、华北及西北地区。推进天津北方国际航运核心区建设，以集装箱干线运输为重点，积极发展液化天然气运输和邮轮、游艇运输等，大力发展航运、贸易、物流等现代服务，提升航运中心功能。秦皇岛港、唐山港、黄骅港以能源、原材料等大宗物资运输为主，大力拓展综合服务功能。研究建立津冀沿海航区海事统筹监管新模式。

山东沿海港口群。青岛港、烟台港和日照港为主要港口，威海港、潍坊港、东营港和滨州港为地区性重要港口，主要服务山东省及中西部部分地区。青岛港重点发展集装箱干线运输和能源、原材料等大宗物资运输，相应发展液化天然气、商品运输和邮轮运输；日照、烟台等港口重点发展能源、原材料等大宗物资运输和集装箱支线运输，拓展临港工业、现代物流等综合服务功能。

环渤海湾港口交通体系建设的分工合作要求从总体上明确了各个港口群建设港口交通体系的方向，避免了港口之间的不必要的竞争，有利于环渤海湾港口的协同发展，形成优势互补的良性发展态势。

2. 环渤海湾港口交通运输基础设施建设要求

在铁路运输方面，完善重点港口集疏运体系，积极发展集装箱海铁联运。加快西煤东运、北煤南运通道建设。规划建设环渤海地区城际铁路。畅通连接俄蒙的口岸运输通道，推进蒙古乔巴山经内蒙古珠恩嘎达布其口岸至锦州、绥中、天津、唐山等港口的欧亚铁路通道建设，推进二连浩特口岸经锡林浩特、多伦至天津、唐山港口的铁路通道建设，推进锡林浩特至正蓝旗至张家口铁路建设。研究推进中韩铁路轮渡、渤海海峡跨海通道建设前期工作。

在公路运输方面，进一步完善环渤海国家高速公路网，实施京哈、京沪、大广、京港澳国家高速公路相关路段扩容改造。加强疏港公路建设，进一步强化港口与腹地联系。

在水运方面，统筹区域内港口规划与发展，构建辽宁沿海、津冀沿海、山东沿海三大现代化港口群，形成布局合理、功能完备、分工明确、竞争有序的运输格局。推进体制机制创新，鼓励港口企业通过合资、合作、联盟等方式，跨行政区域投资、建设、经营码头设施，实现优势互补、合作共赢。完善港口集疏运体系，支持内陆城市与港口合作共建内陆港，推进电子口岸互通互联。

在航空方面，适时改建、扩建既有机场，合理新建支线机场，加强各机场分工协作，合力打造区域机场群，强化沈阳、大连、天津、青岛机场的区域枢纽功能。

在综合交通枢纽方面，依托铁路货运站、港口和机场，规划建设一批具有多式联运功能的货运枢纽（物流园区）。重点推进北京、天津、石家庄、秦皇岛、唐山、沈阳、大连、济南、青岛、太原、大同、呼和浩特等全国性综合交通枢纽（城市）客货运站及集疏运体系建设。

（二）辽宁沿海港口交通体系建设

1. 辽宁沿海港口物流协同发展

（1）创新港口服务理念，为客户提供综合物流服务。随着我国经济受到发展方式、发展动力等内生性因素和资源环境等外部因素的约束，我国经济发展面临转型和强制性结构调整，未来我国沿海港口货物吞吐量将由快速增长态势转向平稳增长。同时，沿海港口之间以水深、泊位、设备和操作技术为基础的竞争优势差距越来越小，港口发展方式将更趋于多元化、精细化、高端化。港口之间以装卸作业为主的竞争方将转变为全程物流服务的竞争。因此辽宁省各沿海港口应树立创新服务理念，以港口装卸主业为支撑，优化集疏运体系，大力发展多式联运，争取为客户提供全程的综合物流服务。①

（2）坚持错位发展的策略，各港口实现优势互补。从政府层面来看，首先应加强省内沿海港口群发展的整体规划以及规划的贯彻力度，给予不同的港口以不同的功能、定位及分工，避免区域港口群的无序竞争，为各港口的未来发展指明方向。其次，辽宁省各沿海港口要统一思想，树立起全局观念。尤其是各港在制定港口规划与政策时，要扬长避短、突出优势，准确把握自己的定位；在具体业务的开拓上要有进有退，有所拓展、有所放弃，努力找寻

① 孟威，陈继红，郑师禹，张方伟．辽宁省沿海港口物流发展竞争态势与对策[J]．港口经济，2015，10：22-26.

适合自身发展的方向和重点;各港的功能和业务应各有侧重,发展目标和规模也应有大有小。

(3)建立协调工作机制,形成一致对外的发展思路。辽宁省沿海港口要尽量避免区域内部的无序竞争,实现省内区域港口一体化,逐步统一和推进市场准入制度、地方优惠政策、规费征收、集疏运网络、行政执法尺度和信息透明程度方面工作,为区域内港航企业加快资本、技术、服务的流动与合作创造良好的外部环境。建议由省政府相关部门牵头建立起协调制度及机制,发挥协调功能与作用,形成一致对外的发展思路。在各部门协调下加快形成“三个体系”,即集装箱综合运输体系、大宗散货综合运输体系和综合物流服务体系。

(4)整合区域沿海港航资源,促进各港综合物流发展。建议由辽宁省政府牵头,以省内各沿海港口企业为主体,形成一个综合物流平台。各沿海港口不仅可以通过该物流平台共享基础设施资源,同时还可以在该平台上实现货源、口岸通关、集疏运等信息的实时传递与共享。同时,这个综合物流平台还将船公司、货主企业、物流企业等港航企业的经营主体囊括在内,构建整个区域内的物流网络,从而达到物流成本的有效降低,促进各个港口综合物流的全面发展。

2. 辽宁沿海港口路网建设

东北所有的港口资源都集中于辽宁省,辽宁港口物流产业集群为东北腹地的国际贸易和货物转运提供了畅通的运输方式,是促进其经济发展的优势资源;而腹地经济的发展也会增加辽宁港口物流产业集群的功能和港口货物吞吐量,从而使港口和集群内产业不断发展壮大。延伸集群与腹地互动的渠道,推进腹地经济合作,对强化和深化辽宁港口物流产业集群与东北腹地的互动发展具有重要的意义。①

辽宁省政府应充分利用各腹地的优势,鼓励辽宁港口物流集群开展远距离业务,抓住机遇,推动其与吉林、黑龙江及内蒙古东部腹地经济的合作,与之建立密切联系,从而为集群提供足够的需求和支撑。政府应在税收和土地出让金方面给予东北腹地企业一定的优惠,吸引各类优质企业向辽宁省投资和转移,吸收先进的技术和成功的管理经验,并通过建立分支机构或办事处将省内企业业务范围扩展到省外腹地,在能源、原材料、矿产资源以及基础设施建设等方面加强合作,开发主导产业的上下游产品,深化与“哈大齐工业走廊”、“长吉经济区”的分工协作,以解决腹地货源不足导致港口资源浪费的现象。

同时,要与东北腹地良好地互动发展,就要加快路网建设,构建便捷有序的交通网络,尤其是集疏运通道。辽宁各港口物流产业集群内港口城市要加强与内陆更广泛腹地的联系,就要提高集群后方集疏运通道的能力,大力开展多式联运,提高运输质量和运输效率。尤其

---

① 李新然,边玥. 辽宁港口物流产业集群与腹地经济的良性互动发展研究[J]. 辽宁经济,2012,06:24-27.

要加强集群与吉林、黑龙江和蒙东腹地的联系，强化以铁路大通道建设为主的大能力集疏运系统建设，完善高速公路网络，形成港口物流产业集群与腹地之间快速和畅通的集疏运网络体系。

3. 辽宁沿海港口临港产业建设

临港产业的发展往往能够产生巨大的港口交通服务需求，促进依托港口的各种相关产业的发展，带动和引领所在腹地经济的总体发展。

政府应制定行之有效的政策体系，通过一系列发展目标与计划的制定，合理进行产业布局和功能定位，以促进临港产业又好又快发展。首先，坚持临港产业和港口建设的同步发展，推进港口物流基础设施和临港产业重点项目的建设，在港口资源整合的基础上促进临港产业整合，使产业配套水平得到提升，提高辽宁省各大港口物流产业集群内港口对腹地经济的辐射能力。其次，积极培育具有发展潜力的本土第三方物流企业，积极引进国内外知名企业，通过创新招商引资和多元化融资等渠道吸引相关产业的集聚和升级。尤其对于产业基础较为薄弱的辽东和辽西腹地，政府更应加大支持力度，吸引更多优秀的企业进入集群，积极优化其腹地的资源结构和产业结构，淘汰落后产能。再次，扩展临港物流企业的服务范围，提高其服务质量，使集群的规模和实力进一步扩充和提高，为优势企业进一步吸引更多的相关产业和为中小型企业的衍生和发展创造有利条件，通过这种扩充和循环，不断提高腹地经济的总体实力。最后，在能源、装备制造、冶金和化工等领域也要加强与港口的对接合作，增强产业关联度，形成特色产业链，拉动腹地经济的增长，进而发挥腹地在资源、劳动、信息等方面的优势。总之，要根据各集群港口的定位及各集群的资源禀赋和产业基础，深入、仔细地规划符合集群自身发展的重点产业，明确重点产业发展的目标和路径，为集群的产业招商和临港产业的可持续发展提供指导和依据。①

(三)津冀港口交通体系建设

1. 津冀港口现代综合物流网络建设

“一带一路”战略下，京津冀港口群需要打造成“海、陆、空、铁”多式联运枢纽门户。京津冀港口群依照“一带一路”的战略要求，重点推进过境基础设施建设、增强陆水联运、加强物流信息化合作。②

(1)加大过境基础设施建设，推进港口海上战略合作。加快过境班列基础设施建设，将其打造成为亚欧大陆桥东部起点、中蒙俄经济走廊主要节点，推动建设连接东北亚、辐射中

① 张丽凤，占鹏飞，李昕，刘艳良．辽宁沿海临港智慧物流推进策略与政策支持研究[J]．经济研究考，2014，28：57-61.

② 刘敬严，陈慧青．京津冀港口物流与区域经济协同发展分析[J]．物流技术，2015，22：109-112.

西亚的铁水联运大通道。打造“津新欧”集装箱班列品牌，对过境运输优先安排组织、降低港口收费；提高国际集装箱班列货物通关效率、降低国际集装箱班列整体运输成本。沿着“一路”的走向，通过海运航线联通日韩、澳新、欧洲大陆，形成海上战略支点。增加海上内支线运输，在充分发挥天津港桥头堡作用的同时，实现津冀港口群转型升级持续发展。

（2）加大内陆无水港建设，推进海铁联运集疏运网络。建设海铁联动集疏运网络，以海铁联运促进无水港发展。要依托沿丝绸之路经济带沿线重要城市、重要交通枢纽和产业园区，优化完善内陆无水港布局，推动港口功能、口岸功能、自由贸易功能向内陆腹地延伸，推动内陆无水港向物流园区扩能升级。目前，天津港无水港设置最远已达宁夏银川，这些内陆无水港的货物从起运时间算起，可在 2 天内实现迅速通港，前往全世界 500 多个港口。发挥内陆堆场与港口前沿码头的联动效用，京津冀港口争取形成环渤海地区 12 小时快速通港、华北地区 1 天通港、西部城市 2 天通港的高效现代物流网络。

2. 津冀港口交通功能定位与发展布局的明确

统筹区域内港口，盘活存量提高运营效率。明确港口群功能定位：共同打造北方国际航运中心，用“一体两翼”的港口体系来建构津冀合作模式。进一步优化港口发展布局，建立以天津北方国际航运中心为龙头，以河北沿海港口为支撑，以集约、高效、安全、绿色的国际一流的现代化港口群，形成以天津港为中心，北部为秦皇岛港、唐山港，南部为黄骅港，南北两翼共同发展的和谐有序的发展格局。

以不同的发展方向来定位不同港口，将矿石、钢材、集装箱、石油等进行均衡化分布，从而减轻和降低港口同质化竞争的程度。天津港在津冀沿海集装箱运输方面一支独大，占据 99%的外贸集装箱市场份额，天津港应围绕促进北方国际航运中心建设，进一步加强集装箱干线港的地位。唐山港应全面发展煤炭、矿石、原油等大宗散货和 LNG、集装箱运输。黄骅港应继续加强煤炭运输功能，相应布局建设矿石、液体化工和 LNG 码头，成为新亚欧大陆桥第二通道东端主要出海门户。秦皇岛港作为全国沿海主要港口，应加快推进西港搬迁改造工程，建成低碳、绿色、智能现代化能源知名大港。

秦皇岛港和曹妃甸的自然条件较好，天津港和黄骅港港口专业化方面最强，天津拥有最为宽松的经济政策。港口间的资源整合是发展中的必然，也是必要的措施。形成集装箱运输网络，利用各自航线优势，开展货物中转联运，形成津冀港口间集装箱航线互通。完善口岸通关模式，促进津冀港口贸易便利化。打造港口物流信息平台，共建港口、航运信息网络，实现各港间信息共享。

3. 津冀港口临港产业建设

打造临港经济开发区，促进港产城良性互动。打造临港经济开发区，发展现代物业、信息服务业、金融服务业，把港口城市建成人流、物流、资金流、信息流的集散中心。抓好产业转移承接示范区建设,加强曹妃甸新增港口资源的现代化开发;推进黄骅综合大港建设步伐,把黄骅综合港区打造成为集装箱、矿石、液体化工专业大港;加快实施秦皇岛港西港搬迁改造工程,拓展集装箱和杂货运输业务,发展城市旅游等港口人文服务业务。构建以港口企业为龙头、临港物流园区为基地的产业聚集带,形成前港后园模式,增强为腹地经济服务的能力,形成港产城良性互动的局面。

(四)山东沿海港口交通体系建设

1. 山东沿海港口集疏运体系建设

山东半岛港口物流的基础设施建设标准与国际化标准有一定程度上的差距,还不能完全满足国际化港口物流的服务需求。特别是作为山东沿海港口物流龙头的青岛港,由于其承担的国际港口物流服务较多,应加强自身基础设施的国际化标准建设,如国际化大型集装箱装卸作业机、国际化原油化工原料储蓄罐等。山东沿海港口物流的集疏运输网络的层次性较差、分工不合理和不明确等问题依然存在。所以,山东半岛在今后港口物流的建设和发展中应当特别重视配套集疏运输网络的建设、发展和完善,统一规划、统一管理,特别是建设综合网络物流信息服务平台,保证港口物流的集疏运输信息的高效、快速传递与共享。

在山东半岛内陆地区建设大型陆上干港,服务于各港口。① 要想实现山东港口的一体化发展,建立一个统一的物流集散中心(即陆上干港)是基础。陆上干港,也就是从威海、青岛、烟台出海的货物都集散在这里,然后由陆港管理部门根据实际需要安排货物的实际出海港口。这一陆港具有沿海港口货运站的功能,可以设计为各个专业化区域,如集装箱堆场、粮食储运基地、油品储运基地等。这样一来,一是可以节省海港的货物存储压力,减少港口货场高昂的土地使用费用;更重要的是,货物在陆港集散,可根据货物的实际流向安排货物的出海港口,这样有利于稳定货源,提升船舶的满载率。陆港的选址应同时满足以下三个条件,距离半岛地区各港口的运输距离大致相等、陆港的交通运达性优越、土地使用成本相对较低。

2. 山东沿海港口临港产业建设

促进区港一体化,推动临港产业集群发展。随着世界经济一体化进程的快速推进和自由进出口贸易的发展,自贸区和综合保税区对经济的贡献能力也越来越强劲。世界上越来越多的港口采取"港区一体化、港区联动"的运营模式来推动器物流服务体系建设和附近产业集群的建设。在这种背景下,山东半岛港口物流发展要符合港口物流发展的趋势,加快建设港口硬环境,积极推进港口腹地的联系,营造港口经济的"软环境"。而且,随着潍坊综合保税区的成立,外加已成立青岛综合保税区、烟台综合保税区和日照综合保税区,山东省已

① 宋迎春,蒋鹏. 山东半岛港口物流资源整合策略研究[J]. 物流技术,2010,Z2:4-7.

经有四个综合贸易保税区,优势明显。所以,山东半岛港口物流业应当充分发挥港口的地理区位优势,整合港口物流的各种资源,利用自由贸易区和综合保税区的灵活贸易和物流政策,将综合保税区的特殊政策大范围地覆盖到半岛港口物流的辐射区,拓展和提升综合保税区和港口物流的功能,使得半岛港口物流服务经济与自由贸易区建设依存和配合,并建设山东半岛内部国际化的物流服务中心,完善港口物流网络的构建,在发展中彼此依存、相互促进,有效促进港口物流与四大综合保税区的良性互动发展,进而促进半岛蓝色经济圈和港口腹地经济的发展。山东半岛港口物流的建设初衷就是出于服务半岛内陆和其他腹地经济的建设和发展,而其发展必须有临港产业集群的支撑。山东半岛港口物流应当借"山东半岛蓝色经济区战略"对沿海港口产业集群的规划契机,大力推动临港产业集群的建设。

三、环渤海湾港口运输经济构架

(一)环渤海湾港口运输经济构架总体态势

2014 年环渤海湾港口货物吞吐量达到 38.88 亿吨,增长 7.2%,增速高于全国港口货物吞吐量,占全国港口货物吞吐量的 31.2%。从图 3-2 可以看出,2000—2014 年环渤海港口群货物吞吐量保持增长态势,近年来增长趋于平缓,但环渤海港口群货物吞吐量占全国货物吞吐量的比重逐年稳步提高。2014 年环渤海湾沿海港口实现货物吞吐量 38.13 亿吨,占全国沿海港口货物吞吐量的 47.4%,在我国三大沿海港口群中稳居第一。从图 3-2 和图 3-3 中可以看出,2014 年环渤海湾沿海港口吞吐量占环渤海湾港口吞吐量的 98%,环渤海湾沿海港口货物吞吐量占全国比重明显高于环渤海湾港口吞吐量占全国的比重,环渤海湾地区港口运输依赖于沿海港口。

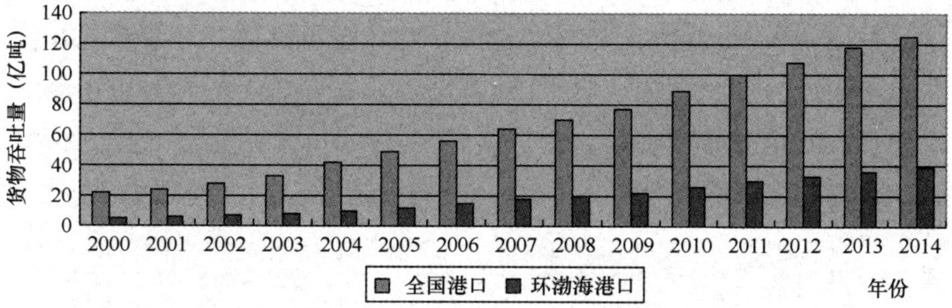

图 3-2　2000—2014 年全国港口与环渤海港口群货物吞吐量对比

2014 年环渤海湾港口集装箱吞吐量达到 5 706 万 TEU,增长 7.6%,占全国港口集装箱吞吐量的 28.2%。由图 3-4 观察可知,环渤海湾港口集装箱吞吐量逐年提高,保持较快速增长态势,2014 年是除 2009 年受全球经济危机影响以外港口集装箱吞吐量增幅最小的一年。

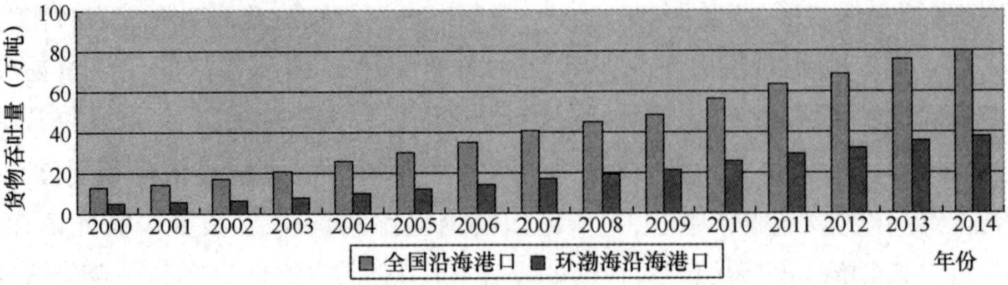

图 3-3　2000—2014 年全国沿海港口与环渤海湾沿海港口货物吞吐量对比

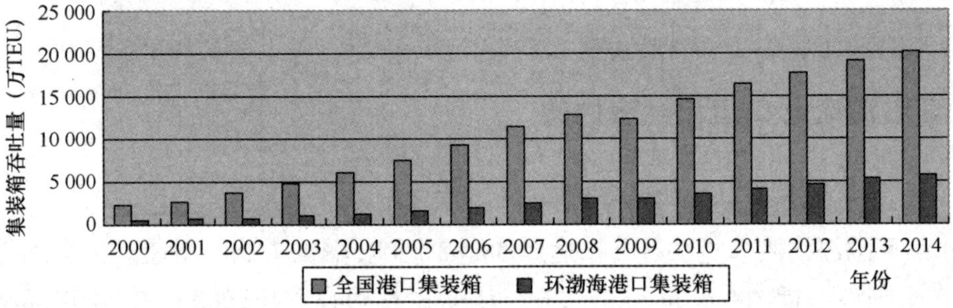

图 3-4　2000—2014 年全国及环渤海港口集装箱吞吐量对比图

（二）环渤海湾港口运输经济构架具体态势

1. 辽宁沿海港口运输经济构架

2014 年辽宁沿海港口实现货物吞吐量突破 10 亿吨大关，达到 103 675 万吨，增长 5.4%，集装箱吞吐量达到 1 860 万 TEU，增长 3.4%。辽宁沿海港口、主要港口吞吐量和集装箱吞吐量如图 3-4 及图 3-5 所示。通过观察可以看出，2008—2014 年辽宁沿海港口吞吐量稳步提高，增速较快，到 2014 年有所回落；2008—2014 年大连港和营口港货物吞吐量占辽宁沿海港口吞吐量的比重逐年下降，但比重仍然很大，在 2014 年占 72.74%；2009—2014 年辽宁港口集装箱吞吐量保持稳定增长，到 2014 年也有所回落。

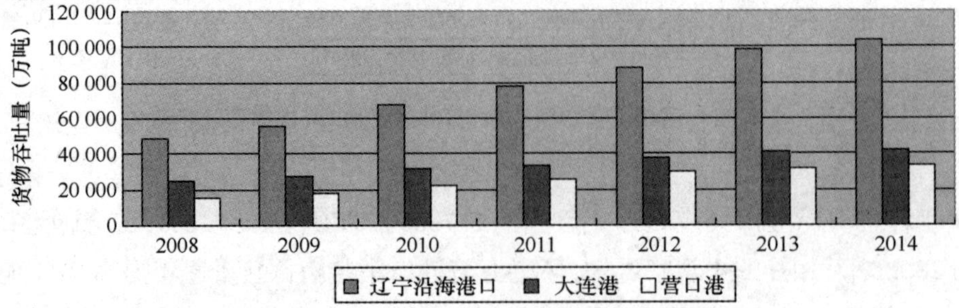

图 3-5　2008—2014 年辽宁沿海港口、大连港、营口港货物吞吐量比较图

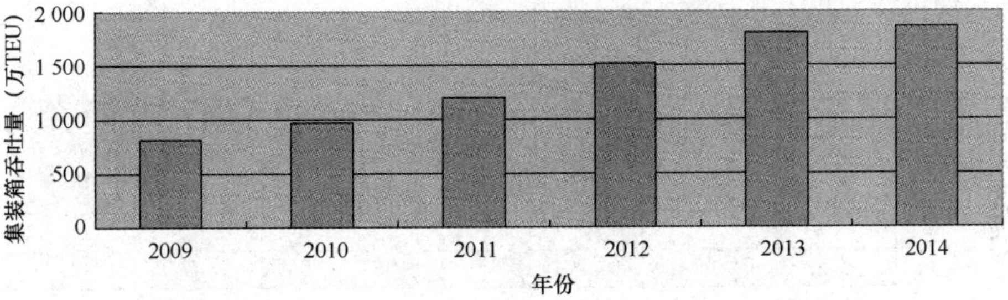

图 3-6　2009—2014 年辽宁港口集装箱吞吐量走势图

数据来源：辽宁 2009-2014 年国民经济与社会发展统计公报

在港口码头泊位建设方面，从表 3-2 可以看出，辽宁沿海港口码头长度和泊位数连年提高，在 2014 年达到 74 807 米和 397 个，港口基础设施的完善为港口交通体系的建设打下良好基础。

表 3-2　辽宁沿海港口码头长度和泊位数

港名	2005 年	2006 年	2008 年	2009 年	2010 年	2011 年	2012 年	2013 年	2014 年
港口码头长度(米)	38 699	49 037	58 715	55 427	63 654	67 353	73 168	70 622	74 807
#大连港	26 119	31 112	37 045	33 318	37 563	37 855	40 749	38 149	39 499
营口港	5 994	8 896	11 307	11 520	13 533	15 465	16 898	16 363	17 432
丹东港	2 605	3 610	3 352	3 677	4 814	5 326	6 407	6 407	7 723
锦州港	20 058	3 542	4 853	4 698	5 530	5 530	5 530	6 119	6 119
港口码头泊位(个)	288	310	351	320	371	384	399	388	397
#大连港	192	191	223	196	225	223	231	217	217
营口港	47	57	59	55	68	76	82	76	80
丹东港	26	31	26	27	33	40	38	45	47
锦州港	9	15	19	18	21	21	21	23	23

注：1. 码头泊位包括浮筒泊位；2. 2005 年均为生产用码头和泊位；数据来源：辽宁统计年鉴(2015)。

2. 津冀港口群运输经济构架

2014 年天津港实现货物吞吐量 54 002 万吨，增长 7.8%，集装箱吞吐量达到 1 406 万 TEU，增长 8.1%。如图 3-6、图 3-7 和表 3-3 所示，近年来天津港货物吞吐量和集装箱保持稳定增长，位居世界前列；2014 年天津港口万吨级以上泊位 106 个，位居环渤海地区主要港口第一；2014 年天津港铁路专用线路达到 115 371 米，仓库总面积 389 167 平方米，堆场总面积 1 152 万平方米，集装箱堆场堆存能力 505 208TEU，装卸机械 2 937 台，港口基础设施的完善巩固了天津港作为我国北方最大综合性港口的地位。

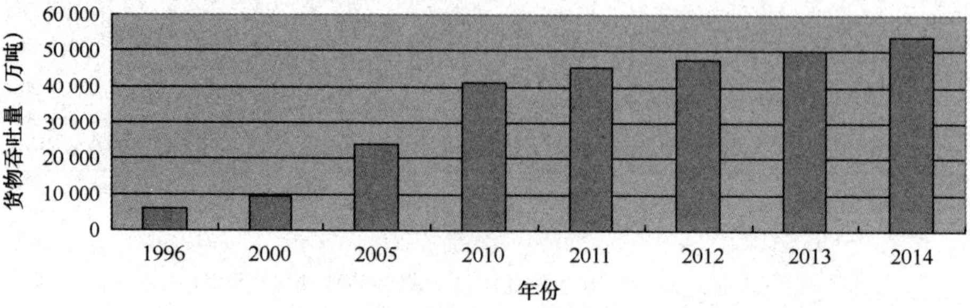

图 3-7　天津港港口货物吞吐量走势图

数据来源：根据天津统计年鉴(2015)

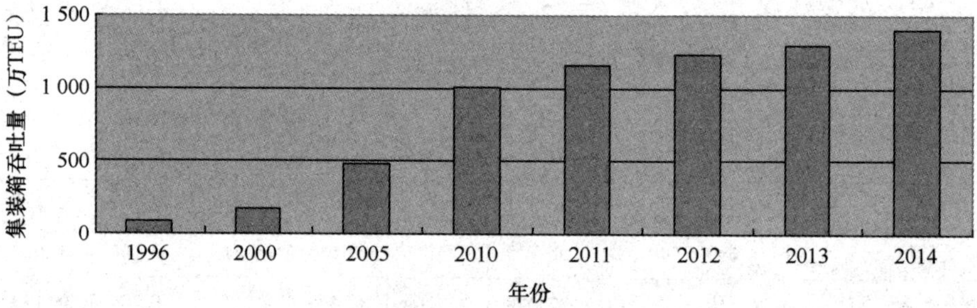

图 3-8　天津港集装箱吞吐量走势图

数据来源：根据天津统计年鉴(2015)

表 3-3　天津港口设施

指标	2009 年	2010 年	2011 年	2012 年	2013 年	2014 年
码头长度(米)	28 004	31 915	32 714	32 630	35 756	35 954
港口泊位(个)	134	151	154	159	160	162
天津港(集团)有限公司	88	93	95	94	95	97
货主码头	46	58	59	65	65	65
# 万吨级泊位	81	96	99	102	103	106
# 天津港(集团)有限公司	75	81	83	82	83	85
铁路专用线长度(米)	119 919	120 509	116 439	116 439	115 249	115 371
仓库总面积(平方米)	309 227	333 545	333 545	349 828	367 626	389 167
堆场总面积(万平方米)	862	921	916	1 001	1 081	1 152
集装箱堆场堆存能力(TEU)	490 514	602 319	595 218	488 588	506 080	505 208
装卸机械台数(台)	2 642	2 726	2 767	2 820	2 872	2 967

注：本表除港口泊位含货主码头数据外，其余设施均为天津港(集团)有限公司数据。

数据来源：根据天津统计

2014 年河北港口货物吞吐量达到 9.5 亿吨，增长 5.8%，集装箱吞吐量 183.1 万 TEU，增长 36.5。从图 3-8 可以看出，2007—2014 年河北港口货物吞吐量保持高位增长。河北集装箱吞吐量体量小，但是发展速度快。

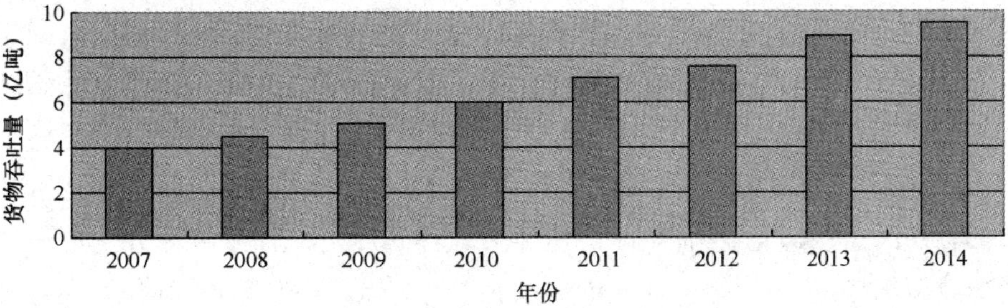

图 3-9　2007—2014 年河北港口货物吞吐量走势图

数据来源：河北 2007-2014 年国民经济与社会发展统计公报

3. 山东沿海港口群运输经济构架

2014 年山东沿海港口实现货物吞吐量 128 593 万吨，增长 8.9%。如图 3-9 所示，山东沿海港口吞吐量保持较快速增长，2014 年青岛港、日照港、烟台港三大港口货物吞吐量达到 115 996 万吨，占山东沿海货物吞吐量的 90.2%。如表 3-4 所示，2014 年山东港口泊位数达 540 个，年综合通过能力达到 63 236 万吨。

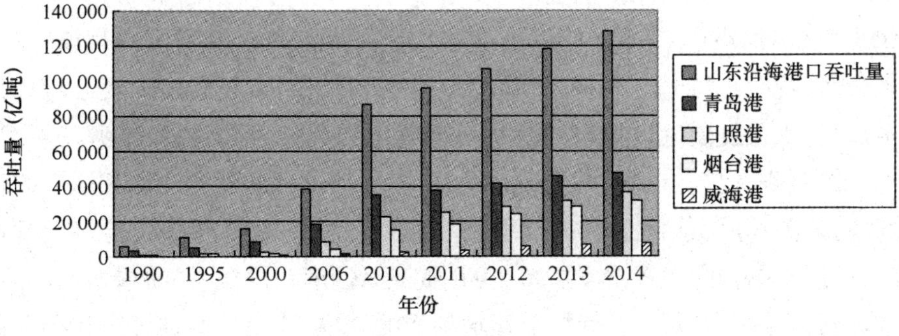

图 3-10　山东沿海主要港口吞吐量对比图

数据来源：山东统计年鉴（2015）

表 3-4　山东港口泊位数与通过能力

指标	2005 年	2006 年	2007 年	2008 年	2009 年	2010 年	2011 年	2012 年	2013 年	2014 年
港口码头泊位（个）	275	325	356	351	440	458	485	501	519	540
年综合通过能力（万吨）	15 248	24 945	27 852	31 260	36 297	41 744	48 212	53 099	57 309	63 236

数据来源：山东统计（2015）。

(三)环渤海湾港口运输经济优化

(1)优化港口资源配置,加强区域间港口合作力度,建立和完善各个沿海港口之间的船舶信息和班轮运输共享机制,明确各地特色优势产业,构建集铁路运输、公路运输、港口运输为一体的高效集疏运体系,完善港口发展规划,制定沿海港口标准化管理体制,强化集中管理。其中,天津港和河北省港口要发挥其在京津冀经济圈的核心承载功能,扩大腹地经济影响力,加强港口与腹地企业之间的合作,延伸港口产业链,促进规模发展。山东注重发展以青岛港为中心,烟台港、日照港为两翼的立体化港口发展模式,扩大自身特色运输产业的规模,建设直通日韩、连接东北亚,辐射全球的国际化航运中心。辽宁要充分利用振兴东北老工业基地的政策优势,进一步培育大连港在东北地区的航运中心地位,强化发展散装液体化工产品转运基地,形成有特色、有规模、综合竞争力强的综合性外贸口岸。

(2)合理引进社会资金,完善港口融资体系,提升沿海港口建设力度,加大码头、泊位技术改造,淘汰污染高、产出低的低效率装卸机械设备,引进国外高效能的大型装卸机械,不断提升沿海港口装卸、运营管理效率,合理管理沿岸港口资源,规划港口航道,进一步优化投入产出比,提高劳动生产率。同时,要进行港口码头专业化建设,明确深水、浅水码头的服务定位,做到因水制宜,特色提升,内涵发展,优化港口吞吐能力。最后,加速构建现代信息物流技术体系,推进港口运输多式联运发展,并与大型物流企业、临港产业园区合作互动发展,降低运输成本,提高资源利用效率,加强港口之间的技术交流合作,打造港口信息共享平台,适时共享最新的码头装卸技术、深水泊位建设经验等。

(3)不断完善沿海港口基础设施建设,适当扩大环渤海地区主要港口规模,克服港口发展初期投资分散、规模小、功能同质化的弱点,运用先进的工程机械技术,提升港口技术装备水平和服务质量,积极发展港口物流、运输、咨询等延伸业务,拓展港口服务功能,为经济发展提供一站化的服务,提高口岸通关服务水平,建立与港口航运服务功能相适应的管理运营机制,依法履行通关程序,优化通关审批手续和流程,营造公平、高效的港口运营环境。同时,港口经济发展要结合腹地经济发展特色,并做好运输项目分类,明确铁矿石、原油、货物、旅客等专业项目运输标准,着重扩大优势运输项目的规模,建设与腹地经济相融合的临港产业园,推进港区联动,建设港口发展物流服务中心,支撑整个港口和腹地经济的可持续发展。

(4)加强港口经济信息化改造,规划和完善港口生产管理信息、业务信息、物流信息、电子口岸等信息化基础设施平台建设,进一步整合港口信息资源和产业,便于通关部门、港口、上下游企业、物流企业开展业务协同合作,提高港口出入境办理登记效率,促进我国环渤海地区主要港口与世界市场接轨,建设市场化、数字化、国际化的港口服务体系。

第二节　黄海沿岸港口交通体系建设与运输经济构架

一、黄海沿岸港口的主要构成

黄海海域沿岸主要包括山东半岛及江苏省大部分地区，沿线分布着青岛港、日照港、连云港港三个亿吨级大港。在2015年国家发展改革委印发的《环渤海地区合作发展纲要》把山东沿海港口群纳入到环渤海湾港口群分工范围内。因此，本章节所探讨的黄海沿岸港口不包括山东沿海港口群，主要包括江苏省的连云港、盐城和南通三大港口，如图3-11所示。

图3-11　江苏省港口分布图

江苏沿海地区包括连云港、盐城和南通三市所辖全部行政区域，陆域面积3.25万平方千米，总人口2 088万，水深-30米的海域面积7万多平方千米，海岸线954千米。江苏沿海地区是长江三角洲的重要组成部分，南部毗邻我国最大的经济中心上海，北部连接环渤海地区，东与东北亚隔海相望，西连新亚欧大陆桥和长江黄金水道，是陇海兰新沿线地区最便捷的出海通道和最重要的开放口岸，也是我国沿海、沿长江和沿陇海兰新线三大生产力布局主轴线的交汇区域。2015年江苏省海洋生产总值达6 406亿元，海洋生产总值占地区生产总值的9.1%,占全国海洋生产总值的9.9%。

(一)连云港

连云港海域面积6 677平方千米,境内海岸线长211.6千米,可以建300个万吨级以上码头,核电、火电发电容量超过300万千瓦,发展大型临港工业的条件得天独厚。连云港是一个拥有综合集疏运条件的著名港口城市,连云港因港而生,由港得名,是国内少数几个以港命名的城市。作为江苏唯一的海港城市,港口是连云港的核心战略资源,也是连云港的立市之本。连云港港由连云、赣榆、徐圩、前三岛和灌河5大港区组成,是国家主枢纽港、集装箱干线港,拥有近远洋航线60多条,与150多个国家和地区的近千个港口有贸易往来。经过近年来的快速发展,港口通过能力和综合服务功能快速提升,苏北首个保税物流中心封关运作,国际航运服务中心投入运营,公路、铁路内河等集疏运体系不断完善。

(二)盐城港

盐城的海岸线占江苏省海岸线长度的56%、全国的3.2%。拥有海港和空港两个一类开放口岸,南洋国际机场已开通至北京、广州、上海、厦门、首尔、香港、台北等国内外航班,大丰港开通了至台湾基隆、日本门司、韩国仁川等境外班轮航线。盐城港形成以大丰港区为主,滨海港区、射阳港区、响水港区共同发展的总体格局。

(三)南通港

南通海岸带面积1.324万平方千米,拥有海岸线206千米,南通港由11个港区组成。其中2个在沿海地区,分别为洋口港区和吕四港区;9个在长江沿岸,分别为如皋港区、天生港区、南通港区、任港港区、狼山港区、富民港区、江海港区、通海港区和启海港区。

二、黄海沿岸港口交通体系建设

(一)黄海沿岸港口交通体系建设要求

1. 黄海沿岸港口群交通体系建设的总体要求

2009年6月,国务院出台《江苏沿海地区发展规划》,为江苏省沿海地区的发展指明了方向。在战略定位上,立足沿海,依托长三角,服务中西部,面向东北亚,建设我国重要的综合交通枢纽。以连云港港为核心,联合南通港、盐城港共同建设沿海港口群,综合发展陆路交通和航空业;大力发展国际航运和现代物流,进一步提高综合服务能力,服务中西部地区和长江中上游地区的经济发展,成为我国重要的综合交通枢纽、陇海兰新沿线地区最便捷的出海通道和对外开放窗口,逐步形成亚欧之间重要的国际交通枢纽。

2. 黄海沿岸港口交通体系建设的具体要求

(1)将连云港港建设成为国家沿海主要港口、长三角北翼国际航运中心以及我国综合运输体系的重要枢纽。连云港区规划为以集装箱和大宗散货运输为主,兼顾客运和散、杂货运输的综合性港区,是服务中西部地区的重要枢纽港区。徐圩、赣榆港区依托临港工业起步,逐步发展成为为腹地经济发展和后方临港工业服务的综合性港区,同时徐圩港区承担中西部地区能源等重要物资出海口功能。前三岛港区规划以石油运输为主。灌河港区以散杂货和化工品运输为主,兼顾船舶修造。

(2)将南通港建设成为国家沿海主要港口、上海国际航运中心北翼重要组成部分。洋口港区利用烂沙洋深槽建设深水航道,未来可满足20万吨级海轮乘潮通航,规划建设以原材料、煤炭、石油化工、液体化工等散货运输为主,并兼顾集装箱运输的综合性港区,主要为临港工业开发服务,远期发展大宗散货中转及油品运输。吕四港区主要为临港开发区和产业开发服务,兼顾为周边地区发展服务。

(3)将盐城港建设成为区域性重要港口、上海国际航运中心的喂给港和连云港港的组合港。大丰港区规划为以通用散杂货、石油化工和集装箱运输为主的综合性公用港区,兼顾能源、石化等临港工业开发功能。滨海港区规划为以服务后方临港工业开发为主的港区,近期主要为能源产业服务,以煤炭和大宗散货运输为主,远期逐步发展部分公用货物运输功能。射阳港区规划为以散杂货、化工品和集装箱运输为主的综合性港区,逐步发展临港工业和现代物流。响水港区以承担散杂货和化工品运输为主。

(二)黄海沿岸港口交通体系建设

1. 黄海沿岸港口建设

(1)连云港港口建设。连云港港要加快深水航道建设,开辟新港区,大力发展集装箱干线运输,增强港口功能,拓展服务领域,提升为中西部地区服务的能力。全力推进"一体两翼"组合大港建设。加快推进赣榆、徐圩港区进港航道工程和徐圩防波堤建设;开工建设连云港徐圩港区二期工程;着力推进连云港港30万吨级深水航道二期工程建设;加快建设江海河联运工程,建成灌河航道整治工程,积极开展宿连运河前期研究,打通连云港至宿迁、徐州等地区的内河水运通道,形成"两纵三横"干线航道网。

(2)盐城港港口建设。加快大丰港区建设,逐步成为综合性港区,推进滨海港区10万吨级深水码头建设,支持大丰港区、滨海港区、射阳港区发展能源、石化等临港产业,促进港口更好地为地方经济发展服务;加快滚装码头建设,实现南北对流的内贸输运、发展中韩陆海联运;推进滨海港区中电投煤炭码头和南区液体散货码头建设;加紧响水港区两个5万吨级、射阳港区两个3.5万吨级码头建设。

(3)南通港港口建设。加快推进洋口港区15万吨级航道建设和吕四港10万吨级进港航道建设;做好腰沙、冷家沙建港条件的研究论证,开发建设启海、通海港区,提升沿江港口群在区域发展中的带动能力;结合长江12.5米深水航道建设,大力推进沿江20多座老旧码头升级改造；加快建设沿海港区万吨级以上码头泊位，推进吕四环抱式港池、燕达重工、广汇能源等一批重大码头工程建设。实现由“江河时代”步入“江海时代”。

2. 黄海沿岸港口综合交通体系建设

黄海沿岸港口综合交通体系的建设应坚持基础设施现行，形成公铁水空立体综合交通网络，实现交通设施现代化，形成“大枢纽、大路网、大运输”的海陆空多式联运综合交通新格局，建设成为我国港口交通重要枢纽。

（1）铁路大通道建设。围绕连接长三角和环渤海、加强与中西部地区交流联系的目标，强化区域对外通道建设，优化路网结构，提高路网质量，加快建设沿海铁路大通道，形成“两纵三横”干线为骨架的铁路网络，完善集疏运体系。根据连云港徐圩、南通洋口、盐城大丰等港区发展需要，规划建设相关港口铁路支线，加快连盐铁路徐圩、赣榆港区支线建设；开行连新亚、连新欧班列，突出大陆桥运输优势和东桥头堡功能，充分发挥港口在“一带一路”交汇点建设中的核心资源配置作用。

（2）公路网建设。进一步提升沿海地区公路覆盖水平和等级标准，形成以“三纵六横”干线为骨架的沿海地区公路网络，有力支撑临港产业的发展。

（3）国内外港口交通运输线路建设。提高远洋运输能力，开辟和加密集装箱远洋干线航线航班，大力拓展货源货种和对外开放新空间。积极引进国内外知名航运公司，加强联合协作，逐步形成覆盖全球的国际航运网络。密切港港协作关系，增强港口经济辐射力。继续开通多条内贸货运航线，增强连云港、盐城港、南通港和环渤海港口群与常长三角港口群的合作关系以及沿江港口的运输协作关系，提高码头营运能力，在区域经济发展中凸显集聚、辐射、拉动作用。对于盐城港航线建设，要强化对韩国及东北亚的窗口作用，巩固对韩航线，加强与韩国仁川、釜山港、平泽港的协作关系，加密至釜山港中转远洋航线；以资源为纽带，进一步加强与台湾基隆港的合作；筹划开通日本大阪航线；增加俄罗斯木材进口；加强与澳大利亚吉朗、菲律宾马尼拉、印尼苏拉威西、新加坡等各大港口的战略通道建设，加快与东南亚、南亚及南太平洋的互联互通。对于连云港，要加快建设连云港航运交易市场，提高连云港口岸查验单位级别和查验设施水平，开设两翼港区一类口岸，建设电子数据交换（EDI）信息管理系统，完善口岸“大通关”体系；应积极推进连云港至莫斯科国际班列西延，实现新亚欧大陆桥全线贯通，简化进出境货物通关、转关和过境手续，提升通关贸易便利化水平，吸引新亚欧大陆桥沿线更多货物选择连云港口岸通关；连云港要进一步加强对外友好交往，重点推动与哈萨克斯坦、乌兹别克斯坦等中亚国家城市建立友好合作关系，争取中亚国家在连云港设立办事处和商务机构。

（4）航空通道建设。优化整合机场资源，发挥整体优势，提升服务能力。扩建连云港白塔埠机场并提升为国家一类开放口岸，根据发展需要规划迁建新机场，实施军民分设，建设服务苏北鲁南地区、面向亚太的区域性国际航空港；盐城机场继续发挥开放口岸优势，新辟货运功能，增强联系日本、韩国的国际运能，建设区域性支线机场；南通机场要加强与上海的合作，加快航空口岸对外开放，进一步加强运输服务能力，做好配套服务，加入上海国际航空枢纽网。

3. 黄海沿岸港口交通保障措施建设

(1)综合交通运输信息系统建设。利用现代信息技术，建立跨交通方式、跨行政地域的信息共享机制，有效连接运输企业和运输枢纽，搭建通畅的信息渠道，促进跨部门业务合作，鼓励第三方开发，实现个性定制化的服务，形成综合运输服务信息化平台。对老旧泊位码头进行信息化改造，实现信息流和港口物流的有效结合，提高港口运输效率和信息化水平。

(2)江苏沿海港口物流联盟建设。江苏沿海港口的交通发展基础不尽相同，港口建设的条件也不同，江苏沿海各港口存在货物种类结构雷同、经济腹地重叠的情况，因此《江苏沿海地区发展规划》为江苏沿海港口功能进行了定位，虽然港口物流联盟的建立存在各种各样的复杂因素和不确定情况，但在区域合作不断深化的今天，港口物流联盟的组建也是大势所趋。港口物流联盟的组建所产生的积极效应已经在舟山-宁波港口联盟中凸显，江苏沿海港口群要实现错位发展同样可以进行这方面的尝试。

(3)港口交通专业人才队伍建设。江苏沿海港口交通对专业才人队伍需求包括政府和企业两个方面，一方面政府迫切需要港口交通运输管理专业人才，另一方面企业也亟需港口物流专业人才。江苏沿海港口对人才的需要主要集中在技术类的职业人才，而对管理人员和高学历的高级人才需求量相对较少①。专业人才队伍的建设离不开人才的交流与培养，各主体之间可以开展多种形式的人才交流，拓宽人才交流渠道，自主培养与委托培养相结合，充分调动各种资源，让港口交通专业人才资源活起来，提高港口交通的的专业化水平和效率。

(4)港口交通与环境保护。江苏沿海滩涂资源丰富，仅盐城沿海滩涂面积就多达 680 万亩，占全国的 14%，各类自然保护区众多，生态资源丰富。江苏港口交通体系的建设不能以牺牲生态环境为代价，必须达到与生态环境的和谐发展，在交通线路规划和论证等方面充分考虑环境因素，合理布局，尤其是在港口建设方面要严格进行环境影响因素评估，对没有出现生态环境恶化地区要加强防范，对已经出现生态环境恶化的地区要加大治理。

三、黄海沿岸港口运输经济构架

(一)黄海沿岸港口运输经济基本情况

在本章节中黄海沿岸港口仅限定在江苏省沿岸港口，其中包括沿海港口和内河港口，江

① 卢珂．江苏沿海港口物流协同机制研究[D]．徐州：中国矿业大学．2015

苏省沿岸港口在本章节中着重讨论连云港港、盐城港和南通港。

1. 黄海沿岸港口运输经济总态势

2014 年江苏省实现港口货物吞吐量达到 22.60 亿吨，同比增长 5.6%，约占全国港口货物吞吐量的 18%，其中沿海港口实现货物吞吐量仅为 28 706.1 万吨，只占江苏省货物吞吐量的 12.9%，但是连云港占江苏沿海港口货物吞吐量的 73.2%。从表 3-5 中不难发现，在江苏省港口运输当中，内河港口占据主导地位，沿海港口体量较小；连云港是江苏省沿海港口的最主要港口，占据主导地位。

表 3-5　2010-2014 年江苏省主要港口吞吐量

年份 港口名称	2010		2011		2012		2013		2014	
	旅客（万人）	货物（万吨）	旅客（万人）	货物（万吨）	旅客（万人）	货物（万吨）	旅客（万人）	货物（万吨）	旅客（万人）	货物（万吨）
总计	13.51	158 976.79	14.16	180 683.31	12.19	195 417.07	12.18	213 986.54	9.26	226 049.20
沿海港口	13.51	15 139.59	14.16	19 785.11	12.19	23 245.41	12.18	26 919.33	9.26	28 706.1
#连云港	13.51	13 506.39	14.16	16 628.02	12.19	18 527.53	12.18	20 165.06	9.26	21 007.88

数据来源：江苏统计年鉴（2015）。

在沿海港口建设方面，2014 年江苏省沿海港口生产性码头泊位数为 152 个，同比增长 14%，泊位长度总计 23 735 米，同比增长 19.7%。表 3-6 中说明，近年来江苏省沿海港口生产性码头泊位长度逐年增加，泊位个数稳中有升。从表 3-7 中就可以看出，公共基础设施和港口码头泊位建设力度加大，通过能力不断提高，由此也使江苏沿海港口货物吞吐量和集装箱吞吐量逐年提高。

表 3-6　2010-2014 年江苏省沿海港口生产性码头泊位

指　标	2010 年	2011 年	2012 年	2013 年	2014 年
泊位个数（个）	130	129	136	133	152
泊位长度（米）	15 577	16 833	18 697	19 830	23 735

数据来源：江苏统计年鉴（2015）。

表 3-7 2009-2013 年江苏沿海港口发展情况

指标		2009 年	2010 年	2011 年	2012 年	2013 年
投资(亿元)	总计	34.0	49.9	62.6	67.2	50.5
	公共基础设施	11.1	28.6	30.5	17.4	13.7
	港口码头泊位投资	22.9	21.3	32.1	49.8	36.8
通过能力(万吨)	综合通过能力	11 090	11 712	13 851	15 834	16 889
	集装箱通过能力	347	347	347	347	352
吞吐量(万标箱)	货物吞吐量	12 243.6	15 139.6	19 785.1	23 245.4	26 919.3
	外贸吞吐量	6 617.9	7 871.1	9 502.8	10 207.7	11 452.3
	集装箱吞吐量	304.7	390.8	488.3	504.2	553.8

数据来源:江苏省沿海地区发展办公室。

2. 黄海沿岸港口运输经济具体态势

(1)连云港运输经济构架。2015 年连云港港实现货物吞吐量 2.11 亿吨,同比增长 0.3%;集装箱吞吐量达到 501 万标箱,与 2014 年基本持平。连云港港 2005 年至 2015 年货物吞吐量和集装箱吞吐量如图 3-12 和图 3-13 所示。可以看到,自 2005 年到 2013 年连云港港口货物吞吐量和集装箱吞吐量保持较快速度的增长,但在 2009 年,集装箱吞吐量受全球经济危机影响增长速度来到最低点。从 2014 年开始连云港港货物吞吐量增速明显放缓且集装箱吞吐量出现了负增长,国企改革、有效货源不足和港际竞争是新形势下连云港港所要面临的巨大挑战。

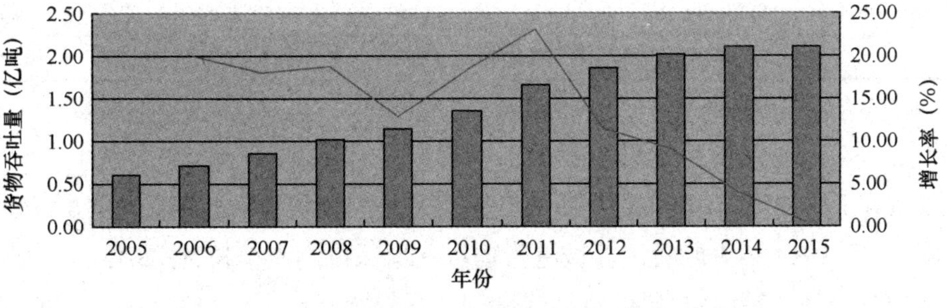

图 3-12 2005—2015 年连云港港口货物吞吐量及增长率趋势图

数据来源:连云港市历年国民经济与社会发展公报

交通基础设施的建设将为港口运输经济的持续发展提供源源不断的动力,表 3-8 说明连云港港口交通体系的建设已经初见成效,为以后的进一步发展打下了坚实的基础。连云港计划在"十三五"期间投入约 875 亿元,打造成为"一带一路"交汇点综合交通枢纽,形成

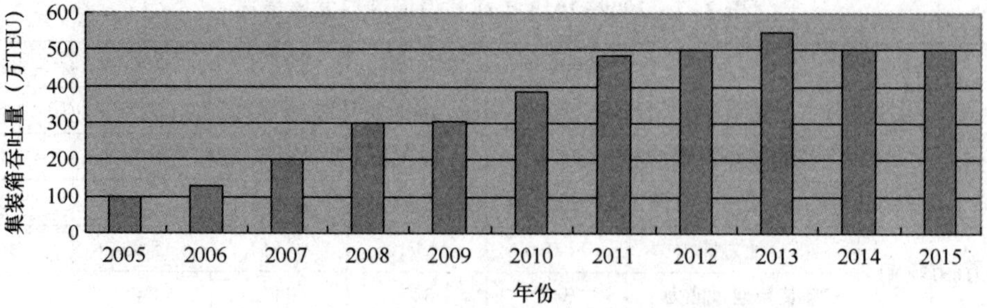

图 3-13　2005—2015 年连云港集装箱吞吐量走势图

数据来源：连云港市历年国民经济与社会发展公报

"大枢纽、大路网、大运输"的海陆空多式联运综合交通新格局。连云港全力推进"一体两翼"组合大港建设，港口交通体系的建设是关键。

表 3-8　2009-2013 年连云港港发展情况

指标		2009 年	2010 年	2011 年	2012 年	2013 年
投资(亿元)	总计	20. 8	24. 2	29. 8	33. 8	22. 2
	公共基础设施	8. 5	17. 8	23. 1	13. 9	11. 2
	港口码头泊位投资	12. 3	6. 4	6. 7	19. 9	11. 0
通过能量(万吨)	综合通过能力	9 213	9 213	9 710	11 071	11 478
	集装箱通过能力	341	341	341	341	341
吞吐量(万标箱)	货物吞吐量	11 378. 3	13 506. 4	16 628. 0	18 527. 5	20 165. 1
	外贸吞吐量	6 605. 9	7 803. 7	9 157. 5	9 687. 5	10 599. 1
	集装箱吞吐量	303. 2	387. 1	485. 2	502. 0	548. 8

数据来源：江苏省沿海地区发展办公室。

（2）盐城港运输经济构架。2015 盐城沿海港口年实现货物吞吐量 7 574. 8 万吨，同比增长 24. 1%。从图 3-14 中可以看出盐城港货物吞吐量保持高速增长，在 2013 年突破 5 000 万吨大关。虽然盐城港货物吞吐量保持高速增长，但是盐城港口开发起步晚，总体的规模还比较小，与其他沿海港口还存在较大差距。2009 年《江苏沿海地区发展规划》上升为国家战略后，才成立盐城港口管理局，再加上沿海多滩涂，建港难度大，港口交通体系和一些基础设施不完善。经过几年的发展，盐城港口交通体系建设逐步完善，成为推动是盐城港实现快速增长的重要原因。

（3）南通港运输经济构架。2015 年南通港实现货物吞吐量达到 22 077 万吨，同比增长 1. 1%，集装箱吞吐量 75. 9 万标箱，同比增长 6. 7%。从图 3-15 和图 3-16 可以看出，南通港

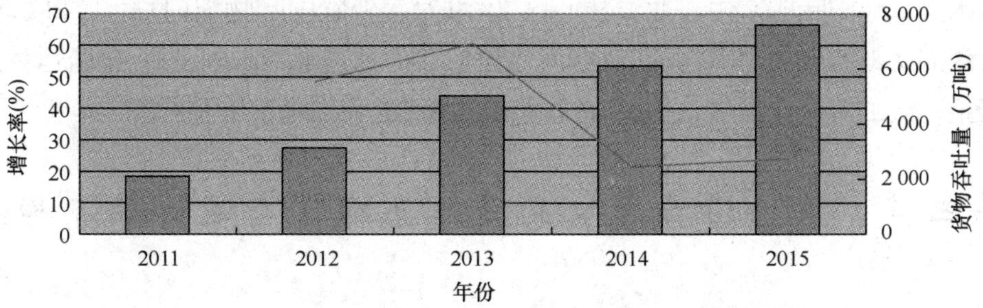

图 3-14　2011—2015 年盐城沿海港口货物吞吐量及增长率

数据来源：2011-2015 年盐城市国民经济与社会发展统计公报整理

货物吞吐量一直保持增长，2009 年受大环境的影响增速放缓，集装箱吞吐量也出现了负增长的情况；2013 年开始，增长势头放缓。

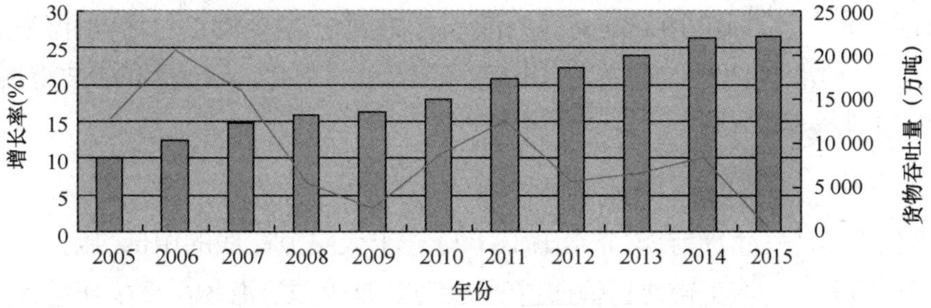

图 3-15　2005—2015 年南通港港口货物吞吐量及增长率

数据来源：南通市 2005-2015 年国民经济与社会发展统计公报

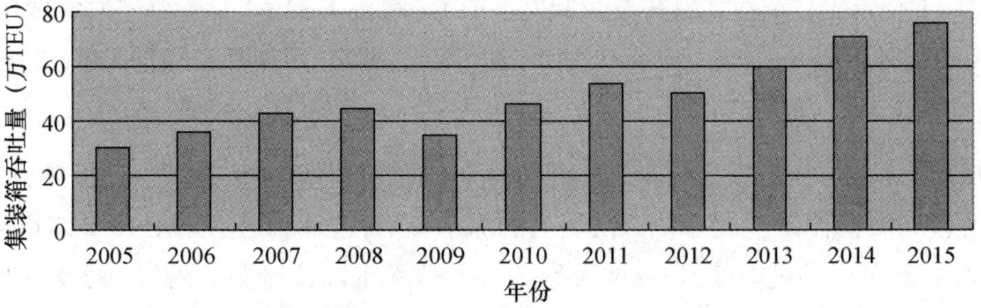

图 3-16　2005—2015 年南通港集装箱吞吐量走势图

数据来源：2005-2015 年国民经济与社会发展统计公报

南通应加紧落实优江拓海、江海联动、陆海统筹“三大战略”，形成完整的港口与交通体系，紧紧围绕上海国际航运中心北翼核心区、区域对接亚欧国际物流门户、江海联动开发战略支点、江海交汇的现代化国际港口“四大定位”，着力推进港口基础设施、集疏运体系、综合物流服务载体、临港产业发展载体、绿色智慧港口等“五大建设”。

第三节　东海沿岸港口交通体系建设与运输经济构架

一、东海沿岸港口的主要构成

东海是一个比较开阔的浅海，海域面积约 77 万平方千米，东海大陆架平均水深 72 米，全海域平均水深达 349 米，最深处接近冲绳岛西侧(中琉界沟)，约为 2 700 米。东海海岸线曲折，岛屿众多，宜港深水岸线之长居全国首位，东海的海岸带地区也是我国经济较为发达的地区之一，尤其是东海沿岸港口在经济发展中扮演着增长极的角色。适合建设万吨以上泊位的港址有 18 个，1 000~10 000 吨级的港址有 21 个。主要港口包括：上海港、宁波—舟山港、大麦港、乍浦港、福州港、厦门港、东山港和三都澳。其中，上海港和宁波港属于全国十大港口之列，上海港居于首位。

(一)上海港

上海港位于长江三角洲前缘，居中国 18 000 千米大陆海岸线的中部、扼长江入海口，地处长江东西运输通道与海上南北运输通道的交汇点，是中国沿海的主要枢纽港，中国对外开放，参与国际经济大循环的重要口岸。上海市外贸物资中 99%经由上海港进出，每年完成的外贸吞吐量占全国沿海主要港口的 20%左右。作为世界著名港口，2013 年上海港货物、集装箱吞吐量均位居世界第一，荣获中国世界纪录协会世界货物吞吐量最大的港口世界纪录。2015 年前 11 个月集装箱吞吐量升至 3 347 万 TEU(增长 3. 33%)。上海港的主要经济腹地除了上海市以外，还包括江苏、浙江、安徽、江西、湖北、湖南、四川等省和重庆市。

(二)宁波-舟山港

宁波-舟山港位于长江三角洲南部，地处我国大陆海岸线中部，地理位置适中，可开发的深水岸线达 120 千米以上，是中国大陆著名的深水良港，进港航道水深在 18. 2 米以上，25 万吨 30 万吨船舶可候潮进出港，是内地大型和特大型深水泊位最多的港口。宁波-舟山港有显著的区位和自然条件优势，对外航线可直达日本高雄、神户、韩国釜山和新加坡等港口，对内可由长江上溯到内陆区域。宁波-舟山港自整合以来，宁波实现与舟山链接发展，舟山靠近国际航道的优势得到了充分利用，并且对舟山的港口资源进行了进一步开发，发展大宗货物与集装箱运输并开展物流服务。2015 年，宁波-舟山港拥有 191 个生产性泊位，其中有 25 个 5 万~25 万吨级的特大深水泊位。从宁波港进出的集装箱近 85%来源于浙江省内部，货源适箱率达到 100%。

(三)厦门港

厦门港地处上海与广东之间,福建省东南的金门湾内,九龙江入海口,是一个条件优越的海峡性天然良港,其海岸线蜿蜒曲折,全长 234 千米,港区外岛屿星罗棋布,港区内群山四周环抱,港阔水深,终年不冻,是条件优越的海峡性天然良港,历史上就是我国东南沿海对外贸易的重要口岸。它面向东海,濒临台湾海峡,与台湾、澎湖列岛隔水相望,为我国东南海疆之要津,入闽之门户。具有港阔、水深、不冻、少雾、少淤、避风条件好等优点,万吨巨轮不受潮水影响可以随时进出,是中国东南沿海的一个天然良港。开港于 1843 年,现拥有和平、东渡、高崎和海沧 4 个港区。厦门港是厦门经济特区的一部分,海域面积达 275 平方千米,分为内港和外港两部分,主要担负厦门市和福建省内外贸运输任务,也承担江西省某些物资的中转任务。

(四)福州港

福州港位于中国大陆东南部,处福建省海岸线的中点,台湾海峡西岸,闽江下游的河口段,北距沙埕港 125 海里,南距泉州港 157 海里、厦门港 200 海里,为大陆沿海主枢纽港之一。沿海主要外贸口岸及闽台贸易重要港口。福州港由河口港与海港组成。河口港居闽江下游,海港分布在闽江入海口南北两翼的福清湾、罗源湾等深水港湾。福州港是中国沿海 20 个主枢纽港之一,已与世界上 40 多个国家地区的港口开展贸易往来。目前,福州港共有万吨级以上泊位 40 个,其中 5 万吨级以上泊位 14 个,最大靠泊位能力为 32 万吨。2014 年全年货物吞吐 1. 28 吨,完成集装箱吞吐量 223. 94 万 TEU。货物吞吐量和集装箱吞吐量增长率都位于全国前列。

二、东海沿岸港口交通体系建设

近几年来,东海附近的港口依托比较完善的交通运输体系得以进一步发展,合理的交通布局是港口生存与发展的最基本的要素。尤其是上海港、宁波-舟山港等重要港口,在交通体系构建中发挥着模范作用。各大港口也都尽可能的利用公路、铁路、航空等运输方式满足港口发展的新需求,成为推动海峡西岸经济区建设和海峡两岸经贸发展的重要力量。

(一)东海沿岸交通运输发展的现状与特点

1. 水路、公路为主,铁路、民航为辅

改革开放以来,各港口的腹地交通基础设施建设力度都不断加大,综合交通运输体系有较大改观。到 2010 年底,福建省公路通车里程 9. 1 万千米,比 2000 年增长 78%,路网密度达 75 千米/百平方千米,形成了以高速公路和国道为主干、四通八达的公路网络;铁路营运里程 2 111 千米,比 2000 年增长 45%,铁路密度达 1.74 千米/百平方千米,基本建成鹰厦、横南、龙梅、籍龙 4 个铁路出省通道;形成 6 个沿海设区市港口,其中厦门港、福州港是全国沿海主要港口;建成厦门和福州 2 个干线机场和泉州、南平、龙岩 3 个支线机场。① 目前,港口的腹地交通运输基本形成了货物运输以水路为主、公路为辅,旅客运输以公路为主、铁路和民航为辅的格局。

2. 海铁联运发展缓慢

上海港作为东部沿海港口的代表,海铁联运起步比较早,但是发展缓慢。在 2013 年,上海港海铁联运量为 8.53 万 TEU,占上海港集装箱吞吐量的比例下降为 0.26%。同时,厦门港从 2011 年开始,海铁联运量呈下滑趋势。归属原因,物流链成本的高低,包括运输通道成本、港站节点操作效率与成本,以及通关成本及便利性都是制约港口海铁联运发展的主要因素。

表 3-9　2004—2014 年厦门港集装箱吞吐量和海铁联运量

年份	集装箱吞吐量(万 TEU)	集装箱海铁联运量(TEU)	海铁联运占比(%)
2004	287.17	496	0.02
2005	334.29	2 379	0.07
2006	401.34	3 726	0.09
2007	462.70	6 090	0.13
2008	503.00	10 500	0.21
2009	468.04	20 600	0.44
2010	582.43	21 722	0.37
2011	646.07	31 676	0.49
2012	720.17	29 229	0.41
2013	800.80	20 616	0.26
2014	857.24	16 874	0.20
年均增长率 /%	12.07	57.15	40.11

3. 集装箱泊位不足

现代港口发展需要有一定规模、集约化的港区提供高效率的运输服务,以降低港口的综合成本。由于起步晚、底子薄,还有部分港口建设速度仍然难以适应经济发展的需要,大型深水泊位少,尤其是集装箱泊位少,难以适应国际航运船舶日趋大型化的需要,无法形成规

① 丁明. 构建海湾型城市协调发展的综合交通体系——厦门城市交通发展战略规划[J]. 福建建筑,2008,08:110-112+91.

模效应,制约了港口的发展。泉州港在这方面的问题比较突出。

4. 通关时效低

上海港和宁波港在通关政策上均能实行从船上卸下后无须在港口清关而直接发给铁路往内陆运输,在货物到达内陆点后再在内陆点(货主仓库)清关提货的操作方式,操作程序简便,通关效率高。① 而目前厦门港还未能实现,因此应在"无纸化"通关和"直通放行式"上下苦功,才能吸引更多的货源选择厦门港作为其进出口的物流节点。

(二)东海沿岸交通运输发展的战略规划

整个东海附近的港口应当以航运为重点,以公路和铁路为支撑,实现"枢纽型"和"开放型"运输组织的融合,突显东海沿岸港口在经济发展中的带动作用。

第一,坚持"以港兴市"方针,把东海沿岸港口打造成国家主枢纽港及集装箱干线港,是大陆对台"三通"的主要口岸,为海峡西岸经济区建设和发展服务。比如说,厦门港可以依托东渡、海沧和刘五店三大港区,逐步实现区域港口群功能的优化与组合。

第二,巩固大型枢纽机场地位,增建机场设施、拓展航空业务及腹地、配套完善机场客流集散系统,针对泉州港和厦门港机场远期的饱和状态,应尽早开展第二机场研究工作。

第三,铁路依托沿海和沟通内陆的铁路干线,形成东南沿海区域性铁路枢纽。比如说,厦门建设沿海铁路、龙厦铁路,改造鹰厦铁路,提高厦门铁路运输地位和区域服务职能。

第四,进一步增强国家公路主枢纽地位,加强沿海通道、积极拓展内陆辐射通道,形成多功能、多路经、开放性、多层次的对外公路交通网络。尤其是海湾型城市的推进,各大港口也依据本省发展实际情况进行调整与优化公路枢纽布局。

第五,实施构建航运物流中心的战略,建立组织一体化、多式联运的物流集散系统,提升区域辐射服务水平。

(三)完善东海沿岸港口交通体系策略

现代港口作为国际集装箱多式联运的枢纽中心和物流产业的重要营运基地,正发挥出越来越大的功效,但是上一部分所阐述的现状与特点也成为制约东海沿岸港口交通发展的因素。为此,提出以下几大策略加以应对,从而完善东海沿岸港口的交通体系。

(1)完善港口海铁联运体系。现代航运集疏运体系成为港口不断发展的关键之一,海铁联运作为各大港口集疏运体系的重要组成部分,其经济环保的运输特性使其在港口发展中的重要性不断凸显。因此,应积极发展集装箱海铁联运,改变港口集疏运结构严重失衡的现象。通过规划和构筑海铁联运体系符合我国推进东部率先、中部崛起、西部开发的发展模式,是高效连接广大腹地经济发展的有效形式,有利于增强港口城市综合服务功能,更好地

---

① 邵晓娴. 基于海铁联运的厦门港物流新模式探讨[J]. 大连海事大学学报(社会科学版),2016,01:45-49+54.

为长三角、长江流域和全国服务,有利于推动港口国际航运竞争,推进实现国家发展战略。①

(2)打造“21世纪海上丝绸之路”先行区,激活港口发展新动力。在东部沿海港口之中,泉州港是一个比较特殊的港口。泉州是“21世纪海上丝绸之路”的核心区之一,具有经济带战略的优势。因此,泉州应加快对落后的基础设施进行升级和完善,积极构建经济和贸易合作的前沿平台,加快开拓国际航线,努力成为海上丝绸之路“五通”的重要枢纽。同时,努力扩大贸易往来,重点开展“品牌泉州海丝行”系列活动,积极推进与沿线港口交流合作,致力把泉州建成内陆地区接驳“海丝”航路的重要出海通道。②

(3)建设深水港,满足港口未来发展需要。由于集装箱班轮运输是定线、定港、定班、定时服务,对港口水深条件的要求越来越高。那些进港航道和码头前沿水深在15米以上,能全天候满足第五代、第六代集装箱主流船舶靠泊的深水港,将在新一轮港口竞争中占有更加有利的位置。③ 东海沿岸港口水深条件比较好,加之资源不断的整合,力争在较短时间内使各大港口发展成为规模化、集约化的深水集装箱港区。

(4)大力发展现代物流业。现代物流业是港口高速发展的加速器,起到了巨大的推动作用。在这里以宁波-舟山港为例进行分析。宁波-舟山港已经具备了发展现代物流的基本条件,同时为配合国际集装箱枢纽的建设,应努力把宁波-舟山港建设成为长江三角洲南翼的国际物流枢纽和浙江省的主要国际物流中心。一方面,加大对物流产业链各要素的整合。另一方面,继续加大港口基础设施建设力度,不断提升港口等级,完善港口功能。

三、东海沿岸港口运输经济构架

运输经济构架是对港口交通运输体系的进一步深化。有了完善的交通体系,在配以整个港口运输经济运行的点和面,就可以实现跨越式的发展。

(一)东海沿岸港口的发展情况

改革开放以来,东部沿海港口以福建港口的迅猛发展为起点。港口群对海西城市群和产业群的发展起着内联外拓的关键作用。福建沿海港口城市纷纷提出“以港立市”的目标,经济发展对港口依存度大,全省95 %的外贸货物需经由海上运输。港口强大的集疏运物流功能在福建经济发展中地位特殊。

---

① 段政焰.上海国际航运中心集装箱海铁联运发展研究[J].铁道货运,2014,05:13-19+5.

② 黄国灿.基于“一带一路”建设的泉州港与城市协调发展度分析[J].赤峰学院学报(自然科学版),2016,09:73-74.

③ 许健将,庄保民.泉州港内贸集装箱运输发展策略[J].集装箱化,2012,01:4-7.

表 3-10 2001—2008 年福州港、厦门港、泉州港货物吞吐量 万吨

年份	福建沿海总计	福州港	厦门港	泉州港	吞吐总量指数
2001	8 278.42	2 961.29	2 098.91	2 102.08	24 778.8
2002	10 200.62	3 906.72	2 734.51	2 122.85	30 532.2
2003	12 495.48	4 753.07	3 403.88	2 511.53	37 401.1
2004	15 834.76	5 938.63	4 261.37	3 093.82	47 396.1
2005	19 605.25	7 443.45	4 770.76	4 046.16	58 681.8
2006	23 687.61	8 847.82	7 792.07	5 134.93	70 901.0
2007	23 602.90	6 433.32	8 117.20	6 215.32	70 647.5
2008	27 070.06	6 702.59	9 701.96	7 224.3	81 025.2

数据来源：福建省统计局

第一，福州港位于中国大陆东南部，台湾海峡西岸，为大陆沿海主枢纽港之一，是沿海主要外贸口岸及闽台贸易重要港口。2008 年，福州港的综合竞争力位列全国港口第 14 位。以福州港为主体，海峡西岸北部港口群还覆盖三都澳、罗源湾、福清湾、兴化湾北岸等主要港湾，其已成为集装箱和大宗散货运输相协调的国际航运枢纽港，形成港口作业区、临港工业区、物流服务区，重大临港工业项目建设集中。① 同时，随着温福铁路建成通车，福厦、向莆、京福高速铁路福州段和江阴港区、罗源湾南北岸港区的铁路支线加快建设，以及连接内陆地区的高速公路网的健全完善，福州港的后发优势将更加明显。

第二，厦门港是我国综合运输体系的重要枢纽、集装箱运输干线港、东南沿海的区域性枢纽港口、对台航运主要口岸。港口拥有便捷的集疏运网络，公路连接全省路网，并通过 319 国道、324 国道、同三高速公路与全国公路网相连；直达码头前沿的铁路专用线通过鹰厦线与全国铁路网相连。全 20 家大船公司均在厦门设点，带来大量干线班轮停靠，全港共开辟至美国、欧洲、中东、日本、韩国、香港等远洋航线 42 条。

第三，泉州港是福建省最大内贸集装箱运输的港口。从 1997 年的 2.31 万 TEU 增长到 2008 年的 119 万 TEU，11 年间泉州港的集装箱运输一跃成为中国港口集装箱百万标箱俱乐部成员，跻身全球集装箱港口百强。与此同时，泉州港货物吞吐量也节节攀升：1990 年仅为 101 万吨，2006 年增至 5 135 万吨，2008 年达 7 220 万吨。另外，泉州港现已开辟泉州至日本、香港、两岸三地、韩国釜山等地定期散杂货或集装箱班轮航线，与世界 60 多个国家和地区通航。

（二）制约东海沿岸港口港口运输经济发展的因素

东部沿海港口的发展速度虽然比较快，但是有些港口在外贸集装箱发展的过程中依然

① 洪春晓．泉州港集装箱运输发展 SWOT 分析及对策建议[J]．港口经济，2012，07：20-23.

面临瓶颈,比如说:泉州港。长年以来,无法与厦门港和福州港相竞争,在夹缝中求生存。不管是从市场地位还是从国家战略地位来看,泉州港的发展充满挑战。这也成为影响东部沿海港口经济的主要原因。

(1)竞争不断加剧。竞争是推动各大港口不断向前发展的动力,可是,过度的竞争必然会导致一方港口处于被动局势之下,难以发展。例如,厦门港在整合漳州港部分港区资源后,拥有生产性泊位 24 个,其中万吨级以上泊位 40 个,其优越的港口条件吸引着泉州市、江西省各县市等周边地区的货源,拥有强大的发展潜力及动力,是泉州港最强劲的竞争对手。近年来,福州港通过加大港口投资,保持着较快发展,其外贸航线较多,辐射范围较广,是泉州港外地货源的有力竞争者;福州港于 2011 年底完成对宁德港的整合后,更会实力大增。由此可见,泉州港的外贸集装箱运输竞争激烈。①

(2)政策环境的弱势。政策在一定程度上可以给予港口或者相应的经济腹地更多利好的条件,而处于政策弱势地位的泉州港是无法与厦门港相媲美的。与泉州港相比,厦门港拥有独立关区,在争取港口优惠政策、改善通关环境等方面具有明显优势,而且厦门港是国家主要港口,拥有特区税收等诸多政策优势;而泉州港既非独立关区,在通关环境方面也落后于厦门港,因此,泉州港口发展的成本明显高于厦门港。

(3)拥有资源优势的多少。这里的资源优势包括内部资源和外部资源,从而使港口物流具有某些优势。具体包括人力资源、原材料资源、土地资源、技术资源、资金资源、组织资源、社会关系资源、区位优势、所在地的基础设施等②。像大型港口厦门港和上海港及宁波—舟山港,它们所拥有的各种资源是东部沿海其他港口所不具备的,那么,资源丰富也就意味着发展的多途径。在未来的发展过程中,港口受限的可能性比较小,发展更为顺畅。

(4)港口规划不完善。东部沿海的很多港口同样是属于长三角地区的主要港口,但是,在发展过程中,长三角地区主要港口已经分别制定了各自的港口总体布局规划,为各港口的未来发展确定了方向,但由于规划是从各港口自己的实际考虑,缺乏一个有力的组织机构从港口群总体的角度把握各港口的功能及定位,致使长三角港口群整体规划受到各港口规划的牵制,制定不完善,执行不到位③。因此,在一定程度上也会对东部沿海港口发展产生影响。

(三)东海沿岸港口运输经济的发展

从目前来看,东海沿岸港口运输经济总体发展水平较好,各别港口因各种因素的限制难

---

① 宣捷,欧阳钟辉. 海西港口城市物流联动发展研究——以福州、厦门、泉州为例[J]. 泉州师范学院学报,2010,02:70-75.

② 赖晓晓. 宁波-舟山港和上海港港口物流竞争力评价研究[D]. 浙江理工大学,2013.

③ 罗芳. 长三角港口群协调发展研究[D]. 吉林大学,2012.

以进一步推进工作,因此,提出以下几大发展对策,从而带动处于弱势地位的港口更好、更全面的发展。

(1)加大政策优惠及扶持力度。政府应该对城市发展中特殊部门实施优惠政策,加大对港口扶持力度不仅要有政策倾斜,同时也需要着力提升港口软实力。比如:可以建议上海港口积极利用政策优惠,充分利用城市整合的社会优质资源,加快推进上海港航软实力,实现上海港口质的飞跃。第一吸收社会优秀人才为港所用,提升港口企业人才素质。第二将信息技术引入到管理模式中,将货物、港口、船舶、运输、物流交易等建立统一的信息管理平台,可以在终端轻易掌握整个港区的运作状态,调度资源的有效流动。① 其三利用自贸区的开放优势和关税优惠,积极学习国外先进港口的运作模式、管理制度等优势。

(2)加强基础设施建设。贯彻落实强化枢纽港的战略,提高港口基础设施的建设速度,增强港口通行能力尤其是让集装箱的通行能力能够稍微超前于港口各种进出口商品吞吐量的发展能力。② 综合考量道路集疏运能力,如有不足既是改进,解决好后方路网到港口的运输途径衔接问题。通过这种方式,可以使宁波港沿海主枢纽港和华东集装箱枢纽港地位得到加强。

(3)积极培育现代物流主体。培育现代物流主体是政府工作的着力点,也是促进东部沿海港口现代物流业快速发展的关键。因此要按照产业化、规模化的要求,加快培育和发展具有一定实力和竞争力的物流企业,重点是发展批第三方物流企业。同时,按照分类指导的原则,确定不同行业物流主体培育的重点,工业企业重点是对内部的采购、运输、仓储、装卸、配送等环节进行优化整合,重组企业物流管理,启动社会物流需求,加快现代物流业形成;商贸企业重点是扩大代理配送的规模和范围,运用电子商务等现代信息技术,努力实现现代代理配送网络化;运输企业重点是调整和币组运输资源,聚合物流功能,为社会提供规范化、系统化、专业化的物流。③

(4)加强与经济腹地的合作。港口的发展在一定程度上也是为了城市的进步,因此,必须将各大港口与各自的经济腹地相联系起来发展,在发展的基础上,在扩展与其他经济腹地的合作。现实情况是,东部沿海的港口,无论是大型港口还是依托型港口,在与经济腹地的合作与协调中还有待提高。举例来说,今后上海港在加强与上海市协调发展的基础上,需要借助上海市企业加强与江苏省和浙江省合作,通过企业注入的方式,结合经济腹地产业发展的方向,通过产业互补的方式,加强产业之间的全面联系。

(5)吸引航商投资合作。港航合作既可以保证港口货源,又可以降低航商成本,从而达到互利互惠。例如,马士基在厦门港投资建设码头之后,2005 年便将几条主干线从台湾高雄

① 潘玉慧. 上海市港口与城市协调发展关系研究[D]. 上海海洋大学,2015.
② 倪湘琴. 考虑经济周期的宁波港集装箱海铁联运运量预测模型研究[D]. 浙江工业大学,2013.
③ 张雷. 宁波市物流产业发展研究[D]. 江西财经大学,2006.

港转移到厦门港,为厦门港带来相当数量的稳定货源。因此,为了加快东部沿海整个集装箱枢纽港建设,应当加强港航合作。以厦门港为起点,应优化其港口环境和配套设施,并积极为航商争取优惠政策,以吸引各航运企业到厦门港投资建设码头。同时,要及时了解各航运企业的意愿及动向,经常与之沟通,宣传介绍厦门港,以便与更多的航运企业开展港航合作①。

第四节　南海沿岸港口交通体系建设与运输经济构架

一、南海沿岸港口的主要构成

南海水域面积约365万平方千米,约等于中国渤海、黄海和东海总面积的3倍,居世界第三位。虽然近几年南海争端问题不断,但是广阔的海域依然为我国南海沿岸港口的建设提供了发展契机。现代港口不仅仅是运输网络中的中心环节,还是经济体系中的重要环节,我们应当充分发挥各大港口的区位优势,促进港口之间的竞争和合作,推动港口实现跨越式发展。首先,对南海沿岸的主要港口进行介绍。

(一)深圳港

深圳港位于广东省珠江三角洲南部,珠江入海口伶仃洋东岸,毗邻香港。全市260千米的海岸线被九龙半岛分割为东西两大部分。西部港区水路距珠江口门约32海里、距香港和澳门20海里、距黄浦40海里;陆路到深圳市中心30千米;东部港区水路至香港53海里、澳门75海里、黄埔121海里、距西部港区77海里;陆路至深圳市中心22千米。

深圳是我国南方对内对外的交通枢纽。铁路有京九线、广深线接京广线与全国铁路联通;我国第一条广深准高速铁路于1994年建成。公路有广深、深汕高速公路通往广州、惠州、汕头;深圳南有文锦渡、罗湖、沙头角和皇岗路口岸直通香港;盐田至惠州的一级汽车专用公路于1993年建成。深圳国际机场距西部港区仅22千米,海空联运极为便利。

深圳港口的直接腹地为深圳市、惠阳市、东莞市和珠江三角洲的部分地区,转运腹地范围包括京广铁路和京九铁路沿线的湖北、湖南、江西、粤北、粤东、粤西和广西的西江两岸。随着泛珠江三角洲经济圈的形成,区域经济合作的逐步完善,深圳将开拓更为广阔的国际、国内市场。海铁联运、江海联运将促进深圳港腹地进一步向纵深拓展。

(二)香港港

香港港是中国天然良港,为远东的航运中心。香港港是全球最繁忙和最高效率的国际集装箱港口之一,也是全球供应链上的主要枢纽港。目前有80多条国际班轮每周提供约

---

① 陈命阵. 厦门港口发展的战略规划研究[D]. 厦门大学,2014.

500 班集装箱班轮服务,连接香港港至世界各地 500 多个目的地。截至 2004 年,香港港集装箱吞吐量仍居全球首位。香港葵青区蓝巴勒海峡两岸是香港最主要的集装箱物流处理中心葵青港区集装箱码头,其年吞吐量超过 1 800 万 TEU,占全港集装箱吞吐量的 68%。

随着经济的发展,香港政府准备加速基础设施建设,兴建香港港 10 号码头、物流园区、港珠澳大桥,促进信息技术在物流业中的应用,并进一步重视工业界,建立正式的对话渠道。还有专家则建议香港为自己重新定位,替流转于大中华地区及全球其他地区的环球供应链上的货物增值,并与珠三角地区实现优势互补。香港拥有世界一流的船舶营运经验、先进而完善的船舶管理制度,拥有和控制着超过世界总运力 6%的船队,而珠三角地区则拥有生产成本低、基础设施持续改进等优势,由此双方互补,规划一套接轨的交通网络,力争实现双赢,也可继续保持香港港的吸引力。同时,专家还建议业界进军内地西部市场,尤其是四川等高增长地区,吸引货物通过香港港出口。

(三)湛江港

湛江港位于中国大陆最南端的广东省雷州半岛东北部的广州湾内,地处于北部湾海域,东接珠三角、西临北部湾、背靠三南(大西南、华南、中南),面向东南亚,处于联接南北半球、沟通太平洋、印度洋的中心位置,是中国大陆通往东南亚、非洲、欧洲和大洋洲海上航程最短的港口,已与世界 100 多个国家和地区通航。湛江港是中国沿海 25 个主要港口之一、"一带一路"战略支点港口、西南沿海港口群的主体港、中西部地区货物进出口的主通道和中国南方能源、原材料等大宗散货的主要流通中心。目前拥有全国最大的两座 30 万吨级陆岸原油码头、华南地区最大的 40 万吨级和 25 万吨级铁矿石码头和亚洲地区最深的 30 万吨级人工航道。现有生产性泊位 127 个,其中万吨级以上 36 个。

湛江港是全国唯一的东、中、西三大地带共用的沿海主枢纽港,经济腹地横跨华南、西南、中南三大经济区域,主要包括广东、广西、云南、贵州、四川、重庆、湖南等省区,并辐射湖北、江西、安徽、福建、江苏等部分地区。湛江港是水路、铁路、公路、管道及航空五种运输方式俱全的交通枢纽,港口的集疏运条件完善,基本确立粤西交通枢纽地位。

(四)广西北部湾港

广西北部湾港包括北海港、防城港、钦州港,形成"一港、三域、八区、多港点"的港口布局体系,广西北部湾港北靠云、贵、川,东邻粤、琼、港、澳,西接越南,南濒海南岛,地处华南经济圈、西南经济圈与东盟经济圈的结合部,是我国内陆腹地进入位于中南半岛的东盟国家中最便捷的出海门户。

广西北部湾港口已开通多条航线,并与国内外多个港口建立了联系。目前形成了以煤炭、铁矿石、石油、化肥等大宗散货运输为主、集装箱水路集疏运为新亮点的发展模式。近年来随着中国—东盟自由贸易区合作的深化和广西北部湾经济区建设的开展,集装箱水路运输得到了较快发展。

(五)海口港

海口港位于海口市,它属琼北地区,包括有海口秀英港、海口新港、马村港3个港口,这三个港口之间实行统一规划、统一建设、统一经营、统一管理。其中,海口秀英港是海南省的交通枢纽和客货集散中心,在中国沿海港口发展战略中被交通部列为主枢纽港和海南省国际集装箱干线港口,属国家一级开放口岸。秀英港区和新港港区交通极其便利,公路与岛内东、中、西三条国道和东、西线高速公路相联,这些密集的公路交通网络使得其港区的货物可通往全省各地。海上航线四通八达,航线可达国内沿海各港口。秀英港和新港是琼州海峡船舶往来的主要口岸,是公路和水路两种运输方式的交汇点,是海南省北部重要的水运交通枢纽。马村港距海口市区39公里,疏港公路直通澄迈县老城开发区与西线国道、西线高速公路连接,可通往全省各地,交通十分方便。

海口港地处海南岛北部海岸线,是中国沿海主要港口之一,也是海南省水、陆对外联系的窗口和门户,处于海南省综合交通运输网的连接点和中心,在海南省的经济发展中发挥着举足轻重的作用。根据《海口港总体布局规划》,未来海口港将发展成为北部湾地区重要的物流中心之一,承担起实施海口市"以港兴市"发展战略的重任。另外,随着海南经济的发展,加快海口港二期深水泊位工程的建设十分重要。

(六)三亚港

三亚港位于海南省南部著名的旅游胜地——"天涯海角"东侧25千米的海岸线上,三亚河在港口处入海,左隔鹿回头半岛与榆林港相毗邻,东南与西沙群岛隔海遥望。面临南海,属海南省三亚市辖境. 三亚市是海南省南部重要的对外门户,三亚港有三条公路干线与省府海口市连接,铁路线经过莺歌海盐场,八所港,直达石碌铁矿;三亚凤凰国际机场已于1994年开通,形成了海陆空立体交通网。

三亚港的经济腹地是海南省南部的三市三县,面积1万多平方千米,占全省面积的29.7%。码头开发区是海南省最大的水产品交易市场。同时拥有生产用码头泊位5个,其中1 000吨级泊位3个,5 000吨级泊位2个。

二、南海沿岸港口交通体系建设

(一)南海沿岸港口综合交通运输体系建设的意义

从世界发展大势来看,交通运输业的发展朝着两大趋势向前推进,一是随着技术水平的不断提高,加之"互联网+"时代的到来,交通运输业整体呈现出智能化、运输信息化的特点;二是由于运输方式的多样化及运输过程的标准化,交通运输业将朝着规范化、科学化、合作化的方向发展,最终发展成为综合的运输体系。

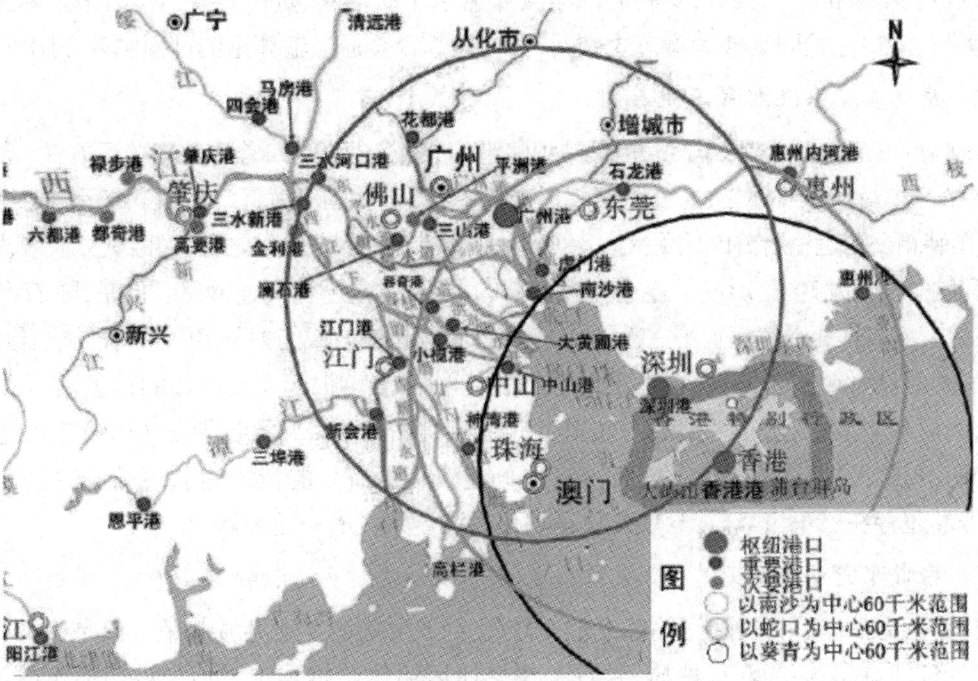

图 3-17　珠江三角洲港口分布图

港口作为交通运输中的重要一环,在推动经济发展的过程中发挥着重要作用。因此,各大港口应根据自身实际情况,构建起以港口为平台和纽带的综合交通运输体系,充分发挥各种交通运输形式的优势。具体来说,构建南海沿岸港口综合交通运输体系有以下几个方面的意义:

第一,有助于国家综合交通战略的实现。构建综合交通运输体系不仅仅是南海沿岸港口的责任,而是全国上下汇聚力量的体现。南海沿岸港口只是国家战略中的一个组成部分,为了保证国家战略目标的实现,必须积极推动南海沿岸港口的建设,实现资源合理配置、优化交通系统结构、促进港口腹地经济的平稳发展。

第二,有助于港口与港口城市的共同发展。南海沿岸港口作为珠三角经济圈发展的重要支撑力量,综合交通运输体系的构建将大大推进港口与港口城市的合作,优化港口城市空间布局,提升港口城市的辐射力和影响力,推动产业协同发展,实现港城共荣。

第三,有助于提升港口自身实力。现代物流业的蓬勃发展要求港口构建综合交通运输网,一方面有助于拓展港口服务功能,另一方面更好的适应现代物流业发展的要求,从而提升港口服务水平。

(二)构建南海沿岸港口综合交通运输体系存在的困难

随着南海沿岸港口以及港口城市经济的繁荣发展,南海沿岸港口的综合交通运输体系的建设也在不断推进。但是,受到近几年交通需求不断增长、资源短缺、环境问题突出等因素的影响,港口运输同其他运输方式相同,在构建综合交通运输体系的过程中存在困难。

1. 港口集疏系统配置不完善

我国沿海港口基本都属于"陆向腹地型"港口,公路成为港口首选的集疏运方式,从而形成了目前我国港口相对发达的公路集疏运通道。① 目前我国沿海港口公路集疏运的比例约占70%,集装箱公路运输所占比例更大。深圳港、广州港、香港港作为交通枢纽中心,水路、铁路、公路和航空交通发达,已形成了连通世界各地的,海、陆、空立体交通网络。但是,随着产业内移的加快,港口集疏系统配置不完善以及内河、铁路等运输方式能力不足的问题日益凸显。

另外,港口作为各种交通运输方式的一个中心,应当承担起无缝衔接的任务。而实际情况是,南海沿岸港口存在着"最后一公里"衔接不顺畅的问题,导致各种交通运输方式之间无法做到完美的衔接,而且港口与外部接口之间还未形成统一的技术标准,在信息共享、统一管理方面还存在着不少障碍,与现代化运输体系的要求还有一定差距。

2. 港城冲突不可避免

构建南海沿岸综合交通运输体系的一个重要作用就是实现港城共荣。但是,由于港口具有经济性和社会性的双重性质,导致了在交通运输体系构建中港口与港口城市的冲突。而冲突的起源就在于有限的共用空间。举例来说,香港港作为中国的天然良港、国际航运中心,应当注重港口用地。但是,由于香港本身土地资源有限,过度的港口建设和扩张将引发港口与港口城市的矛盾。

由于南海沿岸港口和港口城市处于一种快速发展阶段,由于空间布局和产业结构存在调整和升级的需要,使得原来港口同城市相互依存、共同发展的格局被打破,而这种冲突只能通过港城协调来解决。

3. 港口的资源再配置问题

目前港口已经进入了第三代发展时期,港口集聚不仅要实现货物装卸、仓储和集疏运,而且要吸引货物留下来进行加工、配送、增值服务,尤其通过商贸和信息技术,使港口成为国际贸易和跨国公司生产组织运输仓储的基地。尽管香港港、深圳港及海口港等大型港口纷纷建立了运输仓储的基地以及由港口引入并进行资源再配置的能力,但是水平和效率不高,仍有很大的发展空间。天下水相通,南海沿岸港口的建设将为珠江三角洲经济圈的资源配置创造条件。

(三)规范南海沿岸港口综合交通运输体系建设的措施

根据以上对南海沿岸港口构建综合交通运输体系困难的分析,结合我国南海沿岸港口

① 陈云飞,吴晓磊. 构建以港口为枢纽的综合交通运输体系[J]. 水运工程,2010,02:16-19.

交通运输的实际情况,应当从以下几个方面规范南海沿岸港口综合交通运输体系的建设。

1. 加强现代物流管理

随着现代物流的兴起,港口在物流中的核心与枢纽地位逐渐显现。南海沿岸港口因其特殊的地理位置,经济发展较早且迅速,尤其是现代物流产业在全国区域经济圈内居于前列,因此,必须高度重视现代物流管理与港口的协同。港口必须由传统的承运人向物流经营人的角色转变,不仅要提高作业效率,追求服务品质,更应注重为进出口企业提供或代理运输、仓储、定船、定仓、报关、转关、查验的多方位、全方位的物流服务,为客户创造增值服务。①

2. 推动港口的合作与竞争

竞争与合作都是港口群内的企业获取长期竞争优势的一种行为方式。由于广州港、香港港、深圳港等空间距离较小,腹地重叠交叉,使得港口船期和港口收费成为港口竞争的重要因素。另外,集装箱运输的竞争是始终存在且是最重要的竞争因素,然而这几大港口在基于资本和港口条件的情况下也可以进行合作。因此应针对港口集疏运的瓶颈所在,重点建设主要港口的疏港铁路、疏港高速公路、内河集疏运通道和港口综合运输枢纽。

3. 加快港口交通基础设施建设

首先,加强大宗货物专业码头和集装箱专业码头的建设。适时引进先进的港口设备,以配合专业化的船舶,实现吞吐量快速增长,建设天然气等新的能源、大型旅游及集装箱等专业化码头。其次,加快主通道和大路网建设。例如,海南省港口建设"一横六纵"的海口周边交通体系,以便捷的交通网络,打造琼北地区 1 小时经济圈。通过这种方式可以吸引该区大量乃至原由湛江等转运的货源,实现海南岛内的连通,港口之间的联系更加紧密。②

4. 促进港口与城市的协调发展

首先,规划协调。应按照科学发展观切实做好港口枢纽规划、深水岸线规划及临港产业规划,使其具有前瞻性和可操作性,并及时对规划动态完善,保持与城市发展相适应、保证港口配套设施条件和港口可持续发展。其次,建设协调。港口在进行集疏运设施建设时要对城市交通设施建设提出流量、流向、时间分布、效率、能力、拓展空间等量化要求,使港口集疏运系统和交通枢纽建设达到系统最优目标。

三、南海沿岸港口运输经济构架

港口运输经济是南海沿岸城市发展的一个重要支撑。南海沿岸港口凭借优越的地理位置,充分发挥开放城市的优势,使得港口经济一直居于全国前列。

---

① 陈云飞,吴晓磊. 构建以港口为枢纽的综合交通运输体系[J]. 水运工程,2010,02:16-19.

② 刘玥. 海南省港口经济发展战略研究[D]. 海南大学,2010.

（一）南海沿岸港口运输经济的发展概况

从整体上来说，2015 年上半年中国港口增长呈趋势“微笑曲线”型，港口业整体保持低速增长（见图 3-8）。内贸总体好于外贸，内河港口吞吐量增长情况好于沿海，但内外贸和内河、沿海增速之间的差距有所减小。吞吐量增速回落四成，港口二季度生产好转，但总体增幅依旧维持在近五年内的较低水平。

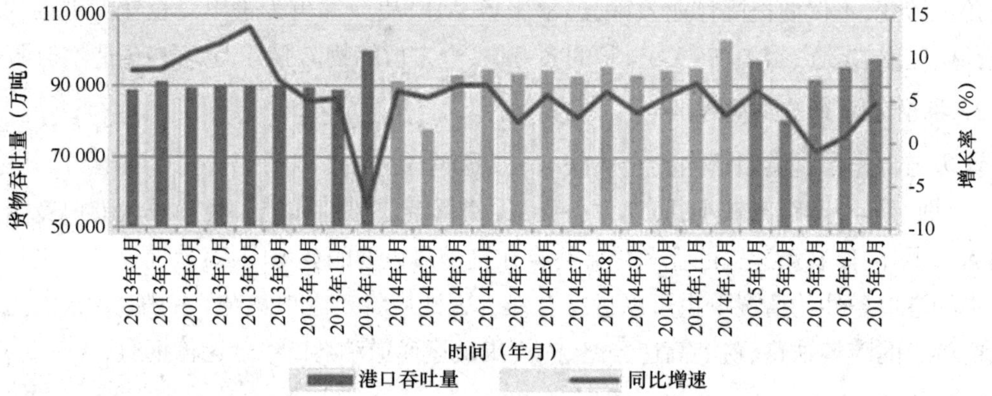

图 3-18　2013 年 4 月至 2015 年 5 月中国规模以上港口月度吞吐量增长情况

资料来源：中华人民共和国交通运输部，SISI 整理

从南海沿岸区域来讲，南海沿岸港口的增长也不例外，呈现出平稳状态，甚至香港港在集装箱吞吐量上出现了下滑现象（见表 3-11、3-12）。但是珠三角港口群的增速扩张，其他港口群增速不同程度收窄。珠三角港口群得益于港口加大中转和新兴市场开拓，巩固超大型船舶市场，港口吞吐量同比上扬 3.11%，在各港口群总量占比中提升 0.27 个百分点。

表 3-11　2015 年 1—5 月中国各区域主要港口货物吞吐量增长情况

港口区域	2015 年（万吨）	同比增幅（%）	2014 年（万吨）	同比增幅（%）
环渤海区域	137 785	0.33	137 331	5.92
长三角	74 986	-2.24	76 706	5.27
东南沿海	19 155	3.64	18 483	10.21
珠三角	28 744	3.11	27 877	0.68
西南沿海	17 754	2.54	17 315	17.31
合计	275 584	0.43	274 408	6.28

数据来源：中华人民共和国交通运输部

表 3-12　2015 年 1—5 月中国各区域主要港口集装箱吞吐量增长情况

港口区域	2015 年(万 TEU)	同比增幅(%)	2014 年(万 TEU)	同比增幅(%)
环渤海区域	1 937. 35	2. 99	1 881. 17	5. 31
长三角	2 583. 66	6. 82	2 418. 68	6. 06
东南沿海	365. 34	10. 76	329. 86	7. 24
珠三角	1 623. 76	6. 19	1 529. 12	2. 26
合计	6 510. 11	5. 70	6 158. 83	4. 93

数据来源:中华人民共和国交通运输部

从南海沿岸具体港口来讲,在国内外经济下行的压力下,深圳港集装箱运输继续保持稳中有增的态势,主要原因是随着“一带一路”建设的推进,深圳港进一步扩大沿线国家的合作,开通和加密了至东南亚、中东、欧洲地区的航线,大力发展和提高国际集装箱中转业务,为港口箱量带来新的增长空间。2015 年上半年,深圳港集装箱吞吐量再创历史同期新高,累计完成 1 155. 6 万标箱,比去年同期增加近 60 万标箱,同比增长 5. 2%。另外,广州港、厦门港以及内河佛山的集装箱吞吐量排位靠前。

表 3-13　2015 年 1—5 月中国港口集装箱吞吐量统计情况

排名	港口名称	2015 年		2014 年	
		合计(万 TEU)	同比增幅(%)	合计(万 TEU)	同比增幅(%)
	沿海	7 614. 73	6. 14	7 173. 94	6. 14
1	上海	1 494. 21	5. 32	1 418. 78	5. 32
2	深圳	953. 68	6. 64	894. 26	6. 64
3	宁波-舟山	879. 18	12. 07	784. 49	12. 07
4	青岛	709. 86	1. 71	697. 92	1. 71
5	广州	670. 08	5. 55	634. 86	5. 55
6	天津	594. 59	5. 29	564. 7	5. 29
7	大连	383. 41	1. 18	378. 92	1. 18
8	厦门	365. 34	10. 76	329. 86	10. 76
9	营口	249. 49	4. 11	239. 63	4. 11
10	连云港	210. 27	-2. 39	215. 41	-2. 39
	内河	866. 96	10. 82	782. 29	-3. 16
1	苏州	195. 74	17. 60	166. 45	-29. 34
2	佛山	118. 41	8. 51	109. 12	3. 49
全国总计		8 481. 69	6. 60	7 956. 23	5. 71

资料来源:根据中华人民共和国交通运输部,SISI 整理。

（二）南海沿岸港口经济发展的定位

任何一港口发展方向与功能定位，应遵循三个原则：一是港口的自身条件；二是港口所处的周围环境，包括本港口与周边港口的关系，各个港口经济发展水平和现有腹地及发展前景；三是国家对港口及航运业的发展方向、目标、布局及该地区的宏观经济政策。各大港口应当遵照自身实际情况，明确港口的经济发展定位。下面针对重点港口进行说明。

1. 香港港定位于国际航运中心，着力发展航运高端服务业

香港港受到土地因素的限制，在扩大港口规模上的作为不大，香港港应当把重点放到提升现有港口效率和效益上来。因此，香港港应当定位于国际航运中心，着力发展航运高端服务业。香港港应当充分发挥自由港的优势，加强与世界上其他港口的联系，开辟通往全世界的航线。同时，依赖是世界著名的国际航运中心的地位及在全球金融体系中的重要影响力，发展航运高端服务业，努力使之朝着由脑力劳动、知识化服务和现代化的办公，以及资讯手段支撑的多元化的高层次航运中心发展。

2. 广州港定位于华南综合运输港，发展专业码头

广州港定位于华南综合运输港及珠江三角洲中西部集装箱运输干线港，充分发展港口综合运输，以能源、粮食、矿石、汽车、集装箱运输为主要目标市场，集装箱运输以充分满足珠江三角洲中西部需求为目标，在航线的布置上以内贸、近洋航线为主。

3. 深圳港定位于华南集装箱运输枢纽港，发展集装箱运输

深圳港定位于华南集装箱运输枢纽港，发展集装箱运输，航线布置上东部以欧美远洋为主，西部以近洋为主兼顾内贸运输。大力推进海铁联运，构筑内陆集装箱业务网络，改善集疏运网络，在东部重点建设大型专业性集装箱码头，把握船舶超大型化契机，通过成为超大型船舶的首选港，巩固深圳集装箱运输枢纽港的地位。①

4. 湛江港定位为西南综合运输枢纽，发展深水码头

湛江港处于“泛珠三角经济圈”和“中国—东盟”自由贸易区的重要战略地位及亚太经济圈的枢纽位置，拥有粤、桂、琼、滇、黔、川、渝等广阔腹地，基于优越的区位条件及腹地经济优势，湛江港的发展定位为打造我国西南综合运输枢纽。在顺应我国南海大通道建设中，湛江港以围绕西南省区出海通道及建设东盟交通一体化战略使命，应加大建设港口力度，发展深水码头，提升港口通过能力和技术水平，巩固西南沿海港口群主体港地位，逐步完善水运、铁路、公路、管道、航空五种运输方式，建设综合交通运输体系发达的重要战略枢纽。

5. 北部湾港定位为西南出海通道，发展口岸运输服务

北部湾是我国西南沿海地区港口群和西南出海大通道的重要组成部分，是服务“三南”

① 张建华．广州香港深圳港口合作竞争研究[D]．广州大学，2010.

(西南、华南和中南)的泛北部湾区域的国际航运中心。北部湾要抓住国家构建面向东盟的国际大通道的战略机遇,打造西南中南地区开放发展新的战略支点的发展契机,以形成"21世纪海上丝绸之路"和"丝绸之路经济带"有机衔接的重要门户为目标,大力发展港口运输服务功能,打造服务于西南,对接东盟的综合港口群。北部湾港区主要由防城港、钦州港及北海港组成。北部湾防城港以大宗散货运输为主,加快发展集装箱运输,逐步成为多功能、现代化的综合性港口;钦州港为临港工业开发和保税物流服务为主的地区性重要港口,主要依托临港工业开发和港口保税功能拓展,形成以能源、原材料等大宗物资和集装箱运输为主的规模化、集约化港区。北海港以商贸和旅游服务、临港工业为主的地区性重要港口,重点发展现代物流,形成内外贸物资运输结合、商贸和旅游及工业开发并重的多功能综合性港口。

总之,五大港口作为南海沿岸港口的代表,应当发挥好带头作用,积极进行分工,从而推动南海沿岸港口朝着专业化、国际化的方向发展,同时构建了联系世界经济发展的桥梁,有助于世界经济的繁荣发展。

(三)南海沿岸港口经济发展的策略

1. 整治航道,共建集疏运网络体系

珠江水系港口众多,已基本形成以广州港、深圳港为出海枢纽港,贵港港、梧州港、肇庆港为区域内河中转港,其他中小型港口与之配合的港口体系。广东省政府携手香港政府保障珠江三角洲和西江主干道率先实现航道现代化,重点建设西江水系主通道和珠江三角洲高等级航道网,进一步完善大型船舶进出的出海航道,率先建立珠江三角洲现代化骨干航道网。同时,充分发挥铁路在中、远距离大宗货运方面的优势,完善铁路运输网络,进一步推进公路建设,拓展出省通道。①

2. 大力发展临港产业

临港产业建设意义深远,对南海沿岸港口的经济发展起着重大推动作用。临港产业开发的重点主要包括现代综合物流业、临港工业和现代服务业三方面。就海南港口而言,首先充分利用海南港口的资源优势,依托洋浦经济开发区和东方化工城,在洋浦港和八所港引进炼油、乙烯等石油化工项目;其次基于琼州海峡跨海工程和西南港口群,海南省港口应有效地把西南腹地的矿产业、林业等资源引入海南,通过海口港临港加工业和综合保税区有机结合,带动海南港口经济的发展;再来拓展以港口为依托的海上国际游艇、海上公园、海洋世界等特色旅游项目。②

---

① 黄薇薇. 南海港[D]. 暨南大学,2002.

② 欧仲健. 南沙港建设与港口经济发展研究[D]. 暨南大学,2005.

3. 在港口经营中引入社会资本

港口企业可以通过投资、参股等以资本为纽带建立与其他港口企业、航运企业、货主企业、民营企业及外资企业等的合作关系,实现更大范围内的资源整合。政府可采取投资参股、无偿赠款、提供优惠借款、无偿或低价提供土地和减免税收等措施,吸引社会资本对港口经营进行投资,以市场化、产业化带动港口经营。

4. 提高南海沿岸港口信息化水平

信息化建设在现代港口建设中是提高服务质量和水平的重要手段,对于南海沿岸港口功能和服务的升级,都要依靠以电子数据交换(EDI)和航运信息交易中心为标志的港口信息网络建设。因此,逐步建设港航因特网站和电子商务系统,在港口生产活动中,推广 EDI 技术应用,构建联通国内外的信息高速公路,便于港口航运信息的交流。①

① 刘玥. 海南省港口经济发展战略研究[D]. 海南大学,2010.

第四章　中国沿海港口交通体系建设的邻海区域合作

第一节　东北亚区域沿海港口交通体系建设与区域经济合作

一、东北亚区域沿海港口建设概况

(一)东北亚区域国家社会经济发展

东北亚地区是亚洲经济文化最发达的地区,与欧盟、北美一起并列为世界最发达的三个区域,其人口密度高度集中,经济雄厚,发展迅猛,对全球格局起着非常重要的影响(见表4-1)。从区域位置来看,东北亚即亚洲东北部地区,为亚洲—东亚所属的次区域,区域范围包括日本、韩国、朝鲜、蒙古、俄罗斯的远东联邦管区及我国的东北、华北,陆地面积1 600多万平方千米,占亚洲总面积的40%以上。①

自进入21世纪以来,在多边层面上,亚太经合组织在推动区域贸易投资自由化和便利化、开展经济技术合作方面不断取得成果。在双边层面上,一方面,包括全面战略协作伙伴关系、战略合作伙伴关系、建设性伙伴关系、睦邻友好伙伴关系等多种双边关系处于不断升级中。

表4-1　2013年东北亚区域相关国家经济发展及与我国的贸易情况

国家	国土面积(万平方千米)	人口(万人)	人口密度(人/平方千米)	GDP总量(万亿美元)	人均GDP(美元)	与我国贸易总额(亿美元)	我国的进口总额(万美元)	我国的出口总额(万美元)
日本	37.78	12 762	338	4.9	38 395	3 119	1 298.8	1 821.2
韩国	9.92	5 004.4	504	1.3	25 977	2 742.5	1 830.7	911.8
俄罗斯	1 709.8	14 410	8.4	2.02	14 018	683.3	166.4	516.9
朝鲜	12.03	2 499.32	208	0.037 8	1 512	65.56	26.24	36.32
蒙古	156.41	264.65	1.7	0.011 5	4 356	65.56	26.24	36.32

注:根据人民网及国家商务部网站统计结果整理

① 刘文忠,李南.东北亚港口国际物流系统发展及环渤海港口群[J],现代物流,2007,05,29-30

（二）东北亚各国具有区域位置优越的发展基础

东北亚的沿海地区自然条件良好、气候四季分明，是世界上人口密度最高的区域之一。东北亚各国间地理位置优越，中俄、蒙俄、朝韩国家间陆路相连、中俄朝韩日国家间环绕日本海，拥有众多优良港口。我国东北地区更是处于东北亚区域经济合作的中心地带，是东北亚的地理中枢。我国东北地区与日韩两国隔海相望，通过陆路与蒙俄朝相通。辽宁省濒临渤海和黄海，有丹东、大连、营口等优良港口，是往来于朝鲜、日本、韩国间的重要通道。吉林省东部珲春地区陆路与俄朝相连，出图们江进入日本海可直达日本西海岸和韩国东海岸，素有“金三角”之称。内蒙古自治区与俄蒙两国边境线漫长，边贸口岸众多，是发展内陆经贸合作的纽带。这些区域优良的区位优势，可以有效降低国际贸易中的成本，提供区域经济竞争力，为东北亚经济合作提供得天独厚的地缘条件。

（三）东北亚各国经贸往来活跃

根据中国海关的统计数据显示，处于中国前十位的贸易伙伴中，东北亚国家就占有三个，为日本、韩国、俄罗斯。2013 年，中国与韩日俄三国的双边贸易额合计 6 764. 3 亿美元，约占中国对外贸易总额的 17%。中国与俄罗斯有着深厚政治合作与经贸往来，中国是俄罗斯的第一贸易大国，2013 年中俄贸易额为 892. 1 亿美元，2014 年达到 952. 8 亿美元，同比增长 6. 8%。但 2015 年，因全球经济趋势消极及俄国内经济形势复杂导致中俄双边贸易下滑至约 690 亿美元，较上年下降近 200 亿美元，降幅约 22. 4%。随着国际贸易的逐步复苏，预计到 2020 年双边贸易额将超过 1 500 亿美元。与此同时，经济互动促进了俄罗斯远东地区十年间的经济持续增长。中日韩三国的经贸往来一直保持快速发展的态势，早在 2004 年和 2008 年，我国就已经取代美国分别称为韩国和日本的第一大贸易伙伴国，中韩双边贸易额 2013 年达到 2 724 亿美元，是建交之初的 55 倍，2014 年接近 3 000 亿美元，比建交时增长约 60 倍，但 2015 年仅为 2 273. 8 亿美元，下降 3. 4%。中日双边贸易额 2013 年达到 3 135. 5 亿美元，但 2015 年减至约 3 033 亿美元，同比下降 11. 8%。对蒙经贸方面，2013 年，中蒙双边贸易额达到近 60 亿美元，比 10 年前增长了 15 倍，预计 2020 年中蒙双边贸易额达到 100 亿美元。此外，蒙古丰富的资源也吸引了韩国、日本等东北亚国家的投资。

（四）区域产业实力雄厚

东北亚地区工农业和科技文化医疗业均比较发达，日本和韩国高技术产业、信息产业在世界都处于领先水平，俄罗斯的重化工业和军工产业处于世界一流水平。我国东北地区的航天科技产业和军工产业处于领先水平，在东北亚地区拥有世界 500 强企业中的近一半，拥有众多的国际一流知名品牌。在新中国成立之初，由于苏联的援助，许多重点工程都在东北地区建立，成为我国新工业的摇篮。特别是精密仪器制造业、重型装备制造业、化工业、汽车制造业等资本密集型的产业,大都集中在东北三省,产生了中国一汽、大连油田、鞍山钢铁、大连造船厂等大型国有企业。东北亚地区农业也较为发达,农业产业化程度较高,是世界上水稻、玉米、小麦、大豆的重要产区。在东北亚的西部内陆地区,草原广阔、畜牧业也较为发达。这些雄厚的产业基础成为东北亚次区域合作和区域经济一体化的重要基础条件。①

(五)东北亚国家资源基础、产业技术结构互补

东北亚国家间的经济发展水平不同,经济结构梯次明显,资源条件各具特色,区域经济合作互补性强。日韩两国的技术、资金及信息等优势明显,但面临人力资源及自然资源困扰,俄罗斯远东地区、蒙古自然资源丰富,但劳动力资源不足。而我国拥有丰富的劳动力资源和广阔的消费市场。在产业技术方面,随着产业技术结构的调整,日韩两国的劳动密集型和资源密集型产业以及部分技术密集型产业将向海外转移,这正是东北亚其他国家承接产业转移的好时期。与其他东北亚国家相比,我国东北地区产业基础相对雄厚,生产要素相对充裕,有利于产业对接。虽然我国经济总量上已经超过了日本和韩国,但在综合发展水平及产业技术实力方面与日韩相比还有一定的差距,唯有加强产业合作,不断加快技术创新,促进东北亚地区国家间形成资源、产业技术的互补,为区域一体化发展打下良好的基础。

二、东北亚区域港口城市发展现状

(一)我国东北亚主要港口

在我国,东北亚沿海港口城市主要集中在环渤海区域,包括辽宁、河北、山东三省。环渤海区域拥有5 319千米的海岸线,60多主要港口,包括有大连、秦皇岛、天津、烟台、青岛、日照6个千万级吨位港口是区域性大港,丹东、营口、锦州、龙口、威海、旅顺、葫芦岛、蓬莱等是地方中小港口,环渤海地区已经形成大中小相结合、功能互补的港口群。该区域港口的货物吞吐量占全国沿海港口的40%以上,发送量占全国的60%,由港口出口的外贸总量占全国的78%,突出的港口优势,使得环渤海港口群成为我国重要的港口群之一,是北方地区重要的货物集散地(见表4-2)。

① 张蕴玲,中国参与和推动东北亚区域经济合作的战略.[J]东北亚论坛,2013,第1期

表 4-2　我国环渤海区域港口相关数据(2010 年)

指标	货物吞吐量(万吨)	集装箱吞吐量(万 TEU)	外贸货物吞吐量(万吨)	码头长度(米)	泊位数(个)	生产性码头长度(米)	生产性泊位数(个)	万吨级泊位数(个)
大连港	27 203	458	8 993	37 195	221	33 318	196	78
营口港	17 603	254	3 228	11 476	55	11 187	50	34
秦皇岛港	24 600	33	1 988	15 945	86	14 750	66	42
天津港	38 111	870	17 835	28 004	134	26 736	124	80
烟台港	16 927	140	4 234	15 189	88	13 866	74	45
青岛港	32 312	1 028	20 308	19 767	79	18 749	73	57
日照港	18 131	82	1 229	10 914	44	10 914	44	39
环渤海区域	174 887	2 864	68 615	138 490	707	129 520	627	375

(二)俄罗斯在东北亚主要港口

根据俄罗斯最新公布的数据,在太平洋远东地区,俄罗斯拥有沿岸海港共计 32 个,其中,商用港 22 个,渔港 10 个,此外还有 300 多个泊湾。年货运量在 100 万吨以上的港口有滨海边疆区的东方港、纳霍德卡港、符拉迪沃斯托克港、博西埃特港,哈巴罗夫斯克边疆区的瓦尼诺港,堪察加州的彼得罗巴甫洛夫斯克港和马加丹州的马加丹港,其中滨海边疆区和哈巴罗夫斯克边疆区港口直接与铁路干线相连,在国际货运中发挥着重要作用,堪察加州、马加丹州港口主要满足地方运输需要。随着萨哈林岛大陆架石油天然气的大规模开发,萨哈林岛港口霍尔姆斯克港和科尔萨科夫港的运输地位正在逐步提升。①

1. 东方港。位于滨海边疆区,日本海岸弗朗戈里亚湾,北纬 42°46′、东经 133°3′,距纳霍德卡市 20 千米。东方港是俄罗斯远东地区最大的港口,也是西伯利亚大铁路终点站。东方港按货物量位居全俄罗斯第三位,仅次于新罗西斯克和圣彼得堡,装备了大功率装卸设备,有深水码头。主要用于俄罗斯出口货物及西欧至亚太地区过境货物运输。港内有 15 个货运码头,泊位线全长 4 千米。

2. 纳霍德卡港。位于俄罗斯滨海边疆区,是面临日本海的不冻港,以军事设施与水产养殖为主,是泰舍特—纳霍德卡石油管道(泰纳线)的终点。港区内包括内外停泊场,引港渠道深度 10—13 米,有 22 个码头,全长为 35 千米,仓储货物总面积为 30 万平方米,由于港湾不结冰,码头可以同时装卸 20 只货船,每年可以处理 1 500 只以上的大吨位货船。港区拥有 19 个泊位及油港,俄罗斯远东地区外贸货物量的三分之二由此出口。

---

① 刘慧丽. 俄罗斯中亚东欧市场[J]. 2006 ,第 5 期 http://euroasia. cass. cn/news/125680. htm

3. 符拉迪沃斯托克港。符拉迪沃斯托克港位于日本海西北岸，是俄罗斯太平洋沿岸最大的港口之一，包括东博斯普鲁斯海峡及其沿岸港湾（金角、迪奥米德、乌利斯和诺维科湾）以及阿穆尔湾水域，与其他远东港口相比，符拉迪沃斯托克港是唯一有封闭深水码头的港口，可停泊大排量船只，常年通航。港区包括商用港和渔港两部门，商用港可停靠排水量11米、长260米、宽40米的船只，港口共有17个深水码头，其中9个码头用于装卸货物（金属、木材、冷冻货物等），另有粮食鳌头、集装箱码头和石油码头，集装箱码头年吞吐能力为10万TEU。渔港共有10个码头，专门储存渔产品的仓储设施，可装卸木材、金属、纸浆、货物。

（三）朝鲜主要港口

1. 南浦港。濒临西朝鲜湾的东侧，是首都平壤的外港，是朝鲜西部的最大港口。南浦是地处大同江中下游最发达的工业区之一，是朝鲜金属制造、机械和玻璃工业的重要基地，也是全国最大的盐场。港区主要码头泊位7个，岸线长1 400米，最大水深12米，码头最大可靠5万载吨重的船舶，在煤码头上游专门的装船设施，大船锚地水深达30米。南浦港已和世界上100多个国家和地区建立了贸易关系，主要出口货物有机床、金属制品、水产品等，进口货物主要有谷物、石油、机械设备等。

2. 清津港。位于朝鲜东北沿海，濒临日本海西北侧，是朝鲜北部主要港口。它是朝鲜北部的重要工业基地，主要工业有钢铁、造船、化纤、矿山机械等，拥有大型钢铁厂，港产量约占全国1/4。港区主要码头泊位有6个，岸线长1 550米，最大水深为10米，年货物吞吐量能力约为800万吨。主要出口货物为各种钢材、有色金属、机床等，进口货物有石油、炼焦煤、橡胶和机械设备。随着外贸的不断发展，港口规模逐步扩大，清津港为运转中日贸易进出口物资发挥重要的作用。

3. 兴南港。位于朝鲜东部沿海的咸兴湾内，是朝鲜东部的化肥出口港。港区属温带季风气候，冬季多西北风，全年平均降雨量约1 000毫米。港区主要码头泊位有5个，岸线长1 295米，最大水深9米，装卸设备有各种岸吊、门吊及拖船等，其中有专门用于出口散水泥的门吊，大船锚地水深在10米以上，进出口货物除化肥外，还有水泥、煤炭及杂货等。

三、东北亚区域港口交通体系建设

（一）我国东北亚港口群建设

根据空间分布状况，东北亚环渤海港口群可以分为三个子港口群：一是辽宁沿海港口群，以大连港为中心，包括丹东、锦州、营口等港口，主要服务于东北三省和内蒙古东部地区；二是山东沿海港口群，以青岛、烟台、日照港等港口组成，主要服务于山东半岛；第三津冀沿海港口群，主要服务于京津、华北及向西延伸的部分区域。

1. 辽宁沿海港口群。大连港定位于辽宁港口群的核心，是我国沿海集装箱运输的干线港、区域原材料和能源运输的主要中转港；营口港和锦州港重点发展集装箱内外贸易运输业务；盘锦港、丹东港等主要以内贸为主，承担原材料及工业品进出口。辽宁沿海港口群集疏运体系逐步完善，通过以大连为起点经俄罗斯可以通往欧洲国家的“新亚欧大陆桥”铁路通道。大连是东北亚国际航运中心，通过进一步整合港口资源，优化辽宁港口群交通航运功能，逐步打造以大连港为核心港，营口港和锦州港为主要港口，丹东港、盘锦港、葫芦岛港以及其他小港口为一般港口的多层次港口布局。

2. 津冀沿海港口群。津冀沿海港口发展迅速，以天津港、秦皇岛港两港为主，至今已形成天津港、秦皇岛港、唐山港、黄骅港四港并驾齐驱的港口运输发展格局。津冀港口群要重点围绕服务京津冀发展战略，以打造北方国际航运中心和北京海港物流中心为目标，明确发展重点，突出发展河北港口和天津港口在津冀港口群的“两极”效应，构建“两极”错位发展、合作共赢的新型港群关系。随着天津自贸区向河北港口拓展延伸，要进一步加快优化完善口岸环境，大力推进贸易、金融、物流等现代服务业的集聚和发展，发挥津冀港口群整体航运功能①。

3. 山东沿海港口群。山东沿海港口作为东北亚海洋交通体系的重要组成部分，是促进山东参与东北亚各国贸易往来的重要驱动。山东是新亚欧大陆桥经济走廊沿线重点地区，是推动“一带一路”重要的海上战略支点，拥有亚欧大陆桥的出海通道的青岛港、日照港、烟台港、威海港，为“一带一路”的货物流通和贸易往来提供了骨干支撑。山东应进一步优化沿海港口布局，拓展综合服务功能，构建以青岛港为龙头，以烟台港、日照港为两翼，威海港、东营港、潍坊港、滨州港等地区性港口为补充的现代化港口群，加快推进青日连、黄大铁路、济青高度扩容等重点工程，积极推进渤海海峡跨海通道和中韩铁路轮渡工程前期工作，逐步完善沿海港口铁路水集疏运交通体系。

（二）东北亚区域桥头堡群建设

我国东北地区有众多的口岸，但各口岸发展情况不一，为参与和推进次区域合作，构建东北亚交通体系，逐步促进东北亚经济社会合作，选取以珲春为中心，依托图们江国家合作示范区，面向朝俄，打造环日本海经济圈；以丹东为中心，依托辽宁沿海经济带面向朝韩日，打造环渤海经济圈（见表4-3）；以满洲里为中心，依托腹地面向蒙俄，打造内陆经济协作圈。②

① 张敏，翟再．从天津南港工业区建设看津冀港口群之竞争与合作[J]，港口纵横，2011，6，15-16

② 刘国斌．“一带一路”基点之东北亚桥头堡群构建的战略研究[J]，东北亚论坛，2015，第2期，95-96

表 4-3 珲春、丹东、满洲里通道建设一览表

交通设施建设		珲春	丹东	满洲里
公路建设	对外	珲春—长岭子—俄罗斯扎鲁比诺港二级柏油公路、珲春圈河到元汀的老跨境大桥(新桥在建)、珲春—罗津港(朝)二级公路	鸭绿江界河公路大桥	满洲里—后贝加尔斯克(俄)
	对内	珲春—图们二级公路、珲春—东宁省界二级公路、长沙—珲春高速公路	6 条国家级、省级公路:丹本、丹大、丹通、丹海高速公路	二级公路 301 国道、绥满高速
铁路建设	对外	珲春—俄罗斯卡梅绍娃亚铁路;珲春—俄罗斯马哈林诺铁路	莫斯科—北京—平壤国际联运旅客列车	满洲里—后贝加尔斯克(俄)—亚欧大陆桥
	对内	图们—珲春铁路、长春铁路	东北东北部铁路、沈丹铁路客运专线、丹大快速铁路	滨洲线
水运建设		由俄罗斯扎鲁比诺、波谢特和朝鲜罗津三个港口至韩国束草,釜山以及日本伊予三岛、秋田、新泻等 13 条跨海海陆联运航线	与 50 多个国家和地区,70 多个国际国内航线	
空运建设		珲春—釜山、海参崴国际航线;多条国内航线	丹东—首尔国际航线;多条国内航线	满洲里至伊尔库兹克(俄)以及满洲里至赤塔(俄)

资源来源:根据珲春市、丹东市和满洲里市人民政府网站统计结果整理。

1. 以珲春为中心打造环日本海经济圈

珲春市位于吉林省东部的图们江下游地区,地处中俄朝三国交界 地带,是东北地区唯一与中俄朝三方接壤的口岸,位于东北亚地区的腹地。珲春市东北部与俄罗斯滨海边疆区有长达 246 千米的边境线接壤,距离俄罗斯远东最大的港口城市海参崴仅 50 千米。东南部与朝鲜罗津—先锋自由经济贸易区隔图们江相邻,边境线全长 139.5 千米。南部距离日本海的波谢特海湾最近处不到 2 千米,沿图们江而下是我国直接进入日本海的唯一通道,也是我国前往日本西海岸和韩国东海岸的最近点。珲春现有的 4 个国家级口岸(长岭公路口岸,长岭铁路口岸、圈河公路口岸、沙坨子口岸)向东可通过海参崴和罗津出海与俄、朝、韩、日四国相连,向西可通过中蒙两山铁路(中国阿尔山—蒙古国乔巴山)国际大通道与蒙古国相连,从而串联东北亚六国,有利于交叉合作,并辐射整个东北地区。尤其是在国务院批复《中国图们江区域合作开发规划纲要——以长吉图为开发开放先导区》和《中国图们江企业(珲春)国际合作示范区》后,其在东北亚次区域合作中把珲春作为桥头堡的战略意义显得更为重要。

2. 以丹东为中心打造环渤海经济圈

丹东市位于鸭绿江畔,东与朝鲜第二大城市新义州隔江相邻。南靠黄海,与山东半岛和

京津唐地区隔海相望。西连本溪,距离辽宁省省会沈阳 240 千米左右,北接通化,可联通长春、哈尔滨、俄罗斯,有着沿江、沿海、沿边的重要战略地位。从东北地区来看,丹东是连接东北东部和辽宁沿海经济带的重要节点。从东北亚来看,丹东市连接东北亚各国的重要节点,丹东有包括陆路和水路在内的 13 个口岸以及一个预对外开放的机场口岸,新丹东鸭绿江大桥修建在即,北京—平壤、莫斯科—平壤的国际联运列车途经丹东出入国境,丹东港是我国各海开放的 14 个口岸之一,是环黄海经济圈与环渤海经济圈的重要交汇点。在东北亚区域经济一体化的背景下,丹东独特的地缘优势会更好地转化为经济优势,对把丹东建设东北亚环环渤海经济圈形成巨大的支撑力。

3. 以满洲里为中心打造内陆经济协作圈

满洲里位于内蒙古东北部腹地,与俄罗斯和蒙古国接壤,具有连接中俄蒙三国的地缘优势,是中国最大的陆运口岸城市,被誉为"东亚窗口"。对内背靠我国东北三省,与东北老工业基地和环环渤海经济圈经济活动联系密切,经济腹地辽阔。对外西接俄罗斯西伯利亚大铁路,所经沿线是俄罗斯人口最多、资源最富集的地区,面对的是整个西伯利亚大市场,继续向西可以一直延伸到莫斯科、圣彼得堡,最后达到荷兰鹿特丹,远销到欧洲。向东可以辐射到俄罗斯远东地区,货物在符拉迪沃斯托克出港,经过海上运输,到达韩国、日本、朝鲜。满洲里市东北亚的交通要冲和"亚欧第一大陆桥"的关键节点,是东北北部内陆地区实现经济发展的新增长极。通过满洲里的地缘优势和口岸优势,打造内陆经济协作圈桥头堡,发展国内国际两个市场资源的外向型经济,促进东北振兴、中俄蒙次区域合作和东北亚区域经济一体化。①

四、东北亚区域经济合作展望

(一)加快长吉图开发开放先导区建设

长吉图开放开放先导区作为国家重点开放开放地区,将对吉林开发开放和振兴发展产生历史性影响。国务院提出"四个重要、两个区",即把长吉图发展成为国家沿边开发开放的重要区域,打造成为我国面向东北亚开发的重要门户和东北亚经济技术合作的重要平台,培养成中国东北地区新的重要增长极。

图们江次区域合作是东北亚地区开展最早、机制最完备的次区域合作。1992 年,在联合国开发署的倡导下,中、俄、朝、韩、蒙五国共同启动了图们江区域合作开发项目,当年我国参与图们江次区域开发的地区只有吉林省延珲春市。1995 年,中、朝、韩、蒙、俄五国签署《关于建立图们江经济咖啡区及东北亚协商委员会的协定》,中、俄、朝三国签署《关于建立图们

① 刘国斌."一带一路"基点之东北亚桥头堡群构建的战略研究[J],东北亚论坛,2015,第 2 期,95-96.

江经济开发协商委员会的协定》和《关于图们江地区开发环境谅解备忘录》。1999 年,图们江规划范围进一步扩大,延伸至延边州全景。2009 年,《中国图们江区域合作开发规划纲要——以长吉图为开发开放先导区》得以批复,初步形成了中国东北地区扩大与东北亚区域合作的主要格局,并将长吉图作为中国东北地区扩大与东北亚区域合作的重要门户和参与经济技术合作的重要平台。

长吉图开发开放先导区具有独特的优势:

第一,先导区主要面向东北亚,东北亚区域内的六个国家经济总量大,其中中国和日本经济总量居于世界前列。该区域内的经济合作发展潜力巨大,尤其是在全球经济东移的态势下,区域内包含金砖四国中的中国和俄罗斯。

第二,东北亚区域内居于富足的自然资源和人力资源,拥有庞大的市场资源,也不缺乏资金和先进技术,合作的空间巨大。

第三,长吉图开发开放先导区区位优势明显,紧邻俄罗斯和朝鲜的港口群带,并与蒙东地区和俄罗斯远东地区紧密相连,同时,长吉图先导区是连接黑龙江和辽宁两省的纽带,对来自东北地区的资金、人才和信息等极具吸引力,能够促进东北地区各省一体化发展。

第四,长吉图先导区可以打通中国东北地区扩大与东北亚区域合作的陆上通道,促进进一步探索延边地区的开发开放。同时,建立长吉图贸易先导区,能够使中国东北地区与东北亚各国形成资源互补,充分挖掘合作潜力,形成具有发展动力和充满活力的互动发展新区域。①

长吉图先导区参与东北区域合作要统筹安排区域内的开发与对外开放工作,应该以长吉图区域内的开发为动力,实现对外开放水平的不断提升,着力形成新的发展格局,探索延边地区开发开放的新路径。

1. 进一步发挥珲春开发窗口作用。赋予珲春更加灵活的边境贸易政策,探索双边、多边合作的有效方式;加快珲春俄、日、韩国工业园区建设,增强边境经济合作区经济实力;推进与毗邻边境地区基础设施的合作建设,推进投资贸易和人员往来便利化。扩大城市规模,提升国际合作竞争力,把珲春开发窗口建设成为集边境区域性出口加工制造、生产服务、国际物流旅游等多种对外合作形式于一体的特殊经济功能区。

2. 加快提升延龙图开放前沿功能。加快延龙图规划制定,完善基础社会和公共事务管理,推进延龙图城市整合进程,强化长吉腹地与窗口之间的纽带传导作用。加快生产性要素集聚,打造先进加工制造业、现代物流、旅游及高技术等产业为主体的产业体系,发挥口岸群优势,扩大经贸合作,建设延边国家级经济技术开发区。打造延龙图成为图们江区域重要的

① 王启章. 长吉图开发开放先导区建设与东北亚区域合作关系研究[C],硕士学位论文,延边大学。

物流节点和国际产业服务基地。

3. 强化长吉直接腹地支撑能力。发挥科技、人才、产业优势，打造“大东北”新区和吉林北部工业新区，加快建设长吉国家重点开发区域，成为图们江区域的资源要素集聚高地、产业和科技创新高地，将其打造为东北亚—欧盟新亚欧大陆桥和新海上丝绸之路的国际物流枢纽中心和东北亚国际商务服务基地。

（二）推进中俄朝、中俄蒙自由贸易先导区建设

建设中俄朝、中俄蒙自由贸易区，推进中、俄、蒙经济贸易一体化是东北亚区域经济发展的方向。中俄战略协作伙伴关系已经十分成熟，中俄朝三国之间的自由路港区建成已有成效，三国共同建立了多条由珲春或途径图们江经罗津港或扎鲁比诺港到日韩两国的航线，而且直达俄朝两国港口的公路、铁路线路也在进行修建，国内与国际间的交通网络已经初步形成，所以中俄朝三国以自由路港区为契机，向中俄朝自由贸易先导区过度十分可行。珲春—图们江次区域目前与俄朝两国实现的陆海联运模式，在东北第二条亚欧大陆桥开发建设过程中，仍然在采取“借港出海”战略。因此，应与俄朝两国形成定期会晤机制，加强对通关便利条件的制定，实现“绿色通关”环境，我国应尽快与俄朝两国进行谈判，将我国由图们江到日本海的出海口尽快实现。继续发挥 UNDP 的作用，协调好三国之间的利益关系，建立法律制度体系，搭建政策支持框架，从而加强双边和三边的联合开发，推进东北亚区域一体化。

中国已经是蒙古的第一大投资国和出口国、第二大进口国，中俄蒙之间的合作空间巨大，我国内蒙古自治区的满洲里市，作为我国与俄蒙之间的重要枢纽以及中俄运输航线的中转站，经济带动作用正在不断上升，可以将其作为中俄蒙自由贸易试验基地。中俄蒙资源贸易先导区的建立能够将水平分工与垂直分工相结合形成网络型分工模式，进行产业分工的细化与产业转移承接之间的相互结合，从而达到各方优势互补、资源有效配置，实现合作互利。①

（三）推动中朝跨境经济合作

中朝两国跨境经济合作成果主要体现在“一桥一区两岛”，即鸭绿江大桥建设，罗津—先锋自由贸易区和黄金坪岛、威化岛经济区。国家“十二五”规划，明确将新鸭绿江大桥以及特殊经济区的建设列为国家重点投资扶持的项目，以促进中朝跨境经济合作。

早在 20 世纪 90 年代初，朝鲜就讲罗津港、先锋港和清津港三港结合，建立了自由贸易港区，同时，将罗津港设立为我国图们江次区域合作的自由合作经济贸易区。2011 年 1 月，

① 张铁然．论东北亚区域经济一体化合作与我国的对策研究[C]，硕士论文，吉林大学

朝鲜制定“国家经济开发十年战略计划”，对产业调整、基础设施建设、企业投资以及金融开发等领域进行统筹规划，同时设立“自由经济贸易区指导局”加强对自由经济贸易区的领导。2012 年，中朝经济贸易额达到 60. 34 亿美元，同比增长 7%，中朝两国传统政治的联系及贸易投资的开展，推动中朝跨境经济区合作，中国政府将罗先经济区和黄金坪、威化岛作为中朝经济合作的投资重点，加大了招商力度。当前，黄金坪和威化岛经济区正积极发展旅游文化业、现代农业及服装加工等产业，将逐步成为朝鲜智力密集型经济区。

中朝已正式启动在辽宁丹东境内中朝边境地区“一桥两岛”的跨国经济合作，即在鸭绿江上新修建一条长 3 000 米、连接中朝两国的边境大桥，把鸭绿江上的黄金坪岛和威化岛作为中朝经济合作的试验区、先导区，形成跨境合作新的开发格局。与此同时，中朝罗先贸易特区已正式启动，这将有利于打破东北亚合作的瓶颈和僵局，形成东北亚区域合作的良性互动，推动东北地区的多个沿边跨国经济合作带的建设与发展。

第二节　东亚沿海港口交通体系建设与区域经济合作

一、东亚沿海港口发展概况

(一)我国在东亚沿海港口

我国在东亚沿海港口主要包括环渤海港口群及长江三角洲港口群，其中，长三角港口群主要覆盖两省一市(即浙江省、江苏省和上海市)。2008 年，国务院出台的《关于进一步推进长江三角洲地区改革开放和经济社会发展的指导意见》，正式确定了长三角区域由浙江、江苏、上海等“两省一市”中的十五个城市组成。长三角经济的确定为促进长三角核心地区产业配置发挥着极其重要的作用，尤其对长三角港口群的发展起到强有力的支撑促进作用，为长三角港口群提供了发达的经济腹地资源。

按照全国沿海港口布局规划中所示，长江三角洲地区港口群依托上海国际航运中心多方面等优势，以上海、宁波、连云港港为主，充分发挥舟山、温州、南京、镇江、南通、苏州等沿海和长江下游港口的作用，通过区域内、外铁路、公路、内核航道和航空及油气管道等构成的综合运输体系服务于长江三角洲以及长江沿线地区的社会经济发展(见表 4-4)。

表 4-4 2012 年长三角地区主要港口货物与集装箱吞吐量

港口名称	货物吞吐量（万吨）	同比±%	集装箱吞吐量（万 TEU）	同比±%	外贸吞吐量（万吨）	同比±%
上海港	73 558.98	0.50	3 252.94	2.50		
宁波-舟山	74 401.39	7.30	1 617.47	9.88	32 329.56	14.49
宁波港城	45 302.70	4.53	1 567.14	7.99	24 533.07	6.51
舟山港城	29 098.69	11.69	50.33		9 816.49	14.46
连云港港	18 527.53	11.42	502.01	3.47	9 680.34	5.71
嘉兴港	6 003.89	14.18	75.11	45.86	734.65	23.64
台州港	5 358.22	5.08	15.09	11.86	939.32	-4.39
温州港	6 996.95	0.67	51.74	10.02	492.56	15.86
南京港	19 197.00	10.8	230.0	24.90	1 742.00	64.10
镇江港	13 460.5	14.00	37.53	3.50	2 132.70	15.90
苏州港	42 800.72	12.61	586.35	25.15	10 462.95	6.27
南通港	18 526.40	6.90	50.43	-6.60	3 867.30	24.20
常州港	8 997.26	-5.50	14.26	6.30	390.65	0.00
江阴港	13 248.35	2.43	115.37	3.40	1 432.93	5.87
扬州港	5 924.00	7.56	41.14	-0.66	482.80	18.10
泰州港	13 209.61	10.16	13.65	13.66	1 042.92	6.40

数据来源：上海组合港统计信息。

长江三角洲地区港口群集装箱运输布局以上海、宁波、苏州港为干线港，包括南京、南通、镇江等长江下游港口共同组成的上海国际航运中心集装箱运输系统，相应布局连云港、嘉兴、温州、台州等直线和喂给港口。

（二）日本主要港口

日本是港口经济充满活力的国家，从 20 世纪 60 年代，日本开始了大规模的港口建设和整治工程，先后实施了 9 次港口建设计划，建成了较为完善的港口经济发展体系。① 日本现由特定重要港口 23 个，重要港口 105 个，地方港口 936 个，共计 1 064 个。

1. 东京港。东京是日本政治、经济、文化和交通中心，也是最大的商业中心。东京与附近的横滨、川崎组成了日本最大的工业基地。东京港是西太平洋和远东的国际集装箱枢纽港之一，位于日本荒川河口和多摩尔河口之间，港湾区域面积（水域）5 453 公顷，临港地区面积（路域）1 080 公顷，防波堤长 7 070 米，包括栈桥在内的港口码头线总长 23 783 米，各种型号船舶的泊位总数 181 个；其中，集装船泊位 14 个，集装箱码头线长 4 278 米，港口年吞吐能

① 洛义，王显锋，郑海燕．东北亚经济一体化和港口间的合作与发展[J]．大连海事大学学报（社会科学版），地 2 卷 第 1 期

力过亿吨。在日本众多的港口中,首都身边的东京港显然具有得天独厚的政策、经济和地缘上的战略优势,每星期均有350余艘次的国际集装箱班轮,把东京港与世界各地的港口紧密联系起来。

2. 横滨港。横滨是日本第二大港口,也是世界第三大港,横滨港以日本经济最发达的关东地区为腹地,素有“东京外港”之称,人口277万。[①] 横滨港主要工业有钢铁、造船、炼油、汽车、化工和食品加工等。港区中部为商港区,两翼为工业港区,背后为两个工业地带。横滨港的公共码头有大栈桥码头、新港码头、高岛码头、瑞惠码头、山内码头、山田町码头和大黑码头,共有泊位98个(其中集装箱泊位9个),还有浮筒泊位27个,另有私有转业码头泊位149个。装卸设备有各种岸吊、集装箱吊、旋回吊、装卸桥,其中浮吊最大起重能力大650吨,还有直径为203.2~508毫米的输油管供装卸石油使用。港区的仓库及货棚面积为21.7万平方米。[②]

3. 名古屋港。名古屋港是日本重要的区域大港,自1970年辟为通商口岸后,商业发展迅速,成为日本的重要的批发商业中心,现已成为综合性的工业城市。名古屋港输入物资主要有原油、铁矿石、煤炭、粮食、原木等;输出货物大部分为运输机械、钢铁、陶瓷制品、橡胶和化工产品等。名古屋港泊地水深可大12米,可供284艘不同类型的船只同时停靠。港内建有各种营业用仓库122万多平方米,以及储煤场、储木场、储油场等。

4. 千叶港。位于日本本州东南沿海千叶县西部,濒临东京湾的东北侧,是日本最大的工业港口。千叶港共有11个港区,生产性泊位300多个,80%为深水泊位。1972年千叶港货物吞吐量即超过亿吨。

(三)韩国主要港口

韩国港口在东北亚航运中发挥着重要的作用,是货物集散枢纽中心。韩国有釜山、仁川等国际性港口,外国的远洋航船、游船及客货轮船也常停泊在韩国港口。按地理位置划分,韩国港口分为三个片区,南海岸港口主要有釜山港、马山港、光洋港等;东海岸港口包括蔚山港、浦项港、东河港等;西海岸港口有仁川港、群山港、木浦港等。

1. 釜山港。釜山港位于韩国东南沿海,东南濒临朝鲜海峡,西邻洛东江,与日本对马岛相峙。是韩国最大的港口,也是世界第五大集装箱港,是泛太平洋物流中心。釜山港主要码头泊位48个,码头线总长8 681米,码头面积达63万平方米,集装箱堆场面积达38万平方米,有45多个泊位,能停靠1 580万箱集装箱。釜山装卸设备有各种岸吊、门吊、可移式吊、集装箱吊等,其中浮吊最大起重能力达100吨。2013年釜山港集装箱吞吐量达1 767万

---

① 引用:日本横滨港,百度百科,http://baike.baidu.com/link? url = sP2W5IWVAX6-mtdKYgwtrGnahLuiYIgbvYs8djUbEui5b8YkchwFR_7aA7H0h4NC33JT6MDRjUZDmiLPqR2TU_

②

TEU,同比增加3%,连续第11年排名全球港口集装箱吞吐量第5位。

2. 仁川港。位于韩国西北沿海汉江出海口南岸,濒临江华湾东侧,是韩国西海岸的最大港口,是韩国第二大港,也是韩国首都首尔的外港。仁川港市是韩国最大的经济中心,又是韩国北部进出口贸易中心,仁川港有炼钢、机械、汽车、制造等广阔的产业经济腹地。仁川港区主要码头长6 024米,泊位33个,物流仓储等基础设施功能齐备,是木材、粮食的重要装卸港口,也是英国伦敦金属交易所的东北亚地区中心,铜、铝、镍和钢材等每年交易上百万吨。仁川港是韩国第二大港,是韩国西海岸的最大港口,也是韩国首都首尔的外港,相距不到40公里,为韩国政府经营,港口附近设有出口加工区。仁川港市是韩国最大的经济中心,又是韩国北部进出口贸易中心。仁川港作为对华贸易基地,在中国经济的带动下仁川港得到了成长与发展。仁川港口有定期航班飞往世界各地。仁川集装箱场地,可以一次堆储1.5万吨EU,粮食仓储容量达32.6万吨,有各种岸吊、门吊、浮吊等装卸机械,浮吊最大起重能力达100吨。2015年,仁川港集装箱吞吐量为237万TEU。

3. 光阳港。距釜山市区100千米,是韩国在本世纪建造的最大新港,现已成为亚洲的中心港。光阳港南海暖流影响的气候良好,拥有水深20米的天然航道,可以为超大型集装箱船舶提供优良的港口服务,在16~18米的水深,可以接纳8 000~10 000 TEU级大型货船。港口周围的山岭和岛屿形成天然防波堤,可持续恒温水域,确保了大型集装箱云货船的出入港,港口还设有引导出入港船舶安全航海所需的指挥设施,与POR—MIS和VIS系统相联,交换港口运输信息。光阳港已开通71班航班、125条航线,与世界主要国家都有航运往来。

4. 浦项港。位于韩国东南沿海的迎日湾西北岸,濒临日本海的西南侧,是韩国东部的主要港口之一。主要码头泊位23个,岸线长5 100米,最大水深16.5米。浦项港与俄罗斯的海参崴、日本新潟、富山新港、朝鲜清津港以及中国的大连港、宁波港等开设有定期航线。

二、长江三角洲港口群发展定位

(一)长江三角洲港口群的定位

伴随着集装箱运输和江海转运的迅速发展,长江三角洲沿海势必会发展1~2个大型的国际枢纽港,2~3个地区性枢纽港以及若干个中小一般喂给港,来满足各地区的多渠道、多层次需求的沿海港口群。根据以上不同的分类结果,对八大港口进行明确的分工和定位。

1. 打造上海港国际性枢纽港。上海港进一步确定了上海作为国际航运中心的战略地位,上海港定位为建成金融中心、国际经济、贸易三者相结合的现代化的港口城市,带动长江三角洲地区的经济向前发展。因此,上海港必须加快建设有关深水港,大力发展国际集装箱的运输,早日建成国际集装箱枢纽港。上海港的货物结构的合理调整,并将其承担的国内地区的矿产和能源材料等向其他地区港口转移;在对外贸易货物运输中,杂货向其他地区适度储备转移,分流散货运输,重点发展国际集装箱运输。

2. 发展宁波、苏州等地区性枢纽港。宁波、苏州、南京等港口争取取得国家的支持,综合发展地区枢纽港和原材料、能源中转港;同时,加快区域交通网络建设,完善港口集疏运功能,打造地区枢纽港的重要地位。

3. 发展地区中心港。长江三角洲港口群的南通、镇江、连云港等港口作为区域性大港,应尽快完善现代物流仓储、多式联运、集装箱装卸、流通加工等港口服务功能,积极承接长江中下游大宗散货;同时,加快港口产业的专业化合作和分工,合理配置资源,提高港口运营的经济和社会效益,发挥地区性中心港战略位置。

(二)构建长三角港口交通体系

1. 采用"点—轴—面"开发,加快港口群交通网建设。港口的形成和发展,必然会促进城市的兴起,在构建港口群交通体系,要注重港城统筹,有效加快铁路、公路及水路配套,与港口交通互联,形成无缝对接的网状交通。在港口发展中,要利用城市腹地沿河、岸线资源,以城市为中心,发挥交通岸线等轴线,与其他交通节点相连,以"点—轴—面"开发的方式,形成互联互通的港口群交通网。港口规模及效益方面,要注重以动态的眼光来看产业布局,提升港区产业整体实力和综合竞争力,强化港区的周围经济的带动和辐射能力。①

2. 完善港区服务,加快一体化进程。长江三角洲地区,港口岸线聚集,存在有货源布局上的众多小型港口,因此针对可直接使用的岸线资源,在港口开发中要坚持"深水深用、浅水浅用、统一规划、综合开发、服务市场"的原则,以深水泊位的开发建设为重点,优化配置港口资源,打造港口集群优势。同时,要大力推进腹地铁路、公路、内河等运输方式,提升集疏运水平,加强集装箱海铁联动,改进铁路输运的管理方式,积极发展长江流域的内河运输,修建密集的高速公路网络,以物流运作来管理腹地与港口的航运功能。

3. 加强合作,提升港区竞争力。长江三角洲各港区要加强合作,实现功能互补、合作共赢。在保持原有腹地的基础上,争取更广泛区域联合,建立与企业合作关系,主动争取货源,港区的发展还要十分强调各行业间的协调与合作,使港口资源的开发利用能够综合交通、水利、农业等各行业的利益提高港口群的核心竞争力。同时,港口要发挥区位优势和产业集群优势,按照综合开发的原则,通过现代化电子信息平台、公共服务平台,健全现代物流企业网络,并利用港口和沿江物流量大的优势,重点发展保护区现代航运服务业。上海港作为国际航运中心,要综合发挥人才、综合服务优势,打造北方航运支柱作用;江苏港口要抓住长江口深水航道开通的机遇,重新布局港口、整合资源;浙江港口要充分利益深水资源优势,建设能接卸世界级大型船舶的码头和机械设备。

---

① 马莹. 长江三角洲地区港口综合竞争力与功能定位分析[J],硕士学位论文,上海海事大学。

三、加快东亚区域经济合作

(一)加快中日韩自由贸易区建设

根据2013年国内生产总值(GDP)统计数据(表4-5),中日韩三国经济规模分别列世界第二、三、第十四,构成了世界经济的重要一极;三国GDP之和与北美、欧盟旗鼓相当,占世界的20%,进出口额占世界的17%左右,在东北亚六国经济总量中占到约90%。因此,无论从中日韩三国在实际经济中所占地位还是在东北亚地区所占的比重来看,东北亚地区的经济合作发展必须围绕中日韩为核心进行开展,推进中日韩三国自贸区的建立,不仅是三国经贸关系的深化,也能够加快东亚一体化发展进程。①

表4-5　中、日、韩三国之间的双边贸易情况　　单位:亿美元

年份	中日双边贸易	中韩双边贸易	日韩双边贸易	三国双边贸易	三国总贸易额	双边贸易占比(%)
2005	1 844	90	710	3 454	30 790	11
2006	2 073	1 111	775	3 959	36 205	11
2007	2 366	1 343	816	4 525	42 405	10
2008	2 633	1 599	889	5 121	49 647	10
2009	2 288	1 861	692	4 841	40 253	12
2010	3 030	2 071	1 009	6 110	53 286	11
2011	3 499	2 206	1 080	6 785	64 006	11
2012	3 326	2 151	1 021	6 498	66 185	9

数据来源:商务部国别数据网。

2013年,中日双边贸易额为3 119亿美元,中韩双边贸易额达2 742亿美元,从三国之间贸易额的总量和增长速度来看,中日韩之间的经济合作已经有了坚实的基础和广阔的前景。2015年,中韩自贸协定正式签署以及中韩自贸区建设正式完成制度设计并进入实施阶段,有力促进了东亚地区经济一体化进程。

同时,作为区域内的三个经济体,中日韩三国的政治影响力也将对整个区域经济合作奠定基调。而与经贸合作的积极广泛开展相反,三国之间的政治互信程度还不够,历史原因、领土纠纷成为三方政治互信的障碍。唯有积极开展双边或多边对话,不断完善对话渠道,多理解和关切对方的利益诉求,加深政治互信,三方才能真正作为一个协调的整体来共同推动本地区的经济合作进程。

---

① 董洪梅. 中日韩自由贸易区建设的现在、问题与路径思考[J],商业经济,2013,11,3-4

鉴于中日韩三国在东北亚经济圈中的核心地位，以及三国之间已经形成的良好经济合作局面，中日韩三国自由贸易区的建立便是东北亚区域经济合作历程中的必然结果，不仅能促进东北亚地区整体的经济合作，而且也能起到示范效果。同时，中日韩自由贸易区的建立也是东北亚区域经济一体化能否实现的关键一步。

1. 加强各国经贸合作，平衡经济发展水平。中日韩三国应当向彼此开放更多的市场，尤其是日韩两应取消对中国产品的限制，特别是农产品的贸易壁垒，应当客观公正的对待中国的产品。同时，中国应当改善向日韩两国出口的商品结构，增加出口产品的附加值，提高出口产品的技术含量。中日韩三国应尽快签署自由贸易协定，采取加强区域经济组织贸易合作的发展战略，为自由贸易区建立创造条件。

2. 促进产业升级，调整产业结构。中日韩三国均应促进产业升级，调整产业结构，在大力发展优势产业的同时，也应积极调整弱势产业，将自贸区对其的冲击降到最低。比如，中国应尽快吸引国外先进的技术和管理经验，以增加出口产品的附加值和技术含量。由于制造业是在自由贸易中收益最大的产业，近年来，中日韩三国都在增加对制造业的投入以增加产出、获取利润。作为新兴工业国家的韩国在中低端制造业的竞争力逐渐增强，面对中韩产业趋同化，我国必须加快中低端制造业的转型升级。

3. 增强彼此政治互信、加强政府间政治合作，妥善处理争端。中日韩应该理性对待三国间的争端和纠纷，加强政府高层互访，增强政治互信。三国中，中日之间的矛盾、纠纷最多，中日两国之间要妥善处理矛盾和纠纷，为建立中日韩自由贸易区创造条件。中日韩三国要积极面对历史遗留问题、领土争端，可以先加强政府之间的政治与经济合作，待中日韩自贸区建立之后，再寻求合适的方法来解决彼此之间的矛盾与纠纷。

4. 注重中日韩自由贸易区和其他国家经贸合作的关系。中日韩自由贸易区的建立进程要和俄罗斯等其他国家的区域合作进程相互促进，相辅相成。继续发展与美国、欧盟、东盟等国家或组织的经贸合作，是顺利推进中日韩自由贸易区建立不可忽视的因素。中日韩自由贸易区建设推进的同时，应从战略利益出发，充分利益区域经济合作的优势，推进与其他国家的经贸关系，为自由贸易区建设打下良好的外部环境。

（二）加快环渤海经济圈建设

环渤海已经成为中国区域经济发展的新亮点，是拉动21世纪中国经济增长的新引擎。环渤海地区是以京津冀为核心，以辽东半岛和山东半岛为两翼的环渤海经济区域，主要包括北京、天津、河北、山东、辽宁，也就是三省两市的“3+2”经济区域。2012年，环渤海区域年末常住人口数为30 944.51万，约占全国总人口22.85%，GDP为160 176.82亿元，约占全国GDP总量的30.84%。

作为中国的第三大经济增长极，环渤海经济区目前已成为中国海洋经济的区域龙头。

特别是随着辽宁老工业基地的改造、山东半岛制造业基地的崛起和北京中关村、天津滨海新区、河北唐山市曹妃甸等区域的建设热潮的出现，环渤海地区已经成为新一轮投资热点。拥有全球性金融危机对中国南方经济的冲击作用，致使越来越多的跨国公司把环渤海地区作为主要投资对象，把北京作为研发中心和运营总部，把生产基地建设在天津、大连、青岛等地。①

可以预见，京津冀都市圈在现有的京津冀区域合作的基础之上，将实现技术、信息、人才、资源和市场在更大空间范围内的流动和配置，打造中国北方重要的科技创新中心和现代制造业基地。在此基础上，京津冀城市群必然会与环渤海区域的山东半岛城市群经济区、辽东半岛城市群经济区之间形成有效的联动关系，共同打造在中国具有较强竞争力的新兴制造业基地和科技产业基地。

区域经济融合发展需要一个时间的过程，目前环渤海经济圈内部尚未成为一个统一的经济体，内部五省市之间的经济协调性和联系的紧密性远远低于珠三角和长三角。另一方面，传统增长方式已经给环渤海地区的生态环境带来巨大的压力，使其成为制约环渤海持续增长的主要瓶颈。

加快改变传统的经济增长模式，推进环渤海经济的协调发展，构建和谐的可持续发展的经济区域。这是中国经济社会实现新一轮腾飞的需要，也是提高环渤海区域整体竞争力的需要，制定环渤海区域综合整体规划，针对环渤海存在的问题，研究针对性地对策意见，促使环渤海区域一体化发展。

1. 健全与完善环渤海区域发展协调机制。要推动区域经济一体化，必须解决行政区划各自为政的问题，必须解决制度带来的障碍，引入、培育区域合作机制。当前，应进一步健全和完善高层协调机制，加强各层次的交流和合作，及时协调解决区域发展中的资源整合、规划布局和发展政策等重大问题。

2. 加快基础设施一体化进程。要实现区域一体化，在很大程度上依赖发达与完善的交通体系，一方面，通过加强区域内基础设施建设，包括铁路、高速铁路、公路桥梁、港口机场等，尽快实现京津翼的三小时经济圈与环渤海的六个时经济圈。另一方面，通过对环渤海区域内的多种交通资源进行优化配置，让航空、公路、铁路与水运等多种运输方式的优势得到充分发挥。按照市场机制，建立布局合理、公平竞争、配合高效的综合运输体系，逐步实现环渤海区域内资源共享和一体化的现代化大交通网络。

3. 加强区域内产业合作，促进区域产业整合。针对环渤海依然存在的产业同构问题，要在公平竞争的基础上，通过规划协调，引导不同地区在同一产业内的“错位”发展，加强区域内产业的合作。环渤海区域产业合作与发展应以观念创新为先导，以体制创新为保障，以

① 孙群力．促进环渤海经济区快速协调发展的对策[J]，宏观经济研究，2007. 2，38-39.

资源整合为手段,以提升区域产业竞争力为方向,按照“政府推动、市场主导、点面结合、合作共赢”的方针,构建功能清晰、优势互补的区域产业分工体系。另外,环渤海地区应深化产业的地区分工,形成合理的产业布局和完善的产业链条,提高产业的配套能力。

4. 推进环渤海区域市场一体化建设。市场的一体化建设重点是突出自由流动和交易成本的降低以及市场障碍的清除,相关政府部门要着力于消除区域资源、资金、技术、人才等要素流动的障碍,充分发挥市场机制的作用,创造要素流动和优惠配置的环境。建立跨地区的产权交易市场、信息网络等;建立一个发达的劳动力市场和人力流动机制以及管理机制建设是基层劳动力市场的重要保障。在统一市场体系建立过程中,要尊重市场机制,让企业、行业协会等市场主体来发挥主导作用。

(三)打造长江三角洲经济圈

长江三角洲地区是全国最大的经济圈,其经济总量相当于全国国内生产总值 20%。长江三角洲的进出口总额,财政收入,消费品零售总额均居全国第一。在长三角经济圈中,以上海作为经济圈中心,南京、杭州、宁波作为经济圈中的主要结节点,吸引和带动周边城市的发展,其集聚和辐射达到的地区包括江苏、浙江所有市区以及安徽省的部分周边市区。①

长三角通过充分利用国际国内两种资源、两个市场,成为全国最具活力的地区之一。长三角的发展特色主要表现在:形成综合性产业基地;城市化呈现结构性大发展;城市综合实力全国领先,圈层特征明显;城市与城镇工业化水平较高;城市大物流条件初步形成;城市教育科技实力雄厚,高层次人才密集;城乡居民生活水平比较富裕,全国领先。

上海作为长三角龙头,无疑是集聚创新要素能力最强的地方。不过,由于资本、资源等发展要素,创新要素有着共享的特性,由此长三角城市间合作显得尤为重要。长三角经济圈未来的发展重点,是以上海为“核心”、以沿长江、沿杭州湾等 6 个“发展带”为框架的区域,形成“一核六带”的区域总体布局框架。

1. 优化提升沪宁、沪杭沿线发展带,目标建成具有世界发达水平的都市连绵区域。这一发展带主要包括沪宁杭交通沿线地区,将按照集约、创新、优化的原则,加快高技术产业集聚和现代服务业发展,优化城市功能,改善环境质量,成为带动区域创新能力和国际化水平提升、服务长三角地区乃至全国发展的区域。

2. 重点建设沿江发展带。根据规划,长江沿线的县市区将发挥“黄金水道”优势,引导装备制造、化工、物流等产业向沿江区集聚;建成特色鲜明、规模聚集、布局合理、生态良好的产业基地和城镇聚集带,成为具有全球影响的长江产业带的核心组成部分。

3. 重点建设沿湾发展带。沿杭州湾县市依托现有产业基础和港口条件,积极发展高新

① 王银银. 长三角港口群竞合发展战略研究[J],港航研究,港口经济,2014,11,10—11

技术和高附加值的制造加工业和重化工业，培育和壮大港口物流、大型重化工和能源基地，建成功能协调的现代制造业聚集和城镇聚集带，带动长三角南翼发展。

4. 积极培育宁湖杭发展带，拓展长三角向中西部辐射带动功能。宁湖杭沿线县市须考虑区域资源环境开发容量及生态屏障功能，选择与生态经济相协调的开发方向和模式，重点发展高技术产业、旅游休闲、现代物流、生态农业及资源加工，培育城镇集聚区，形成生态产业集聚、城镇有序发展的发展带。

5. 引导发展沿湖生态服务带，成为全国性重要旅游休闲带和区域性会展研发基地。环太湖乡镇须坚持生态优先原则，在保护太湖及其沿岸重要生态服务功能的前提下，适度发展旅游观光、休闲度假、会展、研发等服务业和特色生态农业，严格控制用地开发规模和强度，突出开发理念创新和空间布局优化。

第三节　东南亚沿海港口交通体系建设与区域经济合作

一、东南亚沿海港口交通发展概况

东南亚位于亚洲东南部，包括中南半岛和马来群岛两个部分，中南半岛因位于中国以南而得名，南部的细长部分叫马来半岛。马来群岛散布在太平洋和印度洋之间的广阔海域，是世界最大的群岛，面积约有243万平方千米。

东南亚地区共有11个国家，包括越南、老挝、柬埔寨、泰国、缅甸、马来西亚、新加坡、印度尼西亚、文莱、菲律宾、东帝汶，面积约457万平方千米，其中，老挝是东南亚唯一的内陆国，越南、老挝、缅甸与中国陆上接壤。

据亚洲开发银行称，东盟经济共同体在未来将成为全球最大经济体合市场之一。2014年，东盟经济总量为2.06万亿美元，位列亚洲第三、世界第七，东盟经济共同体覆盖6.22亿人口，建立的单一市场，将实现商品、服务、资本合劳动力在区域内的自由流动。

（一）我国在东南亚区域主要的港口

1. 珠江三角洲港口群。珠江三角洲地区是参与东南亚经济发展的主要力量，也是我国经济最发达和经济活动最活跃的地区之一。珠江三角洲大陆海岸线长1 039千米，全省规划港口岸线898千米，地区规划港口岸线455.6千米，其中深水岸线332.5千米。重点港口岸线主要分布在珠江三角洲地区，为173.5千米。截至2012年底，珠江三角洲沿海港口码头泊位总长146.6千米，占规划港口岸线的32.2%。拥有60多个港口，形成以香港为国际航运中心，深圳港、广州港为枢纽港，其他港口为补充的港口群格局。2012年，区域港口完成煤炭、石油及制品、金属矿石和集装箱吞吐量分别为1.9亿吨、1.0亿吨、0.26亿吨和0.42亿

TEU,四大货类占总吞吐量的比重为65%。其中,广州港和深圳港完成吞吐量4.4亿吨和2.3亿吨,同比增长0.9%和2.2%,对区域港口货物吞吐量的比例为64%。

2. 环北部湾港口群。北部湾是南海西北部的一个半封闭海湾,环北部湾港口群包括广西海域的防城、钦州、北海、铁山等港口及在广东省雷州半岛的湛江港、海南省的海口港等。北部湾港口均位于海、陆、空三位一体运输方式的交汇点上,其商品原材料从开采到生产加工、配送营销,形成了一条典型的"物流"供应链。北部湾港口将构成以服务大西南与东南亚的区域性物流中心为目标,做好港口腹地货源的培养和组织工作,大力发展中转贸易合加工贸易,进口形成铁矿、非金属矿、粮食饲料等仓储市场、批发市场合中转配送中心。环北部湾港口发展快速,已成为中国与东盟贸易货物中转的主要渠道,其中,湛江港已建成亚洲最深的30万吨级深水航道,全国最大的30万吨级油码头,直接通航的国家合地区大100多个。2013年,湛江港实现港口货物吞吐量1.9亿吨;海口港完成集装箱116.8万TEU,增长16.8%,集装箱吞吐量位居环北部湾首位;钦州港累计完成港口吞吐量6 035.2万吨,集装箱吞吐量达到60.13万TEU;北海港货物吞吐量实现2 135.8万吨,比上年同期增长18.5%。

(二)新加坡港及中国台湾主要港口

1. 新加坡港(新加坡)。新加坡港位于新加坡的南部沿海,西临马六甲海峡的东南侧,南临新加坡海峡的北侧,是亚太地区最大的中转港,也是世界最大的集装箱港口之一。新加坡是全国政治、经济、文化及交通的中心,主要工业以电子电器、炼油及船舶修造为三大支付产业,新加坡高技术产业发展迅速,现已是世界上电脑磁盘和集成电路的主要生产国。新加坡港与世界上123个国家和地区的600多个港口建立了业务联系,共有250多条航线来往世界各地,平均每12分钟就有一艘船舶进出,一年之内相当于世界现有货船都在新加坡停泊于此,是世界利用率最高的港口。① 新加坡港共有40个泊位,包括24个干线泊位和16个直线泊位,集装箱码头共有66 464个箱位,366个吊车,其中125个岸吊和241个堆场吊,仓库22个,仓储面积为187 900平方米。2013年,新加坡港停靠船只总吨位达23.3亿吨,比前年增长3.2%;货物吞吐量达5.575亿吨,同比增长3.6%;燃油销售量4 250万吨,是世界上燃油销售量最高的海港。新加坡港在2013年集装箱吞吐量达3 260万标箱,比2012年增长1.9%,再创历史新高,在全球主要港口排名中,连续三年名列第二位。

2. 高雄港(中国台湾)。高雄市位于台湾南部,西、南面濒临台湾海峡,是台湾人口密度最高与重工业最发达的都市,高雄港是台湾首要的海运枢纽与货运进出口门户,是台湾地区集商、军、渔港及工业区于一体的最大的多功能港,是美欧、亚海运必经之道,也是亚太地区主要散装货物装运中心及世界十大集装箱运输港口之一。高雄港所在海湾总长度12千米,

---

① 引自:宁波—舟山港与新加坡港相似性合差异性研究报告,http://www.docin.com/p-877843280.html

宽度为 1 千米至 1. 5 千米,湾内港阔水深,是天然良港。高雄港区水域面积 1 276 公顷,港区陆域面积 1 400 公顷,航道全长 9 千米,主航道 6 千米,支航道 3 千米,现有码头 116 个,全长 2. 659 5 千米。按照码头位置与特性,高雄港可以分为蓬莱商港区、盐埕商港区、苓雅商港区、中岛商港区、前镇商港区、小港商港区、中兴商港区与大仁商港区,还有一些零星分布的小渔港、造船厂与修船厂等。

3. 基隆港(台湾)。基隆港位于台湾岛北端,是台湾北部海上门户,为台湾重要的渔业基地,是国际贸易港口和货物集散中心,是台湾第二大港口。基隆港是一个综合性港口,进口货物主要有煤炭、石油、矿石、粮食、杂货和集装箱等,出口货物主要有机械、化工产品、电子产品、轻工产品、纺织品及集装箱等。基隆港辖内的基隆、台北、苏澳三港于 2010 年实现集装箱装卸量 219. 8 万 TEU,较上年增加 13. 6%,年度货物装卸量大 1. 97 亿吨,较上年增长 10. 98%,进港船舶艘次总计达 10 464 艘次。

(三)印度尼西亚、马来西亚港口发展

1. 丹戎不碌港(印度尼西亚)。丹戎不碌港位于爪洼岛西北部,是印度尼西亚首都雅加达的主港,该港为内港,港口设施齐全,拥有众多泊位,其中商业用途泊位全长 12 958 米,非商业用途泊位全长 4 548 米,主要供散货船、集装箱船、化学品船、油船等停泊。丹戎不碌外港锚地供船舶待泊和等待领航员使用,共有 6 个锚区,分别为驳船和政府公务船锚地、客船和工程船锚地、引航待泊检疫锚地、货船锚地、危险品和军舰锚地以及散装液体船锚地。

2. 苏腊巴亚港(印度尼西亚)。泗水(苏腊巴亚)位于印度尼西亚爪哇岛东北沿海的泗水海峡西南侧,隔峡与马都拉岛相望,是印度尼西亚的第二大海港。现为东爪哇的首府,是一个现代化的工业城市,是爪哇岛东部和马都拉岛农产品的集散地,主要工业有造船、石油提炼、机械制造等。主要出口货物为糖、棉花、咖啡、橡胶、叶子、皮革等,进口货物主要有电器设备、玻璃器皿、纺织品、化工品、机械设备等。

3. 巴生港(马来西亚)。巴生港位于马来西亚的马来半岛西部沿海巴生河口南岸,濒临马六甲海峡的东侧,是马来西亚的最大港口。它是首都吉隆坡的外港,相距约 37 千米,巴生港腹地广阔,有铁路相连,主要工业有面粉、制糖、橡胶及电子等,拥有大型橡胶厂。巴生港装卸设备有各种岸吊、可移式吊、集装箱吊、铲车、卸妆机等,主要出口货物为木材、胶合板、棕榈油、橡胶及农产品等,进口货物主要有钢铁、大米、纸张、糖、小麦、机械、石油及化工产品等。为了适应集装箱运输发展的需要,巴生港当局除了在北港建设第二个集装箱码头(面积约 26 公顷)以外,还在卢梅特建设西港,新的集装箱码头可以停靠 6 万吨级的船舶。

4. 槟城港(马来西亚)。槟城港位于马来西亚的马来半岛西部沿海的滨铆屿(Pinang)东北角,濒临马六甲海峡北侧的入口处,是马来西亚的第二大港,又是马来西亚北部主要物资集散中心,主要工业有造船、机械、炼锡、建筑、橡胶等。槟城港有两个港区,槟郎屿的乔治港区和北海港口,港区主要有码头泊位 8 个,岸线长 1 441 米,最大水深 12. 8 米,装卸设备有各种岸吊、可移式吊、电吊、牵引船、拖船及滚装设备等。主要出口货物为锡、橡胶、椰子、水果、数菜及水产品等,进口货物主要有食品、机器、运输设备及金属产品等。

(四)越南、泰国、菲律宾主要港口

1. 胡志明港(越南)。胡志明港又称西贡港,位于越南南部湄公河三角洲之东北,是越南南方最大港口,万吨洋轮可入港装卸,胡志明港目前有三个码头,新港、泰来港,越南国家装卸码头。

2. 海防港(越南)。海防港位于越南东北沿海京泰河下游,红河三角洲东北侧,濒临北部湾的西北岸,是越南北方最大的海港,它是首都河内的海上门户,也是北方进出口物资的中转站,主要工业有机械、造成、纺织、水泥、玻璃、化工等。港区主要码头泊位有 20 个多个,包括矿砂、煤炭、粮谷、集装箱等码头,最大水深 9 米,主要出口货物有铁、煤、大米、玉米机有色金属砂矿,进口货物主要有机械及纺织品等。

3. 曼谷港(泰国)。曼谷港位于泰国西南部湄南河下游的两岸,濒临曼谷湾的北侧,是泰国最大港口,也是世界二十大集装箱港口之一。它是泰国的首都,全国政治、经济、文化和交通的中心,是东南亚第二大城市,也是全国最大的工商业城市,并且集中了泰国 80%的高等学校。港区主要由东、西两个码头组成,西码头停靠普通船,东码头以集装箱为主。港区主要码头泊位岸线长 1 900 米,最大水深为 8. 2 米。装卸设有各种岸吊、门吊、汽车吊、可移式吊、集装箱吊、叉车、牵引车、跨运车及拖船等,其中可移式吊最大起重能力达 50 吨。由于全国有 90%的外贸货物通过本港,而且老挝和柬埔寨部分进出口货物也经此转口。主要出口货物为大米、烟草、橡胶、豆类、锡、柚木、水果、黄麻及手工业品等,进口货物主要有机械、钢铁、汽车、药品、纺织品、食品、石油制品及化工品等。

4. 马尼拉港(菲律宾)。马尼拉港位于菲律宾吕宋岛西南沿海巴石河口两岸,濒临马尼拉湾的东侧,是菲律宾最大的海港,也是菲律宾的首都和政治、经济、文化中心。马尼拉港有南港、北港及国际集装箱港三个港区,国际集装箱码头为外贸专用码头,港口设施现代化,大部分集装箱从此港出海。马尼拉港主要出口货物有食糖、椰油、烟草、椰干、菜油、木材等,进口货物主要有机械、纺织品、食品、石油、大米及杂货等,马尼拉港的进口货物约占全国进口货物的 4/5。

二、东南亚港口交通体系建设

(一)东南亚港口交通建设的总体思路

东南亚港口交通建设要依托各区域港口发展基础、区位条件及发展定位,结合我国倡导的“一带一路”发展战略,围绕沿线重要港口支点城市,延伸形成海洋交通轴线,最终构建互联互通的港口交通网络。东南亚港口交通建设的总体思路如下：

1. 立足长远，科学筹划。海上丝绸之路建设为构建东南亚港口交通提供了发展蓝图，沿线各国国家港口交通联动依据丝绸之路主轴展开，形成不同运输方式间的分工、配合与互补，作出全面完整的规划。东南亚港口交通建设要考虑每一个阶段，必须分清主次，突出重点。集中人力、物力、财力在重点领域、重点项目、重点地区率先突破，迅速产生经济效益和社会效益。港口交通建设要立足长远，依靠科技高起点建设，创出一流水平港口服务设施，保证一流的使用效果。东南亚港口分布广泛，加强同周边国家的合作，内外联动，建成国与国之间对接良好，省与省之间通畅、便捷的国际港口通道。

2. 注重海陆统筹，区域联动发展。福建与台湾隔海相望，与海上大通道相临，南部的广东、广西通过北部湾、南海与东盟各国相接，东南亚港口交通线要结合区域通道，可以采用以洛湛铁路—雷州半岛—海口相连模式。这一设想涉及以雷州半岛—海口为中轴的海陆大通道战略价值、大通道与东盟自由贸易区、南海权益、中国东中西三大地带协调、广西北部湾经济区、海南国际旅游岛等整体政策设计问题，以及广东作为经济强省如何参与、带动南海大通道建设问题。

3. 以南海大通道建设促进港口交通发展。南海海上通道建设是国家加快东盟各国交通联系的重要举措，随着中国—东盟自由贸易区的建立以及南海区域合作的深入，以及丝绸之路沿线国对经贸、交通的关注，通过以经济合作为突破口，以物流运转为核心，加快东南亚港口货物中转与合作。完善港口基础设施，加快区域通道建设，包括北部湾沿海港口群建设，洛阳至湛江铁路及其延伸线、两广沿海高铁、粤琼海峡跨海大桥的陆路建设，以及海南和湛江国际航空枢纽等一系列重大工程的建设。

（二）构建东南亚港口交通体系

东南亚港口交通建设是推动"海上丝绸之路"建设的重要部署，通过东南亚港口交通建设，完善港口基础设施及港区服务功能，形式港口群网络建设，实现内畅外通，形成规模运输能力，并带动贸易、旅游、生物资源开发、矿业、电力等相关产业的发展。

1. 将中国和东南亚国家临海港口城市串联起来，开通全方位改善太平洋国际航运通道，并完善水陆、铁路等运输设施，形成水陆联运、客货畅运、商贸和旅游互动的亚洲"东方多瑙河"式的跨国航运体系；优化连接东南亚、南亚的航空运输网体系，充分发挥南支线机场在粤西、在全国的比较优势，带动海南，广西及粤西旅游业发展。

2. 尽快发展出省、出国的高等级公路、铁路，进而连通东南亚、南亚的公路运输网体系，通过北部湾港口与越南、新加坡等相联，打通内河，打造澜沧江—湄公河黄金水道，加快中南半岛融合；建设泛东南亚铁路联系东南亚陆路国家，以昆明和南宁为起点，加快云南、广西与东南亚国家的线路枢纽联系。

3. 加强区域内港口建设的规划,实现港口一体化。政府主导是实现区域内资源共享的基本保障,市场运作是港口发展的基本模式;加强宏观调控是促进港口持续协调发展的重要条件。实现港口一体化,有利于减少资源浪费,避免重复建设,防止恶性竞争,提高区域整体效益,同时加快集信息处理和传递功能的综合信息传输网络建设,使东南亚港口真正成为促进东南亚相容相通的交通线。

三、东南亚区域经济合作

(一)打造中国—东盟自由贸易区升级版

建立中国—东盟自由贸易区,是中国和东盟合作历程中历史性的一步。它充分反映了双方领导人加强睦邻友好关系的良好愿望,也体现了中国和东盟之间不断加强的经济联系,是中国与东盟关系发展中新的里程碑。

进入21世纪以来,中国与东盟双边贸易保持高速增长,平均年增长率达到20%~25%。2000年,双边贸易额为323.16亿美元,中国自自东盟进口181.37亿美元,对东盟出口141.79亿美元。2012年,双边贸易额达到1 000.93亿美元,较2 000增长了12倍,中国对东盟出口2 042.72亿美元,相比2 000增长了14倍,自东盟进口1 958.21亿美元,相比2000年增长了10倍。2010年中国—东盟自由贸易区建成,中国对东盟的平均关税降至0.1%,双边93%产品贸易关税已降为零,贸易壁垒降低,使中国与东盟贸易规模保持较大的幅度增长(表4-6)。

表4-6 2012年中国与东盟十国的贸易情况

出口目的地/进口来源地	进出口总额			中国出口			中国进口			贸易差额(亿美元)
	绝对值(亿美元)	同比增长(%)	比重(%)	绝对值(亿美元)	同比增长(%)	比重(%)	绝对值(亿美元)	同比增长(%)	比重(%)	
马来西亚	948.13	5.3	23.7	365.18	31.0	17.9	582.95	-6.2	29.8	-217.77
泰国	697.45	7.7	17.4	312.00	21.4	15.3	385.45	-1.3	19.7	-73.45
新加坡	692.76	8.7	17.3	407.52	14.6	19.9	285.24	1.4	14.5	122.27
印尼	662.19	9.4	16.6	342.89	17.4	16.8	319.30	1.9	16.3	23.59
越南	504.40	25.4	12.6	342.10	17.6	16.7	162.29	46.0	8.3	179.81
菲律宾	363.70	12.8	9.	167.32	17.4	8.2	196.38	9.2	10	-29.06
缅甸	69.72	7.2	1.8	56.73	17.7	2.8	12.98	-22.	0.7	43.75
柬埔寨	29.23	17.0	0.7	27.08	17.0	1.3	2.15	16.8	0.1	24.93
老挝	17.28	32.8	0.4	9.37	96.8	0.5	7.91	-4.1	0.4	1.46
文莱	16.08	22.6	0.4	12.52	68.2	0.6	3.55	-37.3	0.2	8.97
合计	4000.93	10.2	100	2042.72	20.1	100	1958.21	1.5	100	84.51

资料来源中国商务部亚洲司数据整理

2015年11月,中国与东盟十国启动了了中国—东盟自由贸易区升级谈判,签署了《中国—东盟全面经济合作框架协议》,这是中国在现有自贸区基础上完成的第一个升级协议,意味着中国与东盟的合作将向着更为务实、高水平、深层次推进。

经济贸易的深入使中国与东盟形成了“你中有我,我中有你”交融联系,中国是东盟第一大贸易伙伴,东盟成为中国第三大贸易伙伴,双边累计互相投资已超过1 500亿美元,在建筑、金融、通信等近70个分部门开展更高水平的合作,在经济技术合作方面,中国与东盟将在农业、信息、交通等10多个领域深化合作,并将跨境电子商务纳入合作范畴,打造自由贸易区升级版。打造好中国—东盟自贸区升级版,推动双方互联互通建设,将会加快中国—东盟一体化发展进程。

1. 双边贸易有更大的增长,贸易结构进一步优化

伴随着双边贸易的增长,贸易结构也将进一步优化,各国具有优势的产品相互出口增多,机电产品特别是高新技术产品的比重将会明显增长,随着基础设施的合作步伐加快,中国—东盟经贸往来以及次区域经济合作的深化,中国与东盟在农业、环境保护、能源、知识产权及企业之间,特别是中小企业等方面的合作将会带动双边更宽领域的发展和合作。

2. 双方的直接投资将逐步扩大

中国—东盟双方市场的进一步开放,投资壁垒和逐渐消除,相互投资将会增多。随着,中国“走出去”步伐的加快,海外投资是企业发展的热点,投资的重点区域首先将是东南亚国家,特别是周边的越南、老挝、柬埔寨和缅甸等东盟新成员国。中国电信、金融、保险和服务业等领域的开放,一些较发达的东盟成员国也将扩大对中国的投资。

3. 经济合作领域将日益拓宽

加快中国—东盟自由贸易区升级版,有利于双方的经济合作进入一个全面深化发展的新阶段,带动服务贸易的扩大及投资合作的多元化。另外,金融和科技领域的合作将会全面展开,促进双方在发展基础、发展方式及发展速度上升新的台阶。

(二)推进湄公河次区域经济合作建设

湄公河次区域,主要是以中国境内的澜沧江与中南半岛的湄公河流域为主的次区域,包括中国云南省与广西壮族自治区、缅甸、老挝、泰国、柬埔寨和越南,总面积达256.86万平方千米,总人口约3.2亿。大湄公河次区域均有丰富的自然资源,如石油、天然气、橡胶、宝石以及适合水电开发和灌溉的水利资源。

大湄公河次区域是连接中国大与东盟其他国家、甚至南亚国家的主要走廊与桥梁,成为中国与东盟国家发展经贸关系,促进地区一体化的重要平台。大湄公河次区域合作不仅体现了次区域内部国家之间在各领域的合作过程,也体现了中国与东盟在大湄公河次区域促

进地区经济发展,应对各种发展挑战,确保地区形势安全稳定的过程。

大湄公河次区域合作是"东盟一体化建设"的重要组成部分。参与湄公河次区域合作的国家既有东盟较发达成员国泰国,也有东盟最不发达成员,相互可以借鉴经验和教训,推动东盟新老成员国的经济联系和合作,促进相互关系的融合与共同繁荣。经过近些年的发展,大湄公河次区域现已经形成领导人会议、部长级会议和各区域务实合作的总体合作架构,合作领域不断拓宽,涵盖了交通、能源、信息通信、环境、农业、人力资源开发、旅游、经济走廊等领域,合作项目超过 260 个,金额约 170 亿美元。[①]

近年来,次区域各国都在进行经济体制改革,调整产业结构;扩大对外开放、加快经济发展成为各国的共同目标。在加强经济合作、共谋发展、促进区域经济融合的共识下,大湄公河次区域经济合作的深度、广度得以不断拓展延伸,各成员国之间不断加深了解,增进互信。

1. 构建湄公河次区域经济走廊。经济走廊将以次区域"三纵两横"交通通道建设为基础,建设成产业、贸易和基础设施为一体的、经济较快发展的"三纵两横"经济带。建设次区域经济走廊,对于加强我国与东南亚、南亚的经济技术合作,进一步发展睦邻互信友好关系,并逐步提高次区域整体经济水平和实力有极重要的现实意义和长远战略意义。

2. 湄公河次区域交通建设。湄公河次区域交通体系逐步完善,公路、铁路、航运、机场、口岸以及电力、电信等基础设施建设进展顺利,已建成设施运营良好。如今,云南省与越、老、缅三国边境地区已开通了 11 条国际客货运输线路,昆明—万象客运已开通运营。

3. 推动湄公河次区域金融合作。对于大湄公河次区域国家而言,既存在金融深化的任务,也需要通过国际金融合作来推动这一进程。区域贸易往来关系的快速发展,必然产生区域贸易结算与汇兑、投融资服务平台及区域金融政策协调等金融合作需求。可以预见,大湄公河次区域国家间的金融合作即将全面展开,而中国在这一区域合作中的领头羊地位,决定了中国必然在次区域金融合作中发挥主导作用。

4. 提升云南在湄公河次区域中的作用。云南省是中国与次区域各国边境线连接最长、最具区位优势、边境贸易基础最好的沿边省份;云南既是大湄公河次区域经贸合作的主要参与方,大湄公河次区域也是云南经济对外开放的主要阵地之一。积极主动地推进大湄公河次区域的全面金融合作,既是云南对外经贸发展的必然要求,也是云南主动利用全球金融危机后国家战略调整的历史机遇,主动出击,发挥云南在中国—东盟自由贸易区建设中的比较优势的必然要求。

(三)推进台湾海峡经济圈建设

2013 年,中国大陆与台湾两岸贸易额达 1 973 亿美元,增长 16.4%,台湾对大陆出口

① 周士新. 中国和东盟在大湄公河次区域的合作[J],东南亚纵横,2011,1,14-15

1 566.4 亿美元，增长 18.5%。中国大陆吸引台资 2017 下个，投资金额 20.9 亿美元，截至 2013 年大陆累计批准台资项目 90 018 个，累计吸引台湾直接投资 591.3 亿元。

福建是大陆距离台湾最近的省份，与台湾有着独特而深厚的“五缘”关系，近年来，福建推进建设海峡西岸经济区、平潭综合试验区、自贸试验区等，成为构建台湾海峡经济圈的前沿阵地。2015 年，福建“21 世纪海上丝绸之路”核心区启动建设，《福建省 21 世纪海上丝绸之路核心区建设方案》将有力推动闽台携手拓展国际合作。

随着大陆与台湾经济往来的深入，台湾海峡经济圈各区域之间已逐步形成了区域分工合作联系，产业之间的互补有力促进了区域经济的融合。同时，台湾海峡经济圈具有发展科教的共同要求和合作基础，海峡两岸在经济、科技、教育方面的共同追求和竞争发展的趋势，推动了两岸在海洋、电子、机械石化、教育等领域的交流与合作，加速两岸产业结构的调整升级和教育的发展。①

台湾海峡经济圈发展趋势展望：

第一，台湾海峡经济圈内的大陆地区与台湾的经济联系由单向转向互动，台湾市场必将向大陆开发，大陆商品和投资也将进入台湾，使双方的经济贸易联系更为紧密。

第二，台湾海峡经济圈内的经济和科技水平的发展，这一地区正进行产业结构的调整和升级，高新技术产业在不断壮大，经济结构正在向资金密集型和技术密集型转变，大陆与台湾的产业联系正由垂直分工为主向水平分工为主转变，产业结构的调整与互动将会带动两岸经济整体实力提高。

第三，随着台湾海峡经济圈内两岸地区之间、企业之间经贸合作的发展，两岸之间的科技合作也将不断加强。通过科技研发合作，加快优势互补及相互促进，提高两岸企业的科技创新能力，提高创新人才的培育、交流和合作，推进区域技术战略联盟，占领相关产业的科技高地。

第四，随着台湾海峡经济圈的扩展，物流、人流和信息流的增长，通过完善两岸交通建设，提高往来便捷、安全可靠，支撑海峡经济圈的成长和发展。在海峡经济圈的形成和发展中，福建是联接两岸、两区的结合部和关节点，以福建沿海大通道建设，加快两岸产业分工及区城间的生产要素流动，形成良性互动的经济协作关系，把海峡经济区建设作为重点的发展战略来安排。

关于台湾海峡经济圈发展趋势的展望，是建立在“九二共识”、坚持“一个中国”的基础上，为此，我们在展望经济发展的同时，也企盼两岸政治互信和政治合作，为两岸人民的福祉，求同存异，共建共享，共赢共荣。

---

① 张良强，雷德森．台湾海峡经济圈构想[J]，亚太经济，2005，03

第五章 “一带一路”背景下中国远洋交通体系构建

第一节 “一带一路”背景下的全球海港交通体系建设

一、“一带一路”战略使命与任务

2013 年 9 月 7 日，习近平主席在哈萨克斯坦访问期间发表演讲，提出建设“丝绸之路经济带”，加强政策、道路、经贸、货币和文化沟通，密切欧亚非各国经济联系，深化相互合作，拓展发展空间，建设连接欧亚非三大洲的欧亚非共同体。同年 10 月 3 日，习近平主席在印度尼西亚国会发表演讲时提出愿同东盟国家发展好海洋合作伙伴关系，共同建设“21 世纪海上丝绸之路”，深化与东盟的合作伙伴关系。

（一）“一带一路”战略使命

在整体战略层面上，其基本使命应是以交通网络建设为先导，以国家间贸易活动为支持，通过交通通道建设，促进经贸关系发展，进而带动产业输出，建立稳定的经济伙伴关系和地缘政治伙伴关系，实现中国与沿线国家间新型的经济辐射与交流，构建中国影响力作用范围和现实利益的保护区域，并为建立中国国家利益牵引的周围区域和全球地缘政治格局提供发展空间、基础设施与作用领域的支持。

从其实施形态上分析，“一带一路”战略将呈现出分进合击的态势，从路径上一陆一海、海陆并进，从方向上一西一南，并针对特定对象和主要利益区域进行合理规模的境外产业转移，以通道促产业转移，以产业转移保障通道运行，最终实现打通中国新的战略通道。

（二）“一带一路”战略任务

（1）以新丝绸之路经济带建设打通中国通往中东的陆上通道。以陆上通道系统建设为核心，以产业合作、产业转移和产业输出为手段，形成中巴伊三国在需求互补、利益共享基础上的产业链接，为中国的经济能量与政治能量影响中东以及东非创造条件和基础。同时，依托主要通道的支线建设，拉近和完善中国与中亚五国以及伊、巴等国之间的国家关系与经贸关系，形成在不与俄正面冲突前提下的区域经济合作与资源整合。

（2）以“21 世纪海上丝绸之路”建设实现进军印度洋。以现有航运体系为依托，以中欧、中非和中国东南亚间贸易量为基础，以自由贸易区政策和人民币互换为手段，在合作共赢、需求互补基础上进一步加强与东南亚国家以及欧洲的经贸关系；依托传统友好关系，重点加强与东非国家的经贸关系和产业输出，实现海上丝绸之路与新陆上丝绸之路在东非和印度洋区域的呼应和交汇。同时，依托印度洋区域中关键节点港口建设，为在此区域执行护航、打击海盗和反恐任务的我国海军提供支持；实现中国在印度洋贸易通道上的有效存在，为国际航运安全和中国的海外利益提供保护。

二、“一带一路”背景下的国际通道建设

（一）全球海洋交通体系建设现状

1. 太平洋航线（太平洋航线主要可分为以下航线组）

（1）北印度洋—地中海—西北欧；东南非—西非—南美东岸航线；澳大利亚—新西兰—太平洋岛国航线；东南亚航线北美西岸航线；加勒比—北美东岸航线；南美西航线。

（2）北美东—西岸航线；南美西航线。

（3）北美东/西岸与南美西岸航线；该航线沿岸大概约 30 多个国家。

2. 大西洋航线（该航线分 2 组 8 条总计约 70 多个国家）

（1）北美东岸航线；加勒比航线；地中海—中东—远东—澳大利亚及新西兰航线；南美东—西非航线。

（2）地中海—中东—亚太航线；好望角航线；加勒比航线；南美东航线。

3. 印度洋航线（该航线分 3 组 8 条总计约 30 多个国家）

（1）远东航线；欧洲—北美东岸航线。

（2）澳大利亚—新西兰航线。

（3）远东—苏伊士运河—海湾航线；澳大利亚—苏伊士运河—海湾航线。

4. 北冰洋航线（该航线 2 条主要经英国、俄罗斯等）

经巴伦支、喀拉海、东西伯利亚海、白令海峡等，到达斯瓦尔巴群岛、冰岛、英国各港。由于北冰洋系欧、亚、北美三大洲的北端顶点，为联系三大洲的捷径。鉴于地理位置的特殊性，目前北冰洋已开辟有从摩尔曼斯克经巴伦支海、喀拉海、拉普捷夫海、东西伯利亚海、楚科奇海，白令海峡至俄国远东港口的季节性航海线；以及从摩尔曼斯克直达斯瓦尔巴群岛、冰岛的雷克雅未克和英国的伦敦等航线。

（二）“一带一路”实现路径

“一路一带”战略将以国际通道网络建设为先导，以国际贸易活动为支持，明确战略发展方向和伙伴对象，通过交通系统建设促进经贸关系发展进而带动产业输出，与其建立稳定的

经济与地缘政治伙伴关系,从路径上一陆一海、海陆并进,从方向上一西一南,从步骤上近远结合、循序渐进,逐步构建中国影响力作用范围和现实利益的保护区域,为渐次建立中国国家利益牵引下的周边、区域和全球地缘政治格局提供发展空间、基础设施与作用领域的支持,并以最终实现中国力量会师东非作为其终极目标。

从现有情况分析,"一路一带"沿线国家与我国均存在较为密切的经贸关系,但经济发展水平参差不齐,巴、伊等国制造业基础与结构存在较大发展需求。我国可通过经济援助、对外投资和经贸合作以及通道设施能力建设等方式,帮助相关国家建立起自身的产业体系和自我发展能力,并实现通道运行与产业建设的相互支持,促进当地经济发展和居民收入提高,增加政府和民众对我国的亲切感和依赖感,从而在该地区建立深入和长远的影响力,实现在通道辐射区域改善地缘政治格局的战略意图。

(三)"一带一路"背景下构建国际通道

海上通道主要由国内现有国际航线和相关海外港口建设为主要任务方向,南海岛礁建设、科伦坡、吉布提、瓜达尔等海外节点港口建设构成主要任务。从现实利益角度出发,陆上通道建设则将以西北方向为主,新疆将成为其前沿出发基地,通道国内段的基本走向将依托新疆阿拉山口、霍尔果斯和红其拉甫三大公路口岸,开展疆内公铁路网与场站设施建设,以陇海线、兰新线和疆内铁路连接国家网,形成内向通道。未来成都—格尔木—库尔勒铁路及其支线若羌—喀什铁路的建设将构成内地进疆的另一主要通道。陆上通道的理想状态以铁路为主,公路、铁路并进,向综合建设、系统运行的方向发展。

通道境外段将主要分为三个方向,从阿拉山口出境,经哈萨克斯坦北上进入俄罗斯铁路网连接欧洲;从霍尔果斯出境,经哈萨克斯坦西入中亚通往里海沿岸;从红其拉甫或新的口岸出境,经巴基斯坦进入伊朗、伊拉克,北上通往土耳其,南下通往东非。其中,巴基斯坦方向的通道将是通道建设的核心任务。从目前的发展情况分析,对于我国而言,"一路一带"战略背景下国际通道的基本功能主要是三个方面,一是以陆上运输通道实现中亚能源与原材料进口的渠道与能力保证,二是以海上和陆上运输共同保证面向对欧洲、中东及东北亚地区的辐射与交流渠道,三是以海上通道为主、陆上通道为辅,实现在中东及东非区域战略任务的重要依托。此外,在陆上通道中,除公共铁路建设外,油气管线的建设也是重要内容之一。

1. 明确发展思路

以国家根本利益的要求作为建设牵引,抓住当前全球抵抗经济危机的有利时机,发挥国家力量的优势,以经济双赢为前提,以政治互信为基础,加快决策过程,明确国际通道的基本走向、功能和能力规模与技术结构以及重点项目与执行主题,妥善完成全过程保障预案与政策准备,规划统一、协调调度,明确战略目标和执行思路,以重点建设方向与重点建设项目为核心,集中力量实现突破。

2. 确定基本目标

在国家层面尽快建立统一的规划、建设、运行和保障的协调机构作为行为主体，建立完善的政策管理体系和多层面沟通机制，尽快制定完整和规范的运行计划，统筹规划、协调运作、有序实施。依托现有国内路网、口岸和综合运输系统的建设运行，以重点项目的建设与运行为核心，共同构成保障和支持国家对外战略实施的整体性国际通道体系。

3. 完善环境建设

根据国际通道的性质，其建设投入应由相关国家通过协商形成多元化融资，形成利益多元化。境外建设段应保证国家对项目进展的控制力，以国家出资为主导，形成国家海外资产。境内段则由国家统一协调，各相关地区按照相关规划的技术与时序要求，稳步推进重点建设项目与运行项目的开展。必须继续发展与通道相关国家政府高层和民间的顺畅沟通和密切交往，取得其政府和企业的理解与支持，注重国内外基层民众的现实感受与实惠收益，加强环境保护，促进当地就业，为国际通道未来运行的长期稳定打下坚实基础。

4. 加强政策制定

在国际通道建设的过程中，应针对相关外交谈判、商务谈判以及具体合作，制定口径一致、环节衔接和保留余地的系统性政策，并同时形成相关问题的应急预案。同时，加快建设统一的指挥、控制和协调机构，明确内部分工，为承担项目建设部不同领域与不同阶段各项任务的各方，提出具体和明确的任务要求、行动，同步研究、制定和出台相关支持手段与政策保障体系。

第二节　“一带一路”核心区海港交通体系建设

“一带一路”版图圈定18个省份，包括新疆、陕西、甘肃、宁夏、青海、内蒙古等西北6省区，黑龙江、吉林、辽宁等东北3省，广西、云南、西藏等西南3省区，上海、福建、广东、浙江、海南等5省市，内陆地区则是重庆。福建被定为“21世纪海上丝绸之路”的核心区，福建作为海峡两岸的重要地区，海上丝绸之路的起点，加上经济增速比较快，对东南部地区的经济发展起到很重要的作用，通过福建把产品输往世界各地也是至关重要的通道。福州、泉州、厦门作为核心区福建省内的核心区和“21世纪海上丝绸之路”的战略支点港口城市，在“一带一路”战略中具有重要作用。

一、福建作为“21世纪海上丝绸之路”建设重点的重要作用

中央提出建设“21世纪海上丝绸之路”，对于福建而言是一次重要的发展机遇。《推动共建丝绸之路经济带和21世纪海上丝绸之路的远景与行动》提出，“21世纪海上丝绸之路”

重点方向是从中国沿海港口过南海到印度洋,延伸至欧洲;从中国沿海港口过南海到南太平洋。对于沿海和港澳台地区,要"利用长三角、珠三角、海峡两岸、环渤海等经济区开放程度高、经济实力强、辐射带动作用大的优势,加快推进中国(上海)自由贸易试验区建设,支持福建建设21世纪海上丝绸之路核心区,充分发挥深圳前海、广州南沙、珠海横琴、福建平潭等开放合作区作用,深化一港澳台合作,打造粤港澳大湾区。推进浙江海洋经济发展示范区、福建海峡蓝色经济试验区和舟山群岛新区建设,加大海南国际旅游岛开发开放力度。加强上海、天津、宁波—舟山、广州、深圳、湛江、汕头、青岛、烟台、大连、福州、厦门、泉州、海口、三亚等沿海城市港口建设,强化上海、广州等国际枢纽机场功能。"福建作为海上丝绸之路核心区,应发挥丝绸之路建设的引领与带动作用。

(一)福建是"海上丝绸之路"主要发祥地之一

作为海上丝绸之路起点的福建,在"21世纪海上丝绸之路"假设中具有天然优势和现实责任。

泉州是海上丝绸之路鼎盛时期的主港之一,被誉为"东方第一大港"。在鼎盛时期与多达近百个国家有密切往来,交换的物品种类繁多数量巨大。泉州造船业发达,是宋元时中国的主要造船基地。海外贸易的繁盛给泉州带来丰富的宗教、文化交流,西方文化也在泉州繁衍,并与当地文化融合。泉州轻工制造业发达,也是纺织品、陶瓷器等海上贸易大宗商品的重要产出地。

福州港是我国东南沿海重要通商口岸,是外销陶瓷器等海上贸易大宗商品的重要产出地,福州对于东南沿海的商贸格局和经济繁荣具有推动作用。唐、五代时期,福州商贸达到全省,与广州、扬州、明州并列唐代四大贸易港口。明代随着郑和船队在此驻泊与扬帆,福州港的商贸地位不断提升。

漳州是明代中后期至清代前期中国东南沿海地区海外交通贸易的中心,是这一时期中国海上丝绸之路重要港口城市。以月港为中心的漳州一带,成为唯一官方认可的民间外贸口岸,并开创了经菲律宾马尼拉至美洲的海上丝绸之路新航线。此外,漳州民窑瓷器是明代海上丝绸之路的贸易物品。

(二)福建是"海上丝绸之路"的重要区域和重要节点

以东南沿海为起点的海上丝绸之路,从古至今在福建一直没有中断过。特别是改革开放30多年来福建一直走在全国前列,与世界各国和地区的经济、文化、人员交流的规模不断扩大、水平不断提高。福建作为"丝绸之路"的重要区域和重要节点,在其中担当了重要角色。历史上通过海上丝绸之路一些国家和地区与福建贸易往来,其中东南亚和阿拉伯一些后裔在闽繁衍生息,成为今天泉州人的一分子,目前泉州的阿拉伯后裔有5万多人。泉州作为古代东方曾经的第一大港,成为了多个宗教、多宗文化和民族融合并存的城市。当资本主义自由贸易的世界兴起时，漳州月港应运而生。改革开放以来，福建人通过各种方式走出国门，遍布世界各地，成为新一代华侨、海外华人，并积极融入当地社会，福建成为新华侨华人最多的省份之一和产品外销的重要生产地。

（三）福建是少有的“五通”具有的省份

在政策沟通方面，福建历来是全国对外开放的排头兵，与东盟等“海丝”沿线国家和地区合作具有历史、区位等优势。目前，福建已经与日本、韩国、东南亚国家和地区建立了21对省或市级友好城市，并发起成立了“21世纪海上丝绸之路城市联盟”，新加坡、泰国和菲律宾在福建设立总领事馆。福建在“海丝”相关国家和地区的政府间合作方面基础扎实，有能力在政策沟通方面进行先行先试，为我国与相关国家和地区展开全面合作积累经验。

设施联通方面，福建地处台湾海峡东岸，东西交汇、南北贯通、两岸四地，区位突出，在独特的区位下，福建“海陆空”在福建沿海形成了交通节点，具有互联互通枢纽的条件。从海上讲，福建海岸线长3 752千米，岛屿岸线长2 804千米，居全国第二位；沿海有大小港湾125处，可大规模开发建设10万吨级以上泊位，有40多千米岸线可建设20~30万吨级大型深水泊位，深水岸线资源居全国首位。目前，福建沿海港口开通至“海丝”沿线国家以及香港、台湾地区航线超过100条。福建可以充分发挥海西三大港口群的枢纽作用，加强与东盟等国家和地区在港口、码头建设管理、航线拓展等方面的合作，加快海洋经济等海上合作，把福建建设成为东盟连接内陆的综合物流枢纽。

贸易畅通方面，东盟十国经济发展水平相差较大，区域市场的多元化，为福建与东盟的经济互补和贸易合作提供广阔的空间。东盟是福建“引进来、走出去”的重要市场，2010年中国—东盟自贸区正式启动以来，福建与东盟的经济往来持续快速发展。2014年福建对东盟进出口总额为250. 8亿美元，其中出口167. 3亿美元，东盟成为福建的第三大贸易伙伴。截至2013年12月，东盟国家来闽投资项目3 811家，合同外资119. 97亿美元，实际到资84. 67亿美元，是福建的第四大外资来源地。

资金融通方面，福建民营资本发达，与东南亚等沿海国家和地区的经贸往来密切，海外人数众多，经济实力强大的华侨华人群体与福建的资金往来也非常密切。另一方面，随着以人民币计价的中国—东盟海产品交易所的开业，以及下一步中国—东盟海产品期货市场的建立，福建在资金融通方面将具有平台优势，可以成为我国与“海丝”国家和地区实现资金融通的前沿平台。

民心相通方面，福建作为海上丝绸之路的重要节点和支点，从古至今都保持与东盟等沿海国家的交流往来。福建是著名的侨乡，海外福建人的总人数不低于现有福建人口，凭借人缘优势、资本优势、商网优势、语言文化优势，可以在文化交流、学术往来、人才交流合作、媒体合作等方面，为我国与沿海国家的双边、多边合作奠定坚实的基础。

二、构建福建“一带一路”核心区海港交通体系建设任务

根据国家“一带一路”发展战略，依托福建作为历史上海上丝绸之路重要发祥地、海外华侨华人众多和民营经济发达等优势，找准定位，积极融入，通过“一个枢纽、六个平台和三个基地”建设（即互联互通的重要枢纽、对外放开的现行平台、经贸合作的前沿平台、金融创新的试验平台、政策沟通的对接平台、人文交流的重要平台、两岸深度融合的示范平台，先进制造业的重要基地、东南沿海重要的能源基地、国家重要的海洋开发和科研基地），发挥泉州一个先行区和福州、厦门、平潭、漳州、莆田、宁德六个海上合作战略支点“一区六点”的龙头引领作用，以及南平、三明、龙岩“南三龙”的腹地支撑作用，以陆上、海上、海外“三个福建”为载体，努力建设海洋交通体系，形成海陆联通、服务全局的“21 世纪海上丝绸之路”核心区。

以东盟国家为重点，积极拓展与东南亚、南亚、西亚、中亚、东北亚等地区的经济贸易合作和人文交流，并延伸到欧洲、北美、东亚、澳新等地区，重点打造西线、南线、北线三条海上合作走廊，努力构建福建省全方位对外开放新格局。

（1）西线合作走廊。从福建沿海南下，经南海和马六甲海峡向西至印度洋，重点加强与马来西亚、印尼、新加坡、缅甸、泰国等东盟国家和香港、澳门、阿盟等海湾阿拉伯国家以及南亚的印度、巴基斯坦、斯里兰卡等合作基础较好的国家的交流，并延伸至东北非和西南欧。

（2）南线合作走廊。从福建省南下，经南海向南，重点加强与台湾地区、菲律宾、马来西亚、印尼等东盟国家以及澳大利亚、新西兰等大洋洲国家的交流合作，并延伸至南太平洋和中、南美洲。其中，东盟国家应以马来西亚、印尼、菲律宾、新加坡、缅甸和泰国等六国作为合作重点，兼顾周边；福建与东盟的经贸、人文交流主要集中在这六个国家。

（3）北线合作走廊。从福建省沿海北上，重点巩固与韩国、日本等传统合作伙伴的交流合作，并延伸至北美和俄罗斯远东地区。

三、“一带一路”核心区海港交通体系建设内容

（一）“一带一路”核心区主要港口交通体系建设

1. 福州港交通体系建设

围绕推进福州港交通运输现代化，着力加快“融合现代交通一张网、建成运输服务两体系、推进行业治理三提升”，基本建成域内互通、域外互联，安全便捷、经济高效、绿色智能的现代综合交通运输体系，综合交通总体发展水平达到全国前列，形成“21 世纪海上丝绸之路”战略枢纽和两岸直接往来的综合枢纽，为福州港经济发展提供重要支撑。

一是构筑大通道，融入国家全方位对外开放新格局，加快建成“两纵三横”省域综合运输大通道，加强与相关省份沟通协调，既而对接丝绸之路经济带，力争形成通往东盟、亚欧大陆

等五条陆路国际运输大通道。

二是培育主枢纽,服务"21世纪海上丝绸之路"核心区、福建自由贸易试验区建设,打造福州港门户机场和厦门枢纽机场、"两集两散两液"(即:以集装箱运输为主的厦门港海沧港区和福州港江阴港区,以大宗散货运输为主的罗源湾可门港区和湄洲湾北岸港区,以临港工业为依托、液体散货运输为主的湄洲湾南岸港区和漳州古雷港区)为核心的现代化港口群,成为闽台连接亚欧的中转枢纽。

三是完善互通网,支撑福州港经济社会科学跨越发展,全面建成"三纵十横"高速公路网,基本建成"三纵六横"铁路网、"八纵十一横"普通国省道网。

四是推进智能化,打造现代交通运输升级版,以"互联网+"为驱动,加快推进行业治理现代化,推动交通运输转型发展,大力发展低碳环保绿色的运输方式,服务生态文明先行示范区建设。

2. 厦门港交通体系建设

基于厦门港现状和长远目标,从长远发展战略思想出发,优化对外交通系统的组织、衔接,交通枢纽和不同交通方式的换乘,构筑功能分担明确、网络布局合理的一体化交通运输体系,提高整体交通运输效率,全面提升港口综合竞争力,建立与厦门港发展相协调、交通发展模式适宜、运输组织合理、设施网络完善、高效便捷和可持续发展的综合交通运输体系。

构建厦门"枢纽型""开放性"对外交通体系,围绕"公铁水空"立体交通总架构,统筹推进"两环八射"快速路系统、城市轨道交通、东南航运中心、翔安新机场等交通体系建设;建设与城市布局协调的道路网络系统,加快推进厦门东站建设,实现高铁与机场的快速衔接;发挥骨干快速客运系统(快速轨道+BRT)作用及引导城市发展,合理组织多方式、一体化、高效整合的运输体系,推进海沧港区集疏运体系建设,建成国际一流游轮母港,港口综合保障能力大幅提高;改善发展环境,有效缓解"瓶颈"制约。

3. 泉州港交通体系建设

围绕把泉州港建成海峡西岸经济区现代综合交通运输枢纽、东出西进的综合通道和区域性现代专业物流中心的目标,加快以港口为取向的集疏运体系建设,提升港口运输服务效率和水平,增强港口的产业服务功能和对外辐射能力。完善交通基础设施,构建以铁路、高速公路、沿海港口和民航机场为主骨架的立体交通网络,建成海峡西岸经济区中部枢纽型的综合通道,支撑和带动区域融合和整体发展。

(二)福建省海港交通体系建设内容

1. 加快海上互联互通合作建设

加快建设厦门东南国际航运中心,建设罗源湾、湄洲湾等大宗散货仓储物流集散地和湄洲湾油品储备中转基地,加大以港口为重点的基础设施投资力度,争取丝绸基金和亚洲基础设施投资银行资金支持,加强与东盟国家在港口码头、物流园区、专业物流基地和物流配送中心等建设管理方面的合作,支持境外港航企业与福建合作建设港口,鼓励福建企业到东南亚、南亚等地区开展港口航运等合作,争取与东盟国家开通贸易安全智能航线。

2. 统筹布局航空运输走廊

重点推进厦门新机场建设,加快福州长乐机场二期工程建设,配套建设厦门、福州临空经济园区,推动增开福州、厦门、泉州至东南亚、西亚、欧洲等国际航线。

3. 完善陆上通道

重点建设合福、赣龙扩能、浦建龙梅、吉永泉和福厦高铁等快速铁路,加快建设宁波至东莞、莆田至炎陵、漳州至梅州等高速公路。积极拓展港口腹地,鼓励发展中海铁联运,打造服务中西部地区对外开放的重要出海通道。

4. 加大口岸通关设施建设力度

完善陆地、海路、空港口岸通关机制和互联互通,促进口岸货物通关和人员往来便利化。积极打造重要物流枢纽,建设与沿线国家和地区进出口贸易相衔接的物流通道、物流枢纽、物流中转基地,建设全国性、区域性物流节点以及沿线地区的物流节点,建设物流企业总部和区域性供应链管理中心;按照"由小到大、逐步推进"的总体思路,加强统筹协调,规划设立保税监管场所。

第三节　东北向沿海港口交通体系建设

一、东北向主要港口城市交通体系建设

(一)大连港交通体系建设

大连港应大力加强综合交通运输枢纽及客货集散中心建设,强化交通运输系统中集疏运的衔接配套。加强各种运输通道、节点和运输方式的系统设计,构筑海陆空相互支撑的立体式一体化的综合交通运输体系,发挥各种运输方式的综合功能,满足不同层次的需求,实现各种交通方式之间的顺畅转换,合理配置运输资源,逐步实现客运"零距离换乘"和货物换装"无缝隙衔接"。

1. 建设公铁"两路"枢纽

大连港加快公铁"两路"客货运枢纽体系建设,整合其他站场资源,加强与其他交通方式协调发展,提高枢纽管理水平和运行效率,逐步发挥系统优势。加快建设高标准现代化的铁

路枢纽场站，重点建设大连北站，大连北站南、北广场及交通配套工程，普兰店西站、瓦房店西站等。建设集约化、专业化、信息化的公路运输枢纽，结合机场、铁路、城市轨道及口岸等枢纽设施，整合优化现有站场资源，重点建设公路客货运输枢纽站场。大力发展公铁联运、海铁联运和空铁联运，完善公路与铁路枢纽干线道路建设，提高疏港铁路比例，发展区域铁路与大连机场的接驳服务，提升公铁“两路”的综合运输功能和运行效率。完善枢纽信息服务与决策支持系统，加强枢纽管理水平及站场运能的调控能力，促进站场间联合，发挥系统优势。

2. 强化对外综合交通运输通道的建设

大连港要以疏港通道和辐射内陆的运输通道建设为主导，加强与内陆腹地的交通联系，强化交通枢纽衔接，构建区域城际间快速运输通道。

3. 构建中心港区道路网络系统

中心港区形成以快速路为基础，以主干路为骨架、以次干路为网络、以支路和街巷路为补充的道路网络系统。完善“七纵七横”快速路系统，将建设改造南部滨海大道、东联路接土羊高速连接线、西南路、华北路、中华路、东方路、疏港路东港段和机场快速路等快速路，并通过建设跨海通道形成主城区和新市区之间的环路交通。

(二)天津港交通体系建设

1. 优化港区布局

解决港区布局过于集中、集疏运通道能力不足、港城交通矛盾突出等问题。加快南港、临港经济区建设，转移北港区大宗散货运输，缓解集疏运压力过于集中的矛盾。推进航道建设。北疆港达到30万吨级航道，南港达到5万~10万吨级航道。加快东疆集装箱码头和南港专业化码头等建设工程，提高港口生产设施能力。

2. 全面提升铁路集疏港能力

推进进港三线建设工程，解决东疆港区集装箱铁路运输问题；启动南港一线和西南环线，解决南港区和南疆港区集疏运问题；建设大北环铁路、建设汊周联络线、杨双联络线，同时启动临港环线前期工程，在城市外围形成环形货运通道。加快京沪高铁、津秦客运专线、京津城际延伸线、津保铁路等在建工程，新建客运铁路273千米，形成“十”字形枢纽，提升铁路运输能力。

3. 完善公路体系建设

一是新建蓟汕高速，形成绕城高速环线；二是规划改建蓟塘、宝芦等普通干线公路，强化区县新城与双城区之间的干道连通，改善示范产业园、小城镇的对外交通条件；三是加强省际出口公路建设，使对外接口干线公路全部达到二级以上，不低于周边省市接口公路等级。

4. 加快T2航站楼及配套设施建设

提高机场地面接待能力；加快航线发展，大力发展支线运输。促使机场业务量快速攀升，与首都机场共建东北亚地区航空枢纽。优化机场空域布局，解决空域资源瓶颈制约机场发展的问题。完善机场集疏运系统，形成多种形式的陆空联运快速通道。

（三）青岛港交通体系建设

青岛港计划基本形成安全、便捷、高效、绿色的现代综合交通运输体系，达到基础设施衔接顺畅、运输服务便捷高效、科技信息化先进适用、资源环境低碳绿色、安全保障可靠有力、行业管理法治文明。

1. 优化交通基础设施网络

形成"一环两射三纵四横四连"的高速公路网、"四主、五向、十二线"的对外铁路网，建成国际航空货运枢纽机场——青岛新机场（4F级），进一步完善以胶州湾港群为核心、董家口港区和鳌山湾港区为两翼、地方小型港站和综合旅游港点为补充的多层次港口发展体系，为建设"一带一路"新亚欧大陆桥经济走廊主要节点城市和海上合作战略支点城市提供有力交通战略支撑。

2. 提升运输服务管理水平

构建以轨道交通为骨干、常规公交为主体、特色公交为亮点、绿色安全、换乘高效的全域立体化公共交通网络，建成国内一流的公交都市示范港。建立现代物流产业体系，产业发展水平和运作方式达到国际先进水平，成为服务山东、辐射周边的东北亚国际物流中心和丝绸之路物流枢纽，面向国际的国家级物流枢纽节点和一流的国际性物流枢纽城市。

3. 完善支撑保障系统

充分发挥信息化、智能化的引领作用，加快推动交通运输现代化进程。大力推进绿色低碳交通运输体系建设。立足保障人民群众生命财产安全，切实增强运输安全和应急保障能力。实施与交通运输发展要求相适应的投融资政策，为交通运输健康可持续发展提供有力保障。深化改革创新，逐步实现职能机构集中化、行政管理一体化、发展综合化，激发行业发展新动力。

二、构建东北向港口交通体系

通过海、空"双港"共同打造国际航运中心，便捷与其他国家和地区的客货运联系。完善区域内铁路和公路网络，提高交通整体承载能力，支撑环渤海城市群整体架构。优化交通运输组织环境，大力发展现代物流，构筑环渤海地区高效一体化综合交通体系。

（一）打造国际航空枢纽，提高参与国际、国内竞争的能力

优化环渤海地区机场功能布局，提高整体航空运输服务水平，大力发展支线航空运输，打造环渤海地区快线。对环渤海地区内机场进行合理分工，实现航空资源的集约配置，提升环渤海地区的整体航空服务水平。将环渤海地区机场分为三级：一是国际航空枢纽，承担环渤海地区对外长距离客运联系，是环渤海地区参与国内、国际航空竞争的战略枢纽，提升地区辐射能力。该枢纽由首都机场、首都第二机场与天津滨海机场共同组成，其中首都机场、首都第二机场以客运为主，滨海机场以货运为主，客货运并举，并通过城际铁路、快速轨道交通和高速公路系统进行地面衔接，共同打造成国际级航空枢纽。二是区域航空枢纽，重点支撑环渤海次区域的发展，并与地区国际航空枢纽实现功能互补。主要包括京津冀地区内的石家庄正定机场，辽东半岛大连周水子机场、沈阳桃仙机场，形成大区域航空枢纽，山东半岛为济南遥墙机场+青岛流亭机场，形成济—青航空枢纽。三是支线机场，主要为环渤海地区内的支线机场，承担与临近地区之间的中短距离的航空联系，环渤海地区机场间的航程均在一个小时左右，这种飞行距离是支线飞机的经济航程，有利于发挥民航运输近距性的优势。

（二）构建北方国际航运中心，共同参与东北亚国际航空竞争

建设以天津自由贸易港为龙头，以青岛、大连两大枢纽港为门户，以支线港为网络，以喂给港和内陆无水港为补充，形成一体两翼的功能布局，共同参与地区国际港口的竞争与合作。

京津工建自由贸易港区。以天津自由贸易港建设为支点，充分发挥北京船代、货代、租赁及保险等顶级支配要素集聚，海关、商检、交通运输等中部委集聚，以及北京金融、信息、商务及咨询服务等现代服务业要素水平等现代航运服务业和现代物流业发达的资源优势，引领和支撑天津发展现代航运服务业；以天津东疆保税港国际船舶等级制度、国际航运税收、航运金融业务和租赁业务四大方面的创新试点支持政策为支撑，完善国际中转、国际配送、国际采购、国际贸易、航运融资、航运交易、航运租赁和离岸金融服务等功能，建设成为各类航运要素集聚、服务辐射效应显著、参与全球资源配置的北方国际航运中心和国际物流中心的核心功能区、综合功能完善的国际航运融资中心。

加强港口分工合作。以天津、大连和青岛三大干线枢纽港为枢纽门户，以河北省的秦皇岛港、唐山港，山东的烟台港、日照港和辽宁的营口港、丹东港等支线港为网络，其他喂给港、内陆无水港为补充，打造环渤海港口集群，共同参与东北亚地区枢纽港的国际竞争。河北省港口群统筹开放建设包括秦皇岛港、唐山港和沧州港等在内的全省港口资源。曹妃甸主要发展散货，与天津港合作发展集装箱码头；天津港（包括南港区）主要发展集装箱和件杂货，把散货尤其是煤炭转移出去；秦皇岛港主要发展粮食、食用油等农产品和一些东北与西北的件杂货运输，天津港联合京唐港等河北省港口形成京津冀组合港口群。东北港口群形成以

大连港为中心,营口港、锦州港和丹东港为两翼。山东港口群形成以青岛港为核心,烟台港、日照港为骨干,其他港口为补充的山东港口群。

(三)完善区域交通网络建设,强化集疏港和地区内、外部交通联系

强化区域内客运联系,在以首都为中心放射的国家干线交通网络基础上,重点建设城市和城际高速铁路网络,在环渤海地区内打造城际高速铁路网络,带动和引导城市发展。增强天津、沈阳、大连、济南和青岛等核心城市与周边城市的城际联系,通过城际铁路衔接重点发展的都市区,如曹妃甸、沧州、滨州和东营等潜力城市,合理引导形成都市圈,承接核心都市圈的拓展,加快城市圈的发展,便捷辽东半岛与山东半岛的联系,推动跨渤海通道的建设。

打通集疏运通道,统筹地区、外的货运交通联系。在铁路方面,第一,整合环渤海港口铁路集疏运系统。加强港口间铁路集疏运联系,解决港口集疏运铁路相对独立,与腹地联系的指向性单一等问题。充分发挥腹地大通道的共用和资源共享,形成以铁路为主骨架的多式联运体系,与已有干线铁路相接,共同组织好港口间的货运联系;在外围加强丹东—沈阳—朝阳—承德—张家口—石家庄—邯郸—菏泽—枣庄—日照一线的铁路联系,形成环渤海地区集疏运铁路的内陆组织环线。第二,共同推动直通腹地铁路通道的建设,提升环渤海港口对腹地的服务和辐射能力,尽快打通太原至中卫的铁路通道。在公路方面,加强地区内高速网衔接和高速公路对外辐射能力,强化沈阳、张家口、石家庄和邯郸等城市公路的枢纽职能;加强港口群间公路集疏运通道的横向联系,打造连接青岛—淄博—沧州—天津—唐山—秦皇岛—盘锦—丹东的港口间后方公路集疏运横向联系通道。

第四节　东向沿海港口交通体系建设

一、东向沿海港口交通体系建设思路

(一)围绕一大中心

围绕加快建设上海国际航运中心这一国家战略中心,理顺合力建设上海国际航运中心的体制机制,合理确定长三角港口群布局,明确各港口功能定位,密切各港口在大通关、航线航班、船代货代、多式联运等航运业务上的合作,加快形成科学合理的长三角港口体系,共促上海国际航运中心建设。

(二)统筹两大力量

统筹政府规划和市场协调两方力量,一方面切实加强政府规划,完善规划制订,强化规划间衔接和配套法规政策创新突破,增强港口规划科学性、约束性;另一方面高度重视和发挥市场对资源配置的基础性作用,支持区域间企业、协会加强港口及航运服务业的协调发

展，给市场协调以更大空间。

（三）建设三大运输体系

规划建设以上海港、宁波-舟山港为核心的集装箱运输体系，以宁波-舟山港为核心的矿石、原油等海进江体系，以长江南京以下港口组成的海进江转运体系。这既是国家相关规划明确的要求，符合长三角各港口现实基础和功能定位，也是长三角港口共促上海国际航运中心建设所需进行的分工合作要求，应切实执行。

（四）实现四项目标

要实现转变长三角港口发展模式、提升上海国际航运中心国际竞争力、带动区域经济又好又快发展、促进长三角率先转型发展等四项目标。要切实转变港口各自为政、重建设轻服务、重规模轻效益的发展模式。在此基础上，通过航运服务能力的大力完善，提升上海国际航运中心国际竞争力；通过港口与城市、区域的联动，促进临港产业发展、城市服务功能提升，带动区域经济更好发展。进一步，以上海国际航运中心建设为着力点，促进长三角地区率先发展。

二、东向沿海主要城市港口交通体系建设

（一）上海港交通体系建设

1. 建立和加强上海港集疏运系统的协调机制

一是建立和加强完善上海港集疏运系统跨部门协同机制，争取在完善建设规划、推进规划实施、优化扶持政策、拓宽筹资渠道、协调相关行业和工程等方面使运作更为高效。二是将上海国际航运中心项目（包括集疏运系统建设项目）列入上海市重大工程建设计划。三是按照《国务院关于进一步推进长三角地区改革开放和经济社会发展的指导意见》精神，协调与浙江和江苏两省及沿海港口群的关系进一步整合港口资源和集疏运资源，努力提高管理水平和综合服务能力，加快建设以上海为中心、江苏和浙江港口为两翼的上海国际航运中心。

2. 综合交通网络整合

建成与区域发展、土地利用、经济增长和资源环境保持动态协调，各类交通设施平衡发展，各种运输系统协调服务，各个职能部门统一管理的综合交通体系。构筑资源高度集聚、服务功能健全、市场环境优良、物流服务高效、具有全球航运资源配置能力的海、空国际枢纽中心。进一步发展上海作为全国公路和铁路网重要枢纽节点的作用，建成与长三角世界级城市群核心城市地位相匹配，公路、铁路各自功能清晰、节点连通、线路复合、网络一体的快速交通体系。全面落实公交优先战略，建成设施结构完善、网络布局合理、各种方式衔接紧

密、服务高质多样、畅达全市的集约性城市交通体系。

3. 建立点线结合的联运中心

海铁、公铁和海公联运是一套综合性很强的系统工程。统筹规划铁路的港站与建立自由港区或保税区,能为国际集装箱海铁联运中转作业提供高效、便捷、经济的运作环境。港口部门和铁路部门共同投资集装箱场站建设,统一经营,共同管理,才能从根本上解决港站分离的局面。上海港应该积极开拓内陆铁路中转站或者集装箱中转站,建设以铁路为主干线,辅以短途公路的支线运输网络,完成内陆集装箱运输的干支网络。浦东铁路二期工程的实施以及沪宁和沪杭铁路相配套将极大地增加上海对外的铁路运能。铁路与公路、水路也须密切配合,形成以沿海、内河港口为结点,以铁路内陆车站为辐射,以公路运输为补充,充分发挥各种运输方式集成优势的集装箱多式联运网络。铁路要加强与港口的协调配合,创造条件实现直装,尽量减少车辆换挂中间环节,实现班轮对班列的无缝对接,最终实现效率和效益的最大化。

(二)宁波-舟山港交通体系建设

继续抢抓机遇,根据"高起点、高水平、适当超前"的要求,形成以公路、水路(港口)为主体、多种运输方式协调发展、基础设施完善、技术装备先进、运输服务优良、资源节约环境友好的信息化、智能化、立体化综合交通运输体系。

1. 制定高标准宁波-舟山港交通体系建设方案

准确把握港区建设对交通运输发展提出的新的更高要求,合理布局、勾画综合交通运输网络,合理确定今后交通运输发展目标及重点,高标准做好各项交通发展规划的修编和调整,确保交通建设、水陆运输等各项发展规划相对接、相配套。

2. 加快一桥一路为重点的重大通道建设

加快推进本岛快速通道(329国道舟山段改扩建、富翅门大桥)前期工作,牢牢把握工作节点确保各个项目尽快开工,以全面提升本岛路网通行能力和通畅水平。加快推进金塘互通至大浦口公路、北向疏港公路二期(展茅至东港)、临城至北蝉钓梁疏港公路、定马公路扩建工程、73省道定海白泉段改建工程(329国道至北向疏港公路)、329国道普陀勾山至小干连接线、岱山高亭牛轭至官山公路、洋山环岛公路等重点工程项目,以及在建的其他重要县道、主要大岛的主骨架公路建设项目。

3. 加快推进以经济大岛为重点陆岛码头建设

推进岱山新城陆岛交通码头、嵊泗沈家湾客运码头等项目的建设任务;动工建设定海册子货运码头、普陀桃花上船跳货运码头、嵊泗李柱山客运码头等陆岛码头项目。

4. 完善以综合枢纽为重点的客货站场布局

建设海盐仓交通旅游集散中心,定海三江客运中心和朱家尖蜈蚣峙客运中心,建设舟山普陀货运枢纽(陆港物流)项目。

三、东向沿海港口交通体系建设重点

(一)加强长三角港口建设规划统筹

目前指导长三角港口发展的相关规划,对长三角港口的体系建设、功能布局、码头规模与结构、物流与集疏运系统等方面存在多重要求。要在梳理现有规划,解决好协调性基础上,修编长三角港口体系规划,明确长三角港口整体规模、结构布局、集疏运系统,以及航运服务业培育、配套政策支持等,提高规划的科学性、约束性和可操作性。在严格遵照长三角港口体系规划基础上,按照港口与城市互动原则,加强制订港口控制性详细规划,明确各码头区域,港区集疏运系统、港区 EDI 系统等的布局与建设;明确临港产业集聚区边界范围、产业导向、开发时序及其生态环保网络布局;明确港区、产业区和城区间的联系纽带及空间布局,加强不同功能区间的互动协调。

(二)加强区域性港口物流体系共建

长三角港口群集疏运系统的规划建设既要与上海国际航运中心建设相协调,把区域内多港口综合起来考虑,也须与长三角地区社会经济发展相协调,特别是与所依托城市及其腹地发展相协调,形成配置合理、结构优化的便捷网络。积极培育港口物流新的组织模式,形成物流联盟,实现物流资源有机联合共用,降低物流成本。积极延伸港口服务功能,发展港口纵向多元化产业链,使港口服务功能延伸到港口物流上下游,为客户提供全程物流服务。

(三)加强区域性现代航运服务业发展

发展航运服务业既是长三角临港城市重要的经济增长点,也是完善港口服务功能,促进港口转型发展的战略举措。要集中在具备条件的城市,如上海、宁波等,积极规划建设具有政府管理服务、港航及关联企业集聚运营、信息高速集散等核心功能的国际航运服务集聚区,加快航运金融保险、船舶技术与工程咨询、涉海会计与管理咨询、船舶经纪等行业发展,加快使航运服务业企业成群、产业成链、要素成市,增强港口群服务功能。

(四)加强各类港口联盟健康发展

积极支持上海港、宁波-舟山港、南京港、苏州港等主要港口通过战略投资、资产重组、股权控制、姊妹港合作等多形式,形成港口联盟。支持大型海运集团对港口运营业务的延伸,以及对缺乏竞争力的海运公司的兼并重组,推进形成各港口在产业集群中的合理定位。重视港口联盟过程中部分港口边缘化现象。

（五）加强港口协调发展体制创新

要以市场为基础、项目为载体、资本为纽带，积极推进长三角港航企业间的合作与联合。鼓励和促进各港口企业通过相互参股、控股、换股等资本联合形式，或组建产业投资基金，在较大范围内进行资源整合与重组，增强长三角区域各港口的发展活力和综合竞争力。加强相关投融资体制和财税体制创新，支持国内外企业、财团，特别是国内企业，通过战略投资、控股、独资等多种形式参与港口建设及运营。争取保税港区优惠政策向其他港区延伸。作为浙江和上海合作建设的洋山保税港区，要积极争取其一些行之有效的优惠政策延伸到其他港口，为长三角港口群协调发展营造有竞争力的环境。同时，积极充实梅山保税港区服务功能，逐渐把其优惠政策、成功经验等延伸到六横等周边港区。

第五节 东南向沿海港口交通体系建设

福州、泉州、厦门、汕头、广州、深圳、湛江、海口作为海上丝绸之路东南向环南海的战略支点海港，将在未来几年为自身迎来巨大的机遇与挑战。由于福州、泉州、厦门在第二节作为核心区战略支点海港已经做了介绍，本节着重谈新时期21世纪海上丝绸之路构建广东沿海港口交通体系。

一、广东建设“21世纪海上丝绸之路”战略枢纽的优势

（一）广东是海上丝绸之路历史上的始发地及贸易中心

广东曾是海上丝绸之路始发地、我国最大的海上贸易中心、重要的枢纽。古代岭南地区的海上商路的主要港口是番禺（今广州）和徐闻，从地中海、波斯湾与印度洋沿海港口出发往东航行的海上航线，广东为海上丝绸之路的始发地。

汉代即开辟了海上丝绸之路徐闻、合浦航线，该航线自广东徐闻、广西合浦往南海通向印度和斯里兰卡，以斯里兰卡为中转点，中国从此处可购得珍珠、璧琉璃、奇石异物等。中国的丝绸（杂缯）等由此可转运到罗马，有效地促进了各国之间的贸易往来。这段历史被记载于《汉书·地理志》：“自日南障塞（郡比景，今越南顺化灵江口）、徐闻（今广东徐闻县）、合浦（今广西合浦县）航行可五月，有都元国（苏门答腊）；又船行可四月，有邑卢没国（今缅甸勃固附近）；又船行可二十余日，有谌离国（今缅甸伊洛瓦底江沿岸）；步行可十余日，有夫甘都卢国（今缅甸伊洛瓦底江中游卑谬附近）；自夫甘都卢国船行可二月余，有黄支国（今印度马德拉斯附近）；民俗略与珠崖相类。其州广大，户口多，多异物。自武帝以来皆献见。有译长，属黄门，与应募者俱入海，市明珠、壁流离、奇石异物、赍黄金杂缯而往。所至，国皆禀食为耦，蛮夷贾船，转送致之，亦利交易，剽杀人，又苦逢风波溺死，不者数年来还。大珠至围二

寸以下，平帝元始，王莽辅政，欲耀威德，厚遗黄支王，令遣使献生犀牛。自黄支船行可八月，到皮宗(今马来半岛克拉地峡的帕克强河口)；船行可二月，到日南(今越南中部)、象林(今越南广南潍川南)界云。黄支之南有已程不国(今斯里兰卡)，汉之译使自此还矣。"这是我国古代文献中关于南海、印度洋上的航路第一个较完整的记录。

东汉以后海上丝绸之路得到进一步发展，广州港的兴起，取代了徐闻和合浦成为我国主要的对外贸易港，广州为东汉至唐朝最大的海外贸易中心。宋元时期与我国直接或间接有交往的国家或地区达 140 多个，从西班牙南部经过地中海、非洲东部，穿过印度洋地区各国，再到中南半岛和南海诸岛，直至我国东南沿海各地，都属于海上丝绸之路最为重要的核心枢纽。

改革开放以后，广东依托港澳地区进一步加强与世界经济的交流，在我国进出口贸易中发挥了重要作用，深圳、珠海等经济特区在全国的改革开放大潮中应运而生，经过 30 多年的积累，在改革开放中发挥了重要的"窗口"与"试验田"作用，广东成为改革开放的先行区。

(二)广东具有海陆统筹的先进港口群及高速公路网优势的综合枢纽

目前广东全省港口基本形成了以广州港、深圳港、珠海港、汕头港、湛江港五大沿海主要港口和佛山港、肇庆港两大内河主要港口为龙头，辐射华南、西南，面向全球的港口发展格局。以珠江三角洲为核心的广东沿海港口群已初步建设成为亚洲地区最高效的物流中心；广州、深圳、湛江、珠海、汕头等港口在华南地区、西南地区经济腹地大宗物资和集装箱运输中发挥了核心枢纽作用。截至 2014 年底，全省港口拥有生产性泊位 2 940 个，其中万吨级以上泊位 281 个，约占全国 1/8，居全国第二位。2014 年全省港口完成货物吞吐量 16. 54 亿吨，居全国第二，其中，沿海港口吞吐量 13. 8 亿吨，居全国第一，集装箱吞吐量 5 292 万 TEU，居全国第一。沿海港口完成集装箱吞吐量 47 440 万 TEU，内河港口完成集装箱吞吐量 553 万 TEU。全省有 8 个港口的集装箱吞吐量超过 100 万 TEU，其中深圳港完成集装箱吞吐量 2 396 万 TEU，广东港完成集装箱吞吐量 1 660 万 TEU，分别列全球集装箱吞吐量排名的第三位和第八位。

珠三角港口群拥有覆盖世界各国的密集的运输航线。其中，广州港与马士基、地中海、法国达飞、中国远洋、中国海运等全球知名航运企业建立了良好的合作关系，与世界 80 多个国家和地区的 300 多个港口有海运贸易往来，开辟外贸直航航线 46 条，世界前十大集装箱班轮公司均在广州港开辟班轮航线。深圳港 2013 年已超过香港港成为世界第三大集装箱港口、我国内陆居上海港之后的第二大集装箱港口，其中盐田区是华南地区的国际集装箱远洋干线运输枢纽港。

(三)广东是中国大陆与"一带一路"沿线国家经贸合作程度最高的省份

广东是我国对外经贸大省，是全国外向型程度最高的省份。2014 年，广东与沿海国家的进出口总额达 1 310 亿美元，占中国大陆与沿线国家进出口总值的 22.4%。广东也是中国大陆与沿线国家双向投资最多的省份，来自沿线国家的实际利用外资达 14 亿美元，占中国大陆利用沿线国家资金的 21.6%；广东在沿海国家的实际投资累计达到 17.2 亿美元，占中国大陆与沿线国家总投资的 3.6%。

二、广东沿海港口交通体系建设任务

以珠江三角洲为重点，打造具有交通、功能与文化等多方面内涵的“21 世纪海上丝绸之路”战略枢纽，引领华南乃至泛珠三角地区参与全球化竞争。

1. 构建泛珠区域紧密相连的一体化综合交通运输体系。推动国家运输通道的贯通和扩容，强化跨省对接和协调发展，对接面向国家层面的中部纵向的满洲里—港澳台运输大通道、西向的包头—广东运输大通道、东向的沿海运输大通道。

2. 深化枢纽建设，强化支撑体系，形成陆海统筹、内外扇面的多向运输格局。面向全球，以东盟为重点，构建生产和贸易组织中心，完善国际航空和海运网络。面向省域，建设产业链高端服务中心，强化国际枢纽功能共担，完善陆路口岸服务。

3. 建设与港澳错位发展、优势互补的世界级机场群和港口群。完善机场枢纽体系，根据珠三角现状机场分布及容量拓展需求，优化枢纽体系，明确各个机场的功能定位，打造世界级机场群；完善港口周边集疏运系统，扩大各港口腹地，支撑港口货物运输，增强广东港群的竞争力。

三、构建广东沿海港口交通体系

（一）拓展航运航线

根据国家部署，“21 世纪海上丝绸之路”主要包括 3 条航线：①由我国东南沿海经南海，穿越马六甲海峡，向西进入印度洋，经南亚、西亚、东非抵达地中海至欧洲的西线；②由我国东南沿海经南海，穿越印尼海域，经大洋洲的澳大利亚、新西兰及南太平洋诸岛国的东线；③由我国西南经丝绸经济带南线走廊至东盟及南亚，穿越印度洋，到达西亚、东非的新线。

广东毗邻南海，具有与东盟、南太平洋国家合作交往的地理优势，具有通达东北印度洋、南亚次大陆国家的最短航线，具有到达印度洋西岸、非洲国家的最短距离。目前广东港口开辟的国际集装箱班轮航线 320 多条，国内航线 150 多条，台湾航线 50 多条，通达全球 100 多个国家的 200 多个港口，覆盖全球主要贸易区。深圳港共开通国际集装箱航线 197 条，其中，北美 51 条、南美 10 条、欧洲 60 条、大洋洲 4 条、亚洲 63 条、非洲 9 条。广州开通外贸航线 46 条，其中挂靠东盟、印度洋沿岸等国家港口的航线共计 35 条，海运货物可经过广州港通达世界 100 多个国家的 400 多个港口。湛江港开通外贸航线 12 条，其中包括东盟航线 6

条,主要挂靠新加坡、越南岘港、海防、胡志明,泰国曼谷、林查班,马来西亚槟城等港口。

今后,广东省将充分发挥广州港、深圳港、湛江港、汕头港等“一带一路”战略支点港的作用,积极拓展集装箱航线,尤其是与“一带一路”沿线国家港口之间的集装箱航线,逐步加密航班,为“一带一路”沿线国家设施联通和贸易畅通作出更大贡献。

(二)建立港口联盟

建立“21世纪海上丝绸之路”沿线港口交流与合作机制,是促进沿线国家和地区交通基础设施互联互通、经济要素有序自由流动、资源高效配置和市场深度融合的重要手段,对发掘区域内市场潜力,促进投资和消费,创造需求和就业具有重要意义。广东在我国沿海港口中距东南亚、中东等海上运输港口的距离最短,可建立新的国际港口联盟。

比如说,广东港已先后与20个国外港口签订了友好合作协议,成为珠三角对外经济文化交流的重要组成部分,促进了班轮航线的开辟和商贸货物的流通。下一步应结合广州国际友好城市和重要经贸往来地区的港口,开展缔结新的友好港活动,争取在目前20个友好港的基础上重点增加东南亚、南亚、西亚及北非地区的友好港口,加强珠三角与其在贸易、物流方面的合作,加强联盟港口间的互访交流,共建友好港口、临港物流园区和产业园区,联接海上物流通道。整合国内港口、航运、物流、生产与贸易资源要素,引导和推动国内企业“走出去”,加强珠三角与东南亚、南亚、西亚及北非地区在贸易、物流方面的合作,逐步形成国际港口交流合作的新机制。广泛参与“联盟”内国家港口航运经营、基础设施建设、加工与贸易合作交流等工作,支持跨境电商在海外建仓,扩大外贸领域。

湛江港在20世纪90年代即与越南西贡港缔结为友好港。2012年5月,湛江市成功举办“中国—东盟经贸合作(湛江)系列活动暨首届中国—东盟企业合作交流年会”,并成立了中国—东盟港口物流行业合作委员会。中国—东盟商务理事会(CABC)授予湛江港为“中国—东盟港口物流行业合作对接基地”。2015年11月27日,湛江市政府与湛江港集团联合举办了“21世纪海上丝绸之路沿线港口论坛”,包括科伦坡国际集装箱码头有限公司、迪拜环球港务集团在内的15家沿线国家港口企业和相关企业代表,本着“优势互补、合作共赢、共同发展”的宗旨,就共同参与“一带一路”建设、建立沿线港口交流与合作机制、推动沿线国家和地区深化经贸交流、实现区域经济平稳较快发展进行了深入研讨,达成广泛共识,共同发布了21世纪海上丝绸之路沿线港口论坛《湛江宣言》。

下一步应推动落实《湛江宣言》,共同推动建立沿线港口更紧密、更广泛的合作机制。一是推进各方优势互补、合作共赢,畅通“21世纪海上丝绸之路”国际物流大通道,带动区域经济一体化发展;二是推进建立沿线港口统一的全程运输协调机制,促进国际通关、换装、多式联运有机衔接,实现国际运输便利化;三是推进建立沿线港口公共信息平台,建立沿线港口数据交换平台和电商平台,实现沿线港口信息共享,构建区域性大宗商品交易大市场;四是推进建立沿线港口公平、有序竞争环境,强化沿线港口行业自律,共同维护进出口贸易秩序,促进港口物流业持续健康发展。

(三)加强与泛珠合作,拓展港口腹地

广东要加强与内陆的交通通道联系,尤其是与珠西经济带的联系,并进一步连通面向东盟、南亚的国际通道。一方面,珠三角应充分利用西江航运干线能力,沟通云南的右江、贵州的红水河、广西的柳江及黔江航道、港口,提供啊西江航运干线的通航能力,实现珠江三角洲内河航运体系由适应内河运输向适应江海船运输的跨越。泛珠地区及珠西经济带的内河航道体系以"一网、一干、三线"为核心,以珠江水系其他支流和独立入海河流等其他航道为补充,为泛珠地区集装箱、大宗散货运输及西南地区物资出海服务。应重点推进广州至梧州段航道建设,以干线航道为重点,加强干支流航道建设,完善和扩大高等级航道网络。另一方面,加强珠西经济带港口之间的合作。珠西经济带的内河港口体系以肇庆港、佛山港、南宁港、贵港港与梧州港五大内河港为主要港口,以富宁港、百色港、百层港、柳州港、来宾港、桂平港、中山港、清远港与云浮港为地区性重要港口,形成分工合理、功能完善的现代港口体系。

(四)加强环北部湾合作

2014 年 12 月,湛江海关、南宁海关、海口海关,湛江港集团、广西北部湾集团、海南港航控股及国投裕廊洋浦港口有限公司共同签署了《环北部湾口岸部门及港口企业深化合作备忘录》,建立了"三地七方"合作平台。各方共同探索出 4 种海关监管新模式:一是推动环北部湾港口建立集装箱驳船新航线;二是推动企业相互延伸现有各港航线贯通,促进船舶在环北部湾港口间相互挂靠;三是开展同一船舶同一港口可装可卸监管新模式;四是推出"水运中转"外贸集装箱货物监管新模式等。

目前,湛江港有 9 条集装箱航线与海南省的海口港或广西壮族自治区的钦州港实现相互挂靠,促进了区域港口间的合作发展。今后,环北部湾港口间应进一步拓展合作的深度和广度,一是在现代物流、临港产业以及金融、投资等方面进一步扩大合作;二是将"三地七方"合作平台逐步拓展为"多地多方"合作平台,并将东盟国家港口纳入合作平台。实现由国内区域合作平台向国际区域合作平台的跨越,通过创新合作模式和口岸监管模式,提高沿线国家和港口之间贸易自由化便利化水平,消除投资和贸易壁垒,构建区域内和各国良好的营商环境,促进区域经济一体化发展。

第六节　发挥广西的独特区位优势

《推动共建丝绸之路经济带和 21 世纪海上丝绸之路的愿景与行动》中明确指出,发挥广西与东盟国家陆海相邻的独特优势，加快北部湾经济区和珠江—西江经济带开放发展，构建面向东盟区域的国际通道，打造西南、中南地区开放发展新的战略支点，形成“21 世纪海上丝绸之路”与“丝绸之路经济带”有机衔接的重要门户。

一、积极推进广西北部湾经济区建设

北部湾经济区地处华南经济圈、西南经济圈和东盟经济圈的结合部，是我国西部大开发地区唯一的沿海区域，也是我国与东盟国家既有海上通道，又有陆地接壤的区域，区位优势明显，战略地位突出。改革开放特别是实施西部大开发战略以来，北部湾经济区经济社会发展取得显著成就，进入了历史上最好的发展时期。经济实力显著增强，经济总量占广西全区比重不断提高；基础设施建设取得重大进展，沿海港口吞吐能力快速提升，集疏运体系逐步完善，西南出海大通道作用得到发挥；特色优势产业快速发展，一批重大项目已经建成；开放水平不断提高，与国内其他地区的经济合作日益深化，在面向东盟开放合作中的地位日益凸显；人民生活水平明显提高，生态建设和环境保护得到加强。加快推进广西北部湾经济区建设，对打造西南中南地区开放发展新的战略支点，在带动广西发展、促进西部大开发、实现东中西互动，加强共建“21 世纪海上丝绸之路”、深化中国—东盟合作和打造中国—东盟自由贸易区升级版具有重要意义。

根据广西壮族自治区人民政府下发的《广西北部湾经济区发展规划（2014 年修订）》，北部湾经济区功能定位是：立足北部湾、服务“三南”（西南、华南和中南）、沟通东中西、面向东南亚，充分发挥连接多区域的重要通道、交流桥梁和合作平台作用，以开放合作促开发建设，努力建成中国—东盟开放合作的物流基地、商贸基地、加工制造基地和信息交流中心，成为带动支撑西部大开发的战略高地、西南中南地区开放发展新的战略支点、“21 世纪海上丝绸之路”和“丝绸之路经济带”有机衔接的重要国际区域经济合作区。

（一）加快北部湾港口群建设

北部湾港口群位于中国广西壮族自治区南部北部湾，北靠云、贵、川，东邻粤、琼、港、澳，西接越南，南濒海南岛，地处华南经济圈、西南经济圈与东盟经济圈的结合部，是我国内陆腹地进入中南半岛东盟国家最便捷的出海门户之一。北部湾港口群现有生产性泊位 252 个，其中万吨级以上泊位 75 个，设计通过能力约 2.26 亿吨（包括集装箱 380 万 TEU）。2015 年完成货物吞吐量 20 510 万吨，同比增长 1.6%，在全国沿海排名第 15 位。

“十三五”时期，北部湾港口群规划建设一批大型、超大型泊位和深水航道，支持集装箱码头建设，提高北部湾港通过能力，到 2020 年，北部湾港通过能力力争达到 5 亿吨，其中集装箱达到 1 000 万 TEU。加强集疏运体系建设，完善西南出海大通道，拓展现代物流和综合运输功能，提高航运中心辐射和服务西南中南的能力。优化口岸发展环境和航运政策环境，营造现代国际航运服务环境，促进航运要素集聚，基本形成服务优质、功能完备的现代航运服务体系。构建以区域性国际物流、国际商贸、国际航运服务为主要功能的北部湾区域性国际航运枢纽。

（二）积极推动中国—东盟自由贸易区升级版建设

进一步提升中国—东盟博览会、泛北部湾合作论坛的影响力和凝聚力；加强泛北部湾经济合作，深入推进大湄公河次区域合作，推动中国—新加坡经济走廊建设，推进中马“两国双园”、中越跨境经济合作区等园区建设，形成中国—东盟“一轴两翼”区域经济合作新格局；深化国内区域合作，加强与粤港澳台、西南中南地区联动，加强与长三角、环渤海地区经济合作，加强与珠江—西江经济带协同发展，发挥沟通东中西的作用，拓展开放合作的新空间。

二、加快推进珠江—西江经济带建设

珠江—西江经济带横贯广东、广西，上联云南、贵州，下通香港、澳门，连接我国东部发达地区与西部欠发达地区，是珠江三角洲地区转型发展的战略腹地，是西南地区重要的出海大通道，是面向港澳和东盟开放合作的前沿地带；自然禀赋优良、航运条件优越、产业基础较好、合作前景广阔，发展潜力巨大；在全国区域协调发展和面向东盟开放合作中具有重要战略地位。加快推进珠江—西江经济带建设，有利于促进东西互动、优势互补，带动少数民族地区和贫困地区加快发展，缩小区域发展差距；有利于发挥面向港澳、连接东盟的区位优势，扩大西南中南地区对外开放，完善我国全方位开放格局。2014 年 7 月国家发展改革委印发了《珠江—西江经济带发展规划》，这是我国首个直接联系东西部地区的跨省区、跨不同发展阶段的区域发展规划。

（一）打造互联互通大通道

1. 水运建设。加快建设黄金水道，以干线航道为重点，加强干支流航道建设，完善和扩大高等级航道网络，拓展港口规模和功能，提高船舶标准化和现代化水平。

2. 港口群建设。按照规模化、专业化要求，加快建设广州、佛山、肇庆、梧州、贵港、南宁六大主要港口，积极发展云浮、柳州、来宾、百色、崇左五个重要港口，形成分工合理、功能完善的现代港口体系。鼓励发展公共码头，有序建设专用码头，适度建设旅游码头。加快港口与产业集聚区联络线以及港口物流工程建设，提升港口集疏运能力。加强与珠三角地区、北部湾经济区和香港主要港口合作，形成优势互补、利益共享、共同发展的局面。到 2020 年，干线内河港口吞吐能力超过 3 亿吨，集装箱吞吐量达到 1 000 万 TEU。

3. 航道网络建设。加强航道资源保护和利用，加大西江干线航道扩能改造，推动柳黔江、左江、右江、南盘江、北盘江、红水河、桂江、绣江、北江等重要干支流航道和支持保障系统建设,提升西江出海航道通过能力和通达范围,提高航道等级,构建干支通达顺畅的高等级航道网络。加快建设广州出海航道拓宽工程和珠江口公共锚地工程。到2020年,III级及以上航道超过2 017千米,其中I级航道502千米,II级航道696千米,III级航道819千米。

4. 过船设施建设。按照梯级开发、扩能改造与新建过船设施并举原则,加快建设龙滩、百色等枢纽过船设施,促进珠江水运连通云贵,形成与高等级航道相适应的枢纽过船设施。改善流域过船设施建设与管理体制。

5. 铁路建设。构建连接两广铁路运输大通道,优化网络结构,尽快形成西南地区与珠三角区域快速铁路网。完善货运铁路网,实施既有铁路扩能改造,提高铁路通道运输能力。

6. 公路建设。加快推进国家高速公路“断头路”建设,加强国省干线公路改扩建,推进农村公路升级改造,形成完善的高速公路、干线公路和农村公路网络。

7. 机场建设。优化机场布局,提升干线机场服务功能,加强支线机场建设,形成干支衔接、功能完善的航空体系。推进南宁机场军民航分离。支持通用航空发展。

8. 综合交通枢纽建设。强化规划引导,加强铁路、公路、水路、机场等各种运输方式衔接,推进综合交通枢纽站场建设。完善提升广州、南宁全国性综合交通枢纽功能,加快柳州、梧州等沿江区域性综合交通枢纽建设。支持贵港建设区域性航运枢纽,研究设立西江航运交易所。

(二)共创开放合作新高地

立足珠江—西江,衔接北部湾,面向港澳和东盟,实施更加积极主动的开放合作战略,扩大内陆沿边开放,深化泛珠三角区域经济合作,提升服务我国西南中南地区开放发展的能力和水平,打造国际区域经济合作新高地。

1. 推进粤桂合作特别试验区建设。打造广东广西一体化发展、东西部合作发展、流域可持续发展的先行示范平台,突破行政分割,在肇庆与梧州毗邻区域划出一定范围,共建粤桂合作特别试验区,统一规划、统一布局,探索建立利益共享、责任共担的合作新机制。吸引社会资本参与试验区开发建设、管理运作,探索建立试验区开发建设的市场化利益机制。支持试验区在重点领域和关键环节大胆探索、先行先试。广东、广西两省区在管理权限范围内共同赋予试验区同等的支持政策和先行先试政策。支持试验区按有关规定在城镇低效用地再开发、征地制度改革、用地审批、用地计划管理等方面探索开展先行先试。研究设立粤桂合作特别试验区发展股权基金。

2. 促进开放合作支撑平台构建。鼓励粤桂毗邻的肇庆、云浮、梧州、贺州、玉林开展跨区域产业合作,探索共建产业园区新模式。深化广州、百色对口帮扶机制,鼓励共建资源型城市转型升级合作平台。鼓励西南中南省份、港澳与沿江地区合作共建产业园区。加快建设桂东承接产业转移示范区。支持符合条件的省级开发区升级为国家级开发区。支持培育建设加工贸易梯度转移重点承接地。加强国际产业合作,加快建设中新广州知识城,支持建设佛山中德工业服务区、广州国家现代服务业国际创新园。

3. 加强对内对外开放合作。深化与港澳台合作。深入落实内地与港澳建立更紧密经贸关系的安排,深化与港澳在投资、金融、贸易、会展、农业、旅游、科技、文教、卫生等领域的合作。加强内陆和沿海港口物流合作,打造江海联运国际物流通道。鼓励企业和产品以港澳为平台“走出去”,拓展国际市场。积极承接港澳产业转移,推进先进制造业、战略性新兴产业和现代服务业合作发展,共同开拓东盟市场。拓展与台湾的经贸合作与文化交流。

(三)深化拓展国际区域合作

积极参与中国—东盟自由贸易区升级版建设。进一步提升中国进出口商品交易会、中国国际中小企业博览会、中国—东盟博览会、中国—东盟商务与投资峰会等展览展会功能,拓展服务范围。大力推进泛北部湾经济合作、大湄公河次区域经济合作。依托南宁—崇左、百色—龙邦国际陆路通道,加强高速公路、高速铁路与东盟的互联互通,打造南宁—新加坡经济走廊。

积极研究凭祥等主要口岸城市出入境便利措施。推进与东盟投资贸易、工程承包、资源开发、金融、旅游文化、科技教育等深度合作,全方位、多领域拓展合作空间。加强国内科技优势省市的联合,加快建设中国—东盟技术转移中心。

发挥中国扶贫软实力,强化与东盟国家的减贫发展合作关系。推进中越“两廊一圈”合作,加快中越边境口岸基础设施和配套设施互联互通建设。加快口岸大通关建设,推动区域通关一体化改革,拓展海关“属地申报,口岸验放”通关模式适用范围,逐步实行“属地申报,属地验放”。

支持参与海上丝绸之路建设,加强中国—东盟海洋经济合作,加强与广东海洋经济综合试验区的联动融合,利用中国—东盟海上合作基金等,在“中国—东盟海上合作”总体框架下探索推进海洋综合开发和海洋多领域合作。加强与欧美日韩、拉美等国家和地区的经贸合作。

(四)深入推进国内区域合作

加大泛珠三角区域经济合作力度,加强与西南中南地区的互动,打造西南中南地区开放发展新的战略支点。密切与深圳的联系,充分利用深圳作为我国改革开放窗口和毗邻港澳、辐射内地的独特优势,增强区域龙头带动作用。

加强与珠三角地区的海洋经济合作,依托珠三角地区丰富的岸线资源,培育壮大海洋新兴产业,发展高端临海产业,实现陆海统筹和区域联动。

深化与长三角、环渤海地区的合作交流。加强与上游地区在生态环保、扶贫开发等方面的合作,合作共建内河港口和产业园区。

第六章　影响海洋通道安全体系的主要因素

第一节　海洋通道安全体系问题概述

一、海洋通道安全体系理论概述

（一）海洋通道体系的涵义

海洋通道安全体系是我国沿海港口交通体系建设与运行的重要组成部分，是中国战略支点构建的有力一环。在分析海洋通道体系安全问题之前，有必要对整个海洋通道体系有一个理性的认识。

一个完整的海洋通道安全体系应该是指维持一个国家或地区乃至全球海洋运输安全所需要的地理和人文的有机组合的统称。它包括船舶运输通过的特定港口、海域、集疏运体系、维护这一物理通道的有关机构、企业、组织和形成的动态机制。它包括硬件设施和软件服务两个部分，其中硬件设施可以描述为“是连接世界经济资源交易地的通道，同时是海上航线的必经之路以及诸多利益交汇之处，在经济和安全方面具有重大的地理战略价值”①；软件服务是有关组织和机制，为通道运转提供驱动和保障。本文重点探讨硬件设施即地理的通道。在地理意义上，一条典型的海洋通道应该包括四个部分：一是运输货物或人员的起始地与目的地——国家（地区）与国家（地区）；二是交通线经过的特定海域空间——重要的海峡、水道、运河、港口等；三是交通线上的重要节点——岛屿、半岛或岛国；四是连接以上要素的航运线路。其中，某些特定海域空间与重要枢纽所在航道，由于特殊的地理位置，往往具有重要性、稀缺性、险要性、不可替代性等特点，因此对区域经济、政治、外交产生重大影响，成为了海洋战略通道。尤其是在2013年，随着习近平主席先后提出的“丝绸之路经济带”和“21世纪海上丝绸之路”的倡议，我国海洋通道体系的重要性更加突显出来，尤其是“一路”的辐射区域与海洋通道高度吻合，这也就意味着海洋通道的建设和完善必将提上日程，海洋通道将被赋予更多的使命，最终成为中国实现世界大国梦想的重要战略支撑。

---

① 张洁．海上通道安全与中国战略支点的构建——兼谈21世纪海上丝绸之路建设的安全考量[J]．国际安全研究，2015，02：100～118，195～160。

（二）海洋通道安全的涵义

在理解海洋通道安全之前，首先应当对海上安全有一个整体的概念。根据杜正艾的观点是，海上安全①是指国家或者个人在合法有效利用海洋资源时，其利益不受到侵犯或者遭遇各种风险。我们认为，海上安全还应包括确保不受到的潜在威胁。具体来说，海上安全也应当包括传统安全和非传统安全两个方面。其本质就是确保对海洋资源的充分高效与和平利用。而海洋通道体系安全只是海洋安全的一部分，它更多强调的是在海洋运输过程中，通道是否顺畅、资源是否按时送达、贸易往来是否便利以及不受到任何威胁的问题。海洋通道安全体系的安全对于国家经济、政治和军事具有重要意义。

（三）海洋通道安全体系的构成

1. 海洋通道安全体系涉及的主要近海海域

海洋是国家战略资源的重要基地，为了提高海洋资源的开发能力，维护国家海洋权益，必须对海洋通道的构成做出明确的界定，从而进一步优化海洋空间开发格局。根据国务院印发的《全国主体功能区规划》，并参考海洋通道体系的实际情况，具体来说，从北到南，海洋通道体系主要由以下四个大海域和若干个小海域构成②：

（1）四个大海域

毗邻我国大陆边缘的渤海（内海）、黄海（其西区即中国黄海）、东海（其中国区域即中国东海）、南海（其中国区域即中国南海）互相连成一片，跨温带、亚热带和热带，自北向南呈弧状分布，是北太平洋西部的边缘海。因紧邻中国大陆，又有“中国近海”之称，是中国的四大海域。

①渤海。渤海是我国的内海，三面环陆，在辽宁、河北、山东、天津三省一市之间，位置在北纬 37°07′~41°0′、东经 117°35′~121°10′。辽东半岛南端老铁山角与山东半岛北岸蓬莱遥相对望，像一双巨臂把渤海环抱起来，岸线所围的形态好似一个葫芦。渤海通过渤海海峡与黄海相通，渤海海峡口宽 59 海里，有 30 多个岛屿，其间构成 8 条宽狭不等的水道，扼渤海的咽喉，是京津地区的海上门户，地势极为险要。渤海的面积较小，大概只有 9 万平方千米。渤海平均水深 25 米，渤海的总容量不过 1 730 立方千米。渤海沿岸水浅，特别是河流注入地方仅几米深；而东部的老铁山水道最深，达到 86 米。渤海水温变化受北方大陆性气候影响，严冬来临，除秦皇岛和葫芦岛外，沿岸大都冰冻。由于大陆河川大量的淡水注入，又使渤海海水中的盐度是最低的（仅 3%）。渤海沿岸有辽东湾、渤海湾、莱州湾。辽河、海河、黄河等河流从陆上带来大量有机物质，使这里成为盛产对虾、蟹和黄花鱼的天然渔场。辽东半岛南

① 杜正艾．切实维护海上通道安全[N]．学习时报，2009-01-05007.

② 资料来源：《全国主体功能区规划》。

端老铁山角与山东半岛北岸蓬莱角的连线是渤海与黄海的分界线。

②黄海中国区。黄海的西区是中国领海,黄海的东区是朝鲜半岛的领海,是太平洋的边缘海,面积约40万平方千米。在中国与朝鲜半岛之间,南以长江口北岸到韩国济州岛一线同东海分界,西以渤海海峡与渤海相连。流入的各河携带泥沙过多,近岸海水呈黄色,故名黄海,全部为大陆架。

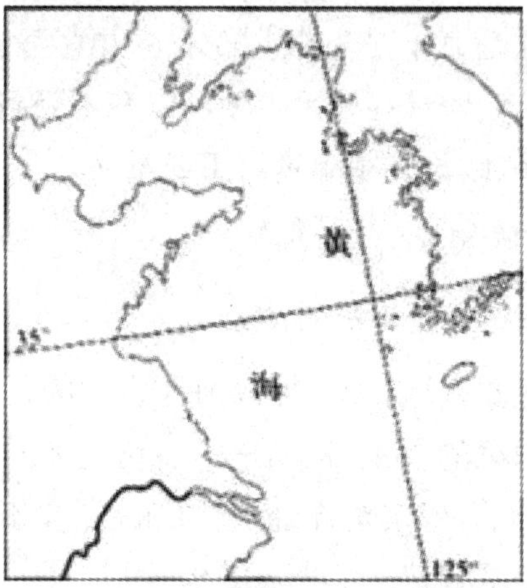

图6-1　黄海中国区位置示意图

平均深度44米,中央部分深60~80米,最大深度140米。盐度平均为31~32。黄海面积约为40万平方千米,最深处在黄海东南部,约为140米。黄海的水温年变化小于渤海,为15~24℃。黄海海水的盐度也较低,为32。是著名渔场,盛产黄鱼、刀鱼等。制盐业发达。黄海是我国华北的海防前哨,也是华北一带的海路要道。长江口北岸的启东角与韩国济州岛西南角的连线是黄海与东海的分界线。

③东海中国区。东海有中国区域、日本托管而非日本领土的琉球群岛区域、日本区域、韩国区域。东海北起中国长江口北岸到韩国济州岛一线,南以广东省南澳岛到台湾省本岛南端(一作经澎湖到台湾东石港)一线同南海为界,东至琉球群岛。面积77万多平方千米,多为200米以下的大陆架,盐度为31~32,海水温度平均9.2℃,世界著名渔场之一,产大黄鱼、小黄鱼、刀鱼、墨鱼等。位于黄海南面的东海,色泽绚丽,风光秀美。在它的东南部,巨大的黑潮暖流从太平洋奔腾而入,沿着琉球群岛的西北侧蜿蜒而上,仿佛给东海披上了一条蓝色的彩带。这色彩是黑潮水特有的象征,它温度特别高,盐度特别大,水质却十分贫瘠,生物极其稀少,故而显出蓝黑色的外貌,并赢得了黑潮的称号。

④南海中国区。南海的"九段线"内是中国南海。因位于中国南边而得名。南海位居太平洋和印度洋之间的航运要冲,在经济上、国防上都具有重要的意义。南海北边是我国广东、广西、福建和台湾四省,东南边至菲律宾群岛,西南边至越南和马来半岛,最南边的曾母

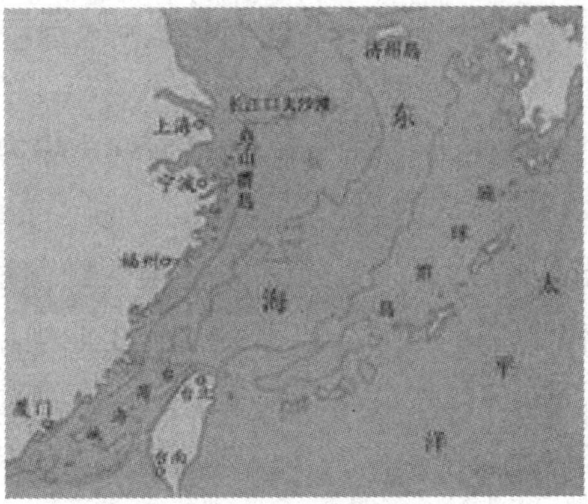

图 6-2　东海中国区位置示意图

暗沙靠近加里曼丹岛。南海是我国最深、最大的海，面积约有 356 万平方千米，平均水深约 1 212 米，也是仅次于珊瑚海和阿拉伯海的世界第三大陆缘海。通过巴士海峡、苏禄海和马六甲海峡等，与太平洋和印度洋相连。南海海水表层水温高（25～28℃），年温差小（3～4℃），终年高温高湿，长夏无冬；南海盐度最大（为 3.5%），潮差 2 米。

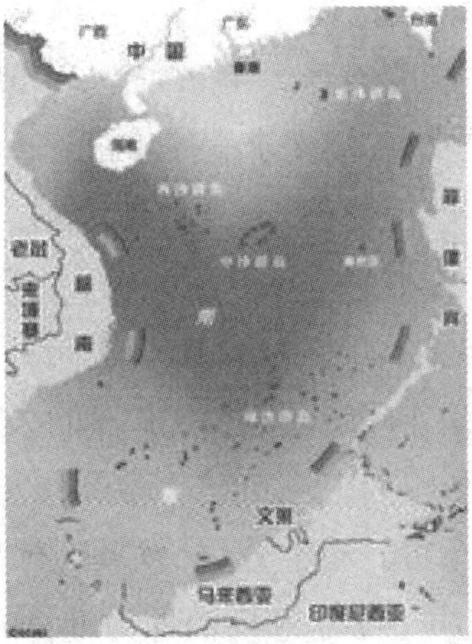

图 6-3　南海中国区位置示意图

（2）细分海域

①辽东半岛海域。辽东半岛与山东半岛、雷州半岛合称“中国三大半岛”，位于辽宁省南部，包括辽宁省丹东市、大连市、营口市、盘锦市、锦州市、葫芦岛市毗邻海域。它的北面边界是鸭绿江口与辽河口的联线，其他三面临海。半岛南部金州区附近的金州湾、大连湾为两个构造盆地，在最近地质时代曾下降，形成弯曲的海岸线，有旅顺、大连等良港，为中国北部地区海运、渔业的重要基地。近年以来，辽宁加快建设大连东北亚国际航运中心，优化整合港

口资源，打造现代化港口集群。开展渔业资源增殖放流和健康养殖，加强辽河口、大连湾、锦州湾等海域污染防治，强化陆源污染综合整治。

②渤海湾海域。渤海湾海域位于渤海西部，包括河北省秦皇岛市、唐山市、沧州市和天津市毗邻海域。北起河北省乐亭县大清河口，南到山东省黄河口。有蓟运河、海河等河流注入。海底地形大致自南向北，自岸向海倾斜，沉积物主要为细颗粒的粉砂与淤泥。目前正加快海水综合利用、海洋精细化工业等产业发展，控制重化工业规模；保护水产种质资源，开展海岸生态修复和防护林体系建设；加强海洋环境突发事件监视监测和海洋灾害应急处置体系建设，强化石油勘探开发区域监测与评价，提高溢油事故应急能力。渤海湾中有丰富的石油储藏，其北部是著名的旅游和度假区，西部塘沽是重要港口。

③山东半岛海域。山东半岛包括山东省滨州市、东营市、潍坊市、烟台市、威海市、青岛市、日照市毗邻海域。界划以寿光羊口镇小清河口和日照岚山口与岚山头苏鲁交界处的绣针河口两点连线以东的部分。胶东半岛是其一部分。半岛三面临海，北面与辽东半岛隔渤海湾相望，东部与韩国隔海相望。山东半岛蓝色经济区被国家定位为国家海洋发展战略和区域协调发展战略的重要组成部分，其中青岛将被培育成国家级中心城市，成为山东省和黄河流域经济社会发展的“龙头”城市。

④苏北海域。苏北海域包括江苏省连云港市、盐城市毗邻海域。建设连云港港口是提升苏北海域港口服务功能的重要战略，被要求有序推进连云港港口建设，提升沿海港口服务功能。统筹规划海上风电建设。以海州湾、苏北浅滩为重点，扩大海洋牧场规模，发展工厂化、集约化生态养殖。

⑤长江口及其两翼海域。包括江苏省南通市、上海市和浙江省嘉兴市、杭州市、绍兴市、宁波市、舟山市、台州市毗邻海域。自古以来，长江口一直发挥着其独有的作用，为人们的生活及城市发展提供重要能源，现已成为上海市建设世界级城市的重要支撑之一。国家应不断整合长三角港口资源，推动港口功能调整升级，发展现代航运服务体系，提高上海国际航运中心整体水平。同时加大长江中下游水环境治理力度，加强杭州湾、长江口等海域污染综合治理和生态保护。严格海洋倾废、船舶排污监管，加强海洋环境监测，完善台风、风暴潮等海洋灾害预报预警和防御决策系统。

⑥台湾海峡海域。是中国福建省与台湾省之间连通南海、东海的海峡。北起台湾台北县富贵角与福建省平潭岛连线，南至福建东山岛与台湾鹅銮鼻连线。主要以大陆架为主，其水深（岩床最大深度）为70米。海域上的岛屿，除靠近福建的沿海岛屿外，尚有澎湖群岛与台湾屏东的小琉球。其中，海峡西部海域包括浙江省温州市和福建省宁德市、福州市、莆田市、泉州市、厦门市、漳州市毗邻海域。发挥海峡海湾优势，建设两岸渔业交流合作基地。突出海洋生态和海洋文化特色，扩大两岸旅游双向对接，目前正在推进形成海峡西岸现代化港

口群。

⑦珠江口及其两翼海域。包括广东省汕头市、潮州市、揭阳市、汕尾市、广州市、深圳市、珠海市、惠州市、东莞市、中山市、江门市、阳江市、茂名市、湛江市(滘尾角以东)毗邻海域。构建布局合理、优势互补、协调发展的珠三角现代化港口群。水运条件优越,广州港和黄埔港是华南水运枢纽,香港为世界著名海港,赤湾港是新建的海港。

⑧北部湾海域。北部湾海域包括广东省湛江市(滘尾角以西)和广西壮族自治区北海市、钦州市、防城港市毗邻海域。位于我国南海的西北部,是一个半封闭的海湾。北部湾是我国大西南地区出海口最近的通道。主要港口有中国广西北部湾港、广东湛江港、以及越南的边水、海防。

⑨海南岛海域。海南岛海域包括海南岛周边及三沙海域,海南全省68个天然港湾,已开辟港口24个,其中以海口、三亚、八所、洋浦四个港口为最大。

2. 从全球视野看海上通道的具体构成

迄今为止,中国已经开辟30多条远洋航线,通达世界150多个国家和地区的600多个港口。从中国战略的阶段性和国家利益拓展的长远性看,目前与中国国家利益拓展范围密切相关的海上通道主要分布于西太平洋、南太平洋、北印度洋以及北冰洋海区。那么从全球的视角出发,海洋通道①主要由以下几个部分构成:

(1)日本海通道。目前这条通道从中国渤海海峡出发北上,途经黄海,穿过朝鲜海峡,进入日本海,抵达朝鲜、韩国、日本、俄罗斯远东各港口。日本海北冰洋通道是中国与上述国家港口贸易往来路程最短、最重要的交通线路,承载了中国对外贸易的25%左右。在这条通道上,最重要的海上战略通道为渤海海峡与朝鲜海峡。渤海海峡是进出渤海和黄河的要道和进入北京、天津以及东北地区的门户,是保卫华北地区和东北地区安全的重要屏障,对于环渤海经济圈的可持续发展具有十分重要的意义。朝鲜海峡是中国船舶经东海和黄海北上日本海的唯一通道,素来被认为是控制海峡的军事要地。同时,朝鲜海峡还是东北亚地区的海上交通枢纽。

(2)北冰洋通道。第一条为"西北航道",该航道大部分航段位于加拿大北极群岛水域,以白令海峡为起点,向东沿美国阿拉斯加北部离岸海域,穿过加拿大北极群岛,直到戴维斯海峡。第二条称为"东北航道",大部分航段位于俄罗斯北部沿海的北冰洋离岸海域。从北欧出发,向东经过北冰洋巴伦支海、喀拉海、拉普捷夫海、新西伯利亚海和楚科奇海五大海域,穿越白令海峡,至俄国远东港口。第三条是穿越北极点的"极点航线",这条通道从白令海峡出发,直接穿过北冰洋中心区域到达格陵兰海或挪威海,属于大圆航线,共跨越40个纬

① 季超. 国家利益拓展背景下的海上通道安全研究[D]. 苏州大学,2014.

度。北冰洋通道对于亚洲、欧洲、北美洲的意义重大。一旦北冰洋海冰融化、航道正式贯通，那么就会开启一条新的海上战略通道。值得一提的是，到那时，相对于传统航道而言，现有的航道模式大大提高了效率。对中国来说，其船舶从北纬 30 度以北的任何港口出发，使用北极航线要比绕行苏伊士运河和巴拿马运河节省至少 40%的航程。近年来，已经陆续开通部分路段航线。

图 6-4　北冰洋通道对比图

（3）北太平洋通道。北太平洋通道主要以中国大连、天津、上海等地为起点，经日本津轻、大隅、宫古海峡等，过阿留申群岛抵达美国、加拿大及中美洲国家的西海岸。这是横渡太平洋通道中路程最短的一条。另一条是从经太平洋通过巴拿马运河到达北美东岸。北太平洋通道是中国与北美之间进行贸易往来的主要线路，承担了中国对外贸易的 16%。随着亚太地区经济的崛起，这条航线上的贸易量还在逐年增加。但北线通道不足之处在于航行中缺乏岛屿和避风的基地港口，中途补救比较困难。

（4）南太平洋通道。主要分为两支：一支是从中国北方港口南下，经台湾海峡，进入南中国海，经巴士海峡、巴拉巴克海峡、望加锡海峡、马鲁古海峡、巴布亚湾等，抵达澳大利亚、新西兰；另一支则是直接从北方港出发，穿过宫古海峡南下，经加罗林群岛前往悉尼、惠灵顿等地。更为重要的是，中国两个重要对外贸易伙伴——日本和美国都位于太平洋通道上，加上中国与拉美各国、大洋洲国家的友好活动和经济往来日益密切，太平洋通道成为了中国货运量最大、贸易额最高，也是最繁忙的通道之一，其安全状况对中国国家利益的拓展有着决定性的影响。在这条通道上,台湾海峡是一个值得关注的热点,由于牵扯到台海问题,台湾海峡的安全将成为中国捍卫国家利益的主要方向。

(5)西亚北非通道。西行通道是中国从中东、非洲和东南亚国家进口天然气、橡胶、木材等大宗物资的主要线路,更是中国进口石油的关键通道,占中国石油总进口量的70%以上。整个西行通道从中国各港口出发向西北亚非,有三个分支:经南中国海、马六甲海峡、印度洋通道、好望角,到达西非和北非,通往欧洲;或经经南中国海、马六甲海峡、进入印度洋,通过苏伊士运河、地中海、直布罗陀海峡,走向欧洲;而经马六甲海峡、印度洋通道,抵达东非。三大通道由于涉及苏伊士运河等关键海域,加之位于亚欧非的连接之处,地理位置十分优越,扼守着海洋咽喉。

(6)印度洋通道。它是中国从科威特、伊朗、阿联酋等中东国家进口石油的唯一通道,为中国输送一半以上的能源,同时也是世界62%的石油运输的出口。从波斯湾—霍尔木兹通道输出的石油,占日本消费量的3/4,西欧国家消费量的2/3,美国消费量的1/3。尽管“中缅油气管道”的已经开通,印度洋东北部的孟加拉湾也已成为中国石油通道的新入口,但由于管道太小和受缅甸局势的变化影响,作用有待进一步观察。

(7)南海通道。南海段通道对于我国来说具有举足轻重的地位,马六甲海峡堪称其“海上咽喉”,它关系到整个中国西行通道的安全,我国每年全部进口原油的4/5左右要通过马六甲海峡,每年还有1 000亿美元的出口货物的运输也需由其承担,马六甲海峡的安全状况对中国能源安全和国家经济发展十分重要。此外,南海诸岛屿作为该通道上的一个重要组成部分,对南海通道安全的重要性更无须赘述,从而引起周边各国的争占,这无疑会加大人们对南海通道安全的担忧。

(8)大西洋通道。主要从中国出发经印度洋向西过红海出直布罗陀海峡,进入大西洋前往欧洲各国和美洲,或向南经好望角、西非进入大西洋前往欧洲各国和美洲。

总之,任何一条通道的运输安全受到威胁将影响该通道上的贸易活动,甚至整个海上航道的安全通行。因此,为了保证“两个一百年”奋斗目标和中华民族伟大复兴中国梦的实现,我们必须确保海洋通道体系的安全,真正发挥海洋通道体系的优势。

3. 中国海洋通道体系分布的主要特征

(1)通道布局高度全球化。中国海洋通道线长面广,遍布全球。中国的海洋通道包括近海港口和远洋港口交通运输体系。我国的海上通道已经深入世界每一条海上贸易通道,涉及世界东西南北的各个角落,是我国在全球贸易体系中地位的反映。其中,第一个特征是线路多。八大通道囊括了全球海上贸易的所有线路,遍布五大洲四大洋,只要是存在海洋通道的地方,几乎都能看到中国船队的影子。第二个特征是航程长,中国大部分海上通道,除了通往亚洲各国的线路外,其余距离都非常长,例如,从中国上海通往巴拿马的海上航线,航程

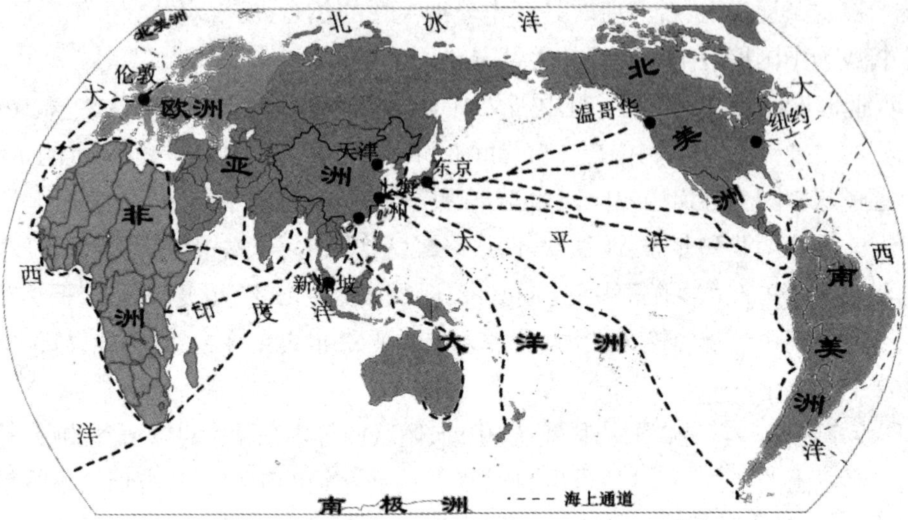

图 6-5　中国主要海上通道分布图

约为 8560 海里,这个距离即使是最先进的大型油轮体系,往返一次也需要 50~80 天。①

(2)通道全天候。由于贸易的繁忙和运输货物的种类繁多,这些通道常年处于全天候的通勤状态,中国的海上运输天天在路上。这令中国在管理海洋安全问题和保护合法的海洋权益方面面临很大的挑战。

(3)分布不平衡,重要程度差别过大。中国海洋通道分布不平衡,地位差别过于显著。这主要取决于中国对于各类物资的需求以及运输的安全性和方便性。从当前中国海洋通道分布状况来说,总体呈现北少南多、横向比纵向密集的势态。从重要程度来看,中国海洋通道可以分为国家核心战略海洋通道、国家重要战略海洋通道以及国家一般海洋通道。结合中国海洋通道实际运行情况,目前主要战略物资进口通道多集中在下列几条线路:①波斯湾—阿拉伯海—印度洋—马六甲海峡—南海;②西非—东南非—好望角—印度洋—马六甲海峡—南海;③东南亚、大洋洲各国—南洋诸海—南海;④中南美国家—巴拿马运河—太平洋诸岛—中国东南沿海。这四大通道作为国家核心战略通道,承担了中国 80%左右的石油和天然气进口;承担了大批运往国内的铁矿石、锰矿石、铀矿石等有色金属的重要任务。正是国家对于资源倾向性的需求造成了北少南多的局面。

① 王历荣．论中国海上通道安全[J]．徐州工程学院学报(社会科学版),2009,05:10-13.

表 6-1　中国国家利益拓展相关的海上战略通道概况

名称	地理位置	沟通海域	长度（千米）	宽度（千米）	水深（米）
渤海海峡	山东半岛和辽东半岛之间	渤海和黄海		109	20~30
朝鲜海峡	朝鲜半岛与日本之间	黄河与日本海	300	180	50~100
大隅海峡	日本本州岛与大隅半岛之间	东海与太平洋	72	33	80~200
宫古海峡	琉球冲绳岛宫古岛之间	东海与太平洋		300	500~1 500
台湾海峡	台湾省与福建省之间	东海和南海	380	130~230	40~1 680
巴士海峡	台湾岛与巴坦群岛之间	南海和太平洋		370	2 400~2 600
琼州海峡	海南岛与广东雷州半岛之间	南海北与北部湾	80	295	44
南海及诸岛屿	中国大陆南与东盟国家之间	西北太平洋与北印度洋	2 800	1 700	1 212
马鲁古海峡	苏拉威西岛与马鲁古群岛之间	苏拉威西海和太平洋	830	600	1 000~2 000
望加锡海峡	加里曼丹岛与苏拉威西岛之间	西里伯斯海与爪哇海	800	250	967
龙目海峡	印尼龙目与巴厘两岛之间	巴厘海于印度洋		805	1 200
巽他海峡	苏门答腊岛和爪哇岛之间	爪哇海与印度洋	150	22~110	50~80
马六甲海峡	马来半岛与苏门答腊岛之间	安达曼海与南中国海	1 080	37~370	25~113
霍尔木兹海峡	伊朗与阿曼之间	波斯湾和阿曼湾	150	50	70
波斯湾	阿拉伯半岛和伊朗高原之间	中东与阿拉伯海	990	56~338	35~110
曼德海峡	阿拉伯半岛西南和非洲之间	红海和亚丁湾	50	26~32	150
苏伊士运河	亚洲与非洲的交界线	地中海与红海	190	0. 28~0. 35	22. 5
巴拿马运河	中美洲的巴拿马	太平洋和加勒比海	81. 3	0. 15~0. 30	3~15
麦哲伦海峡	南美洲大陆南端和火地岛之间	大西洋和太平洋	563	32~33	20~1100

资料来源：根据百度及维基网站统计结果整理。

二、海洋通道体系安全问题的研究意义

中共十八大报告提出，提高海洋资源开发能力，发展海洋经济，保护海洋生态环境，坚决维护国家海洋权益，建设海洋强国，这是建设“海洋强国”概念首次被写入中国共产党全国代表大会的工作报告中。之后，在中共十八届五中全会通过的《中共中央关于制定国民经济和社会发展第十三个五年规划的建议》中，又明确提出，要积极拓展蓝色经济空间，坚持陆海统筹，壮大海洋经济，科学开发海洋资源，建设海洋强国。随着中国对外经济的不断发展，海洋经济已成为中国繁荣背后的重要支撑力量，为了确保海洋优势的最大发挥，必须对海洋通道安全体系进行研究。具体来说，海洋通道体系权益和安全的不断维护有以下几个方面的

意义：

（一）促进国家经济的可持续发展

随着中国经济实力的不断增强，国家对于资源的需求和空间也在不断扩大。2015年是非常特殊的一年，这一年，目睹了煤炭、钢铁、有色、水泥等过剩行业的衰落；见证了海洋经济在国家战略中的重要地位，也看到了海上恐怖主义、东海争端等不安全因素的肆行。著名海洋学者张文木认为“现代市场经济国家的发展速度取决于其获得海外资源和市场的能力，而这种能力主要表现在对海上航线的控制，控制了海洋，也就控制了现代市场经济国家最主要的安全环境。”由此可见，海洋通道体系安全与国家经济的未来发展是紧密相连的，海洋通道体系安全是推动海洋经济甚至于国家经济发展的基础，只有拥有一个安全的海洋通道，排除各种不安全因素的发生，海洋经济才有实现的可能。另外，市场经济的进一步发展也需要我们充分利用海洋经济的优势去创造更多的效益。在新常态的背景下，我们必须积极引导海洋经济的发展，构建海洋安全防御战略和体系，推动经济的可持续发展，实现中国梦的伟大目标。

（二）维护国家海洋权益

从中共十八大一直到十八届五中全会，“海权”已经成为今年的热点词汇，海洋地位逐渐上升到国家战略高度，事关我国未来发展动态和布局。而海洋通道体系安全问题实际上就包含了保障我国主权海域的权益、国际海上通道通行的权益以及通过其他国家管辖海域的安全问题。因此，海洋通道体系安全问题与国家海洋权益维护之间是一种包含关系。通过对海洋通道安全体系进行研究，认清当下严峻的海上形势和各种不安全因素，明确国家合法的海域范围，保证海洋通道的畅通，维护国家海洋权益。“无规矩不成方圆”，海洋通道涉及范围之广，各国必须明确和遵守对所属海域的权利和义务，确保海洋通道的正常运行。这对于切实维护各国海洋权益，实现和平与发展的目标具有重大的现实意义。①

（三）增强国民海洋意识

海洋是人类赖以生存和发展的基础，随着近几年海上恐怖主义活动的兴起以及各国海洋利益的拓展，人们开始关注海洋和海洋权益的相关问题。作为一个海洋大国，有必要让国民来了解海洋目前的发展现状及面临的问题，加强对海洋通道体系安全问题的研究是增强国民海洋意识的一个重要手段，有助于实现国民与国家的真正融合。过去，我们一直在强调“创新意识”、“人本意识”等观念，但随着近几年海洋地位的不断提升，结合国家未来发展趋势，必须把“海洋意识”贯彻到现实生活的各个方面，国民不能只懂得索取，应当让国民明确我们拥有的海洋权益，了解海洋通道体系安全的相关问题，认真看待目前存在的各种海洋争

① 邹立刚．保障我国海上通道安全研究[J]．法治研究，2012，01：77-83.

端。总之,通过对海洋通道体系安全问题的研究,能增强国民海洋意识,最终提升整个国民素质的层次。

(四)维护海洋和平与合作

海洋和平不但与陆上和平、空中和平、网络和平共同组成世界和平的基本构架,而且是全球和平中的决定性因素。正确地认识海洋通道安全,并寻找采取合理、得当的方式,能够促进建立海上互信、消除共同威胁,实现合作共赢,从而推动中国和世界各个国家和地区共同维护基于平等基础上的海洋安全与和平。

三、海洋通道体系存在的主要安全问题

随着我国不断地扩大开放,深度融入全球化,我国对外贸易的不断发展以及对能源需求的增长,海上通道利益已经成为支撑我国海洋经济发展的重要力量。因此,必须高度重视海洋通道体系的安全,从而有助于我国战略利益的维护与拓展。就目前而言,海洋通道体系主要存在以下几个方面的安全问题。

(一)分布范围广,缺乏统一的安全保障

近年来,以上海海事大学的王祖温为代表的人士强调,我国海上通道分布范围广,安全形势错综复杂,这突出表现在海上通道自然条件差、外部安全环境恶劣等多方面。"比如北美通道,该通道不仅距离长、途经岛礁数量多,而且是台风等极端天气高发海域;而在中东欧洲通道,该通道途经多个不稳定国家和地区,尤其东南亚、南亚和中东;海盗高发的亚丁湾、索马里海域、马六甲海峡也在该通道上,其他海上通道的安全形势同样不容乐观。"

在这种情况下,由于各个海洋通道的运输线路、运输条件及运输气候等不同,使得无法形成统一的安全保障,安全保障难以到位,只能进行一般意义上的安全探讨。

(二)局势恶化,争议不断

近几年来,海洋通道沿岸国的政局形势动荡,虽然一再强调和重申和平发展的时代主题,但是在海洋通道所带来的经济利益、政治优势及军事地位的面前,不同国家对同一片海洋或者岛礁提出主权声索,而这些区域往往就处于海上通道的必经之地。目前我国正存在着资源被侵占、划界有争议、海洋国土被侵犯等问题。尤其是近几年来,南海、东海问题争端不断显现且有愈演愈烈之势,作为马六甲海峡沿岸国的马来西亚、印度尼西亚都与中国在南海问题上存有争议。① 另外,伊拉克战争导致的中东乱局以及印巴危机或者战争,在很大程度上会对印度洋海洋通道安全构成极大的威胁。总之,政治、经济和军事是相互影响的,政局的动荡必然会影响海洋通道体系的安全。

① 王倩,张钗园. 浅析非传统威胁对海上通道安全的影响[J]. 公安海警学院学报,2015,01:50-52.

（三）海上恐怖主义活动猖獗

近年来，海上恐怖主义活动猖獗且已然发展成为一种“公害”，严重威胁海上国际航运及海上作业渔船的安全。据专家介绍，海上恐怖主义活动主要集中于马六甲海峡及东南亚海域、斯里兰卡沿海地区、波斯湾、亚丁湾、索马里沿海、里海、黑海地区等六大地区，而这六大地区都是海洋交通运输上的重要一环。海上恐怖主义活动的猖獗必然会造成沿海岸及国家的巨大损失。早在 2000 年 10 月 12 日，美海军第 5 舰队的导弹驱逐舰科尔号在位于阿拉伯半岛南端的也门亚丁港附近海域加油时被一艘恐怖主义的装满了爆炸物品的橡皮艇自杀式撞中，科尔号严重受损，舰上 17 名美国水兵丧生，36 名水兵受伤。后来在 2003 年 3 月 20 日，中国福建渔船在斯里兰卡海域受到不明船只炮击，造成 17 名船员失踪或死亡，船只最后沉没。[①] 此外，据外交部发言人刘建超介绍，2008 年 1 至 11 月，中国有 1 265 艘次商船通过印度洋航线，平均每天 3 至 4 艘次。中国过往船只中有 20%受到海盗袭击。

海上恐怖主义活动的不断兴起是由宗教、政治、经济等多方面的因素而导致的。面对严峻的海上通道安全形势，各国也都积极提出应对对策。在 2015 年 2 月 24 日至 26 日，东盟打击海盗和海上恐怖主义研讨会在吉隆坡举行，马来西亚总理署部长沙希丹·卡西姆在会上致开幕词，特别强调了东盟各国加强海上联合军演等合作活动，提高执法能力和遏制海盗和海上恐怖主义犯罪等的必要性。总之，各国对海上恐怖主义活动的重视会对世界各国的贸易和能源运输产生重大影响。

（四）海权意识的发展对《联合国海洋法公约》等国际规则提出挑战

“二战”特别是冷战结束后，基于海洋的大规模争夺特别是对峙已经基本消失，1982 年在牙买加通过的《联合国海洋法公约》已获得 166 个国家批准，为海域争议的解决提供了新的途径和机制，是规范世界海洋公共秩序的基本法律手段，自生效以来推动着国际海洋秩序“从海洋霸权政治向海洋权利政治”的过渡和发展。但是，由于公约本身的不完善、海权的发展和部分大国没有批准，导致公约在明确海洋权益、解决海洋纠纷时会出现失效。另外，公约的部分规定与我国海洋权益诉求存在差异，对我国海权的主张造成影响。

第二节　影响近海港口交通体系安全的主要因素

一、我国近海港口交通体系的主要构成

港口是具有水陆联运设备和条件，供船舶安全进出和停泊的运输枢纽。是水陆交通的

① 杜婕，仇昊，胡海喜．海上通道安全：基于利益相关性的战略分析与思考[J]．南昌大学学报（人文社会科学版），2014，03：62-67.

集结点和枢纽,工农业产品和外贸进出口物资的集散地,船舶停泊、装卸货物、上下旅客、补充给养的场所。我国是一个海洋大国,海岸线总计达 33 200 千米,其中大陆海岸线长约 18 400 千米,岛屿海岸线长约 14 000 千米,南京以下长江岸线长约 800 千米。广阔的海洋面积为我国港口的发展提供了便利条件。

我国的港口交通体系可以划分为三个层次,即主要港口、地区性重要港口和一般港口。全国沿海交通体系规划了 24 个主要港口,其中还划分有区域性枢纽港口,计有 8 个;24 个地区性重要港口;其余为一般性港口。同时形成了五大区域港口群,即环渤海港口群、长江三角洲港口群、珠江三角洲港口群、东南沿海港口群和西南沿海港口群。① 另外还包括四大货类运输体系,即集装箱运输系统、煤炭运输系统、外贸进口原油运输系统和外贸进口铁矿石运输系统。②

所谓近海港口交通体系,是指主要从事本国近海区域集装箱运输业务的港口,近海港口通常具有近洋国际直达航线和国内航线,大多为集装箱支线港和喂给港。许多近海港口均从事远洋散杂货运输业务,有的近海港口也从事远洋集装箱业务,但大多通过远洋运输港口中转。

下面就近海港口进行举例介绍。

(一)北部湾港口群

广西北部湾港口群位于广西壮族自治区南端,东起与广东交界的洗米河口(东经 107°29′、北纬 20°54′),西至中越界河北仑河口(东经 109°46′,北纬 22°28′),海岸线长 1 629 千米,具有水域宽阔、纳潮量大、地形隐蔽、水深浪小、港池航道淤积少等良好的天然水域条件和广阔的陆域,开发潜力巨大。

近年来北部湾港口群发展迅速,已初步形成了以防城港为主、钦州港和北海港共同发展的格局。北部湾港口群现有生产性泊位 252 个,其中万吨级以上泊位 75 个,设计通过能力约 2.26 亿吨(包括集装箱 380 万 TEU)。2015 年完成货物吞吐量 20 510 万吨,同比增长 1.6%,在全国沿海排名第 15 位。

“十三五”期间,北部湾港口群规划新建泊位 32 个,其中,万吨级以上 28 个,新增通过能力 8 962 万吨。其中,防城港新建泊位 11 个,新增通过能力 2 338 万吨;钦州港新建泊位 14 个,新增通过能力 5 560 万吨;北海港新建泊位 7 个,新增通过能力 1 064 万吨。预计到“十三五”期末北部湾港口群设计通过能力达到 3.2 亿吨。发展目标是基本建成集装箱干线港,打造面向东盟的区域性国际航运体系。

---

① 黄俊,李善友,施华栋. 我国沿海港口群划分及发展重点[J]. 综合运输,2014,10:23-28.

② 资料来源:《中国沿海港口布局规划》

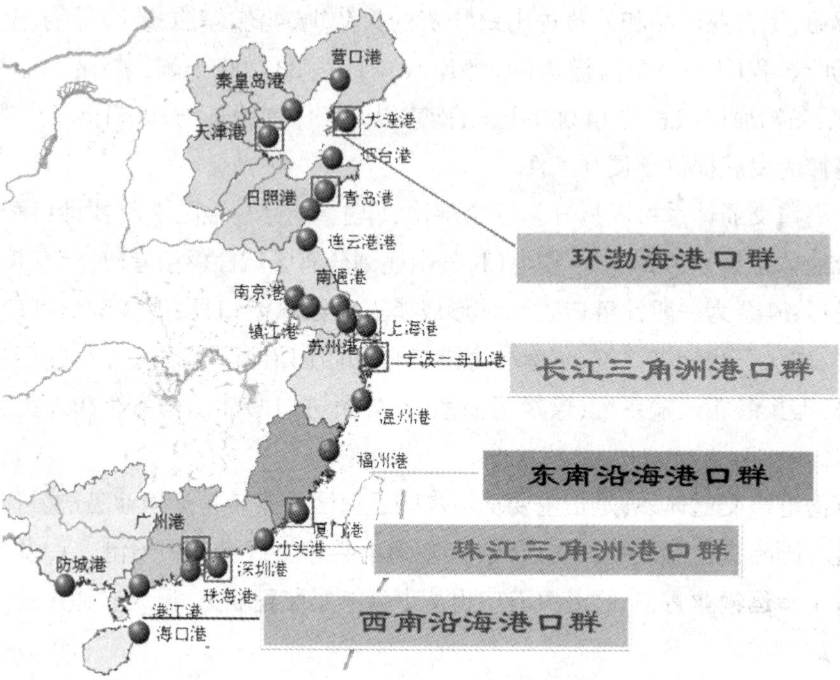

图 6-6　五大区域港口布局图

（二）湛江港

湛江港位于广东省雷州半岛北部的湛江市，地理位置是东经 110°24′21″，北纬 21°09′42″。其东出太平洋，南下东南亚，西倚大西南，是我国与印度洋、太平洋沿岸国家和欧洲海陆的重要交汇点，是中国大西南金三角经济区的进出口咽喉，地理位置相当优越。湛江港在掩护良好的广州湾内，东有南三岛、南有东海岛形成天然屏障，湾内深水岸线有上百千米，是我国著名的天然深水良港之一。

湛江港是新中国第一个自行设计建造的现代化海港，也是中国大陆通往东南亚、非洲、欧洲和大洋洲航程最短的港口。湛江港自 1956 年开港以来，经过 60 多年的建设发展，已成为西南沿海港口群的主体港，也是我国中西部和华南地区货物进出口的主通道之一和中国南方能源、原材料等大宗散货的主要流通中心。

湛江港现有生产性泊位 127 个，其中深水泊位 36 个，航道总里程 195 千米，其中 30 万吨级深水航道 54.9 千米。2015 年湛江港完成货物吞吐量 2.2 亿吨，增长 8.9%，增幅居全国沿海港口第 3，吞吐量居全国沿海港口第 12 位。

预计到 2020 年，湛江港货物吞吐量达到 4 亿吨，其中集装箱吞吐量达到 300 万 TEU。基本建成区域性国际物流中心和大宗商品交易中心。

（三）海口港

海口港位于海口市，是从事港口装卸、仓储、水上客货运输、集装箱运输、外轮理货、船舶修理、商业贸易、旅游、房地产开发、物业管理等多元化的综合性经济实体。它属琼北地区海口秀英港、海口新港、马村港 3 个港口，实行统一规划、统一建设、统一经营、统一管理。其中，海口秀英港是海南省的交通枢纽和客货集散中心，在中国沿海港口发展战略中被交通部列为主枢纽港和海南省国际集装箱干线港口，属国家一级开放口岸。

海口港是海南省对外贸易的重要口岸，现与日本、朝鲜、马来西亚、新加坡、泰国、印尼、科威特、沙特阿拉伯等二十多个国家和地区有贸易运输往来。海口港又是海南省旅客进出的重要通道，目前开通了海口—海安、海口—北海、海口—广州等地汽车、旅客滚装轮航班，每年旅客进出港量约 140 万人次；海口—广州、湛江、北海等地的国内集装箱航线。

快捷的海上运输，架起了海南和大陆的海上桥梁，为海南特区建设起到积极的作用。海口港是海南省的交通枢纽和客货集散中心，在我国沿海港口发展战略中被交通部列为沿海主要港口和海南省国际集装箱干线港口。

（四）洋浦港

洋浦港位于海南省儋州市。洋浦港水域由洋浦湾和新英湾组成。新英湾是洋浦港的内湾，口窄里阔，水域面积近 450 万平方米；洋浦湾西临北部湾，东南北三面由玄武岩地环抱，湾口南北有大小珊瑚岛和洋浦鼻形成天然屏障。

洋浦港水路北至海口港 86 海里，至湛江港 173 海里，西达八所港 54 海里，南抵三亚港 174 海里，水陆交通便利。洋浦至西线高速公路出口 28 千米。洋浦港素有“水深、避风、回淤量少、可利用海岸线长、天然深水良港”之称，是海南西北部工业走廊出海通道的重要出海口，是国家一类开放口岸。

2008 年，胡锦涛总书记视察了国投洋浦港，希望洋浦人能抓住机遇，继续拼搏进取，努力把洋浦港打造成为面向东南亚的航运枢纽。

（五）八所港

八所港位于海南西部新兴滨海工业城市——东方市境内，地处海南西部工业走廊和琼西南热带高效农业基地出海口。八所港濒临北部湾，区位优势十分明显，属国家一类开放口岸，与全国沿海各港以及全球二十多个国家和地区通航贸易往来，口岸服务机构齐全，是环北部湾经济圈主要的贸易港口。

八所港现有 2 个港区共 10 个泊位，年综合设计通过吞吐能力 1 265 万吨。第一港区共有泊位 8 个，其中万吨级深水泊位 6 个，千吨级泊位 2 个，库场面积 10 余万平方米；第二港区建设成为现代化的化工危险品专用码头，目前拥有一个 1 万吨级和一个 5 000 吨级泊位，是海南唯一的公共的现代化化工危险品专用码头。

八所港将充分利用港口的区域、资源和物流优势,紧紧抓住环北部湾经济圈和腹地经济发展的难得机遇,将主营业务和区域经济的发展紧密结合起来,不断拓展港口功能和延伸港口产业链,全力打造辐射全国沿海和东南亚地区的区域性国际性物流集散地。根据港口发展规划,至2020年,八所港将建设成为一个吞吐量4 000万吨以上、功能齐全、服务全社会的海南西部现代化港口。

(六)秦皇岛港

秦皇岛港地处渤海之滨,扼东北、华北之咽喉,是我国北方著名的天然不冻港。这里海岸曲折、港阔水深,风平浪静,泥沙淤积很少,万吨货轮可自由出入。秦皇岛港是世界第一大能源输出港,是我国"北煤南运"大通道的主枢纽港,主要将来自祖国内陆山西、陕西、内蒙古、宁夏、河北等地的煤炭输往华东、华南等地及美洲、欧洲、亚洲等国家和地区,担负着我国南方"八省一市"的煤炭供应,占全国沿海港口下水煤炭的50%。

据1990年统计,改革开放二十年来,秦皇岛港新建深水泊位17个,其中2万~10万吨级煤炭泊位10个,5万吨级石油泊位1个,1.5万~3.5万吨级杂货泊位6个,形成以新开河为界的东西两大港区,东港区以能源输出为主,西港区以进出口杂货为主的新格局,新增设计年能力1亿多吨,其中煤炭9 220万吨、石油500万吨、杂货350万吨。目前,设计年通过能力达到1.2亿吨。秦皇岛港目前拥有全国最大的自动化煤炭装卸码头和设备较为先进的原油、杂货与集装箱码头,共有泊位58个,其中生产性泊位37个。秦皇岛油港现有一、二期两个码头,2.5万吨级泊位两个,5万吨级泊位一个,3千吨级成品油泊位一个,年通过能力1 650万吨。

二、我国近海港口的发展情况

我国近海港口几乎承担了国内各类货物的运输,并且近几年来,近海港口发展势头迅猛,各大港口不仅在国内实力雄厚,而且在全球港口排名中占有一席之地。我国近海港口凭借优良的地理位置、发达的科学技术、国家政策的支持,已成为推动中国经济不断向前发展的一股强大力量。随着建设海洋强国目标的提出,各大近海港口迎来了跨越式发展的契机,势必成为实现中国梦的重要力量支持。

近海港口作为我国货物运输的一个重要组成部分,发展速度在不断加快,一批如北部湾港、湛江港、唐山港等近海港口的吞吐量排名靠前。

表 6-2 2015 年前三季度我国主要港口吞吐量排名

名次	港名	今年累计(万吨)	9 月(万吨)	同比增长率(%)
1	宁波-舟山	68 570	7 265	3.9
2	上海	54 093	5 850	-5.3
3	苏州	40 002	4 635	13.9
4	天津	39 954	3 900	0.4
5	广州	37 103	4 152	4.7
6	唐山	36 627	3 876	-1.7
7	青岛	36 613	3 916	3.9
8	大连	33 534	3 780	4.3
9	营口	37 098	2 858	3.6
10	日照	25 271	2 507	-0.5
11	秦皇岛	19 415	2 046	-5.8
12	烟台	18 850	2 344	5.2
13	湛江	16 422	1 660	8.5
14	南通	16 397	1 880	3
15	深圳	16 327	1 817	-0.5
16	南京	16 210	1 870	5.8
17	厦门	15 829	1 783	5.2
18	北部湾港	14 961	1 735	-1.9
19	连云港	14 672	1 636	-0.5
20	泰州	12 601	1 500	7.5

资料来源:根据中国海事服务网资料整理。

三、影响我国近海港口交通运输系统安全的因素

(一)我国近海港口交通安全面临的形势

目前,我国近海港口建设正处于较快发展阶段,大量石油化工码头、散货码头、集装箱码头的建设,危险化学品的运输和存储带来了较大的安全管理压力,机械设备的大型化、自动化趋势对操作人员提出了更高的技术和管理的要求,受自然条件的影响,台风、风暴潮、雷电等不良自然条件对港口生产和大型机械设备的安全构成了较大的威胁。特别是石油化工品、危险品集装箱装卸储运量的高速增长增加了港口安全管理的风险和难度。① 而且,在交

① 杜德斌,马亚华,范斐,恽才兴. 中国海上通道安全及保障思路研究[J]. 世界地理研究,2015,02:1-10.

通运输过程中,碰撞、搁浅事故时有发生。

2002年按照国务院部署,港口体制进行改革,交通部直属港口及双重领导港口下放地方政府管理,港口安全管理由新成立的港口行政管理部门承担。港口体制改革在一定程度上缓解了港口安全生产事故的发生,但是对于近海港口在交通运输过程中事故频发的情况效用不大,这应当引起国家的高度重视。这种情况主要是由于在运输过程中不可预知的因素过多,即使做好了自身的防范工作,但也无法确保其他船只的安全情况。尤其是在海上渔船较多的月份下,海上交通运输系统的安全事故发生率会更高。总之,我国近海港口交通运输系统安全的形势不容乐观,应当从实际出发,完善港口的管理体制。

(二)影响近海港口交通运输安全的因素

根据以上对近海港口交通运输安全形势的分析,结合我国近海港口交通运输的实际情况,就影响我国近海港口交通运输安全的因素做如下几个方面的分析。

1. 港口安全

港口是海上通道的起点和终点,其安全是通道安全的基础。港口本身安全因素主要包括集疏运体系、危险品的移动和存储等。

(1)集疏运体系。由于港口集疏运体系是包括水、铁、公、空和管道等五种航运方式联合运行的综合体系,确保五种方式各自运行和彼此间对接的安全是一个复杂工程,具体需要在码头、运输工具和设备、燃料、运输方式的组织和衔接等方面予以确保。比如巴西桑托斯港从2013年以来,几乎每年都发生火灾报道。2016年1月14日下午,该港因火灾而被引燃的至少有十余个集装箱的货物,迅猛的火势不仅使得该港两个码头停止服务,由于燃烧物多为化学品,更造成了有毒气体的扩散。据不完全统计,由于有毒气体扩散态势缓慢,目前该港及附近城镇已有超过50人因吸入毒气而被送往医院进行医疗护理。

(2)危险品的移动和存储。港口危险货物的装卸、移动和存储是一个高风险的过程,稍有不慎,就会酿成大祸。例如,2010年大连"7·16"输油管道爆炸火灾事故就是一个血淋淋的教训,未经安全审核、违规在原油库输油管道上进行加注"脱硫化氢剂"作业,并在邮轮停止卸油的情况下,继续加注,造成"脱硫化氢剂"在输油管道内局部富集,发生强氧化反应,导致输油管道发生爆炸,引发火灾和原油泄漏特别重大责任事故。2015年8月12日,天津港的瑞海公司危险品仓库发生火灾爆炸事故,造成165人遇难,798人受伤,304幢建筑物、12 428辆商品汽车、7 533个集装箱受损,直接经济损失不少于68.66亿元。

2. 自然环境

环境因素主要包括风浪潮流、天气能见度、航道水流状况这三个方面。其中,自然环境因素对近海港口交通安全影响更为显著。以秦皇岛港口等为例,对环境因素进行深层次分析。

(1)风浪潮流。风浪潮流是在风的直接作用下产生的水面波动,严重的可掀起巨大浪潮,影响航船的运行。台风就是典型的一个例子。近海港口的船只在正常运输过程中都会面临比较大的风浪,这是自然环境所赋予的。但是,一旦遇到恶劣天气,如果没有很好的防范措施,人和物必定会受到伤害,形成事故。

(2)天气能见度。造成能见度不良的天气有雾,雪,雨和雹,其中雾的影响最大。2015年,北京、山东、河北等地经历了严重的雾霾,能见度极低,影响了海上航行和进出港调控,调入调出量有所紊乱,大风大雾导致的港口封航以及降雪降温造成的冻车,影响了港口煤炭装船作业以及煤炭调入。自12月9日开始,环渤海区域就开始雾霾弥漫,秦皇岛港、曹妃甸港以及京唐港区均进行较长时间封航,其中,秦皇岛港自12月9日起均在封航,期间试航走靠5条船,煤炭装船45.9万吨。近期下游派船增加,加之封航船舶积压,导致港口锚地船舶均保持偏高水平,截止10日,秦皇岛港锚地船舶为78艘,港口煤炭库存量已经降至500万吨以下,10日秦港煤炭库存为492万吨。

(3)水流状况。水流会对船只的运行速度和方向控制产生很大影响,这里的水流可以分为顺流和逆流两种情况进行分析。当船舶顺流而行时,船与海洋面的摩擦力减少,船运行速度过快,应当及时观察周边情况,防止碰撞现象发生。而当船逆流而行时,船与海洋面的摩擦力增大,船运行速度较慢。

3. 船舶因素

在船舶因素方面,操纵性能、类型大小、仪器设备、装载情况、甲板视线是影响近海港口交通运输安全的主要因素。首先,一些渔船和大型船只仪器设备落后、操纵性能较差,加之超使用年限,为了节约成本不更换渔船,而且还妄自超载,导致渔船安全系数大大下降。如果遇上恶劣天气,有可能会导致翻船,造成人员伤亡。其次,有些渔船基本不配备AIS,海事局无法监管,过往船舶如果不熟悉海况,稍有疏忽就可能会出现紧迫局面甚至造成海上事故。最后,甲板视线也是一个重要的影响因素,如果设计不当,可能会影响指挥者的视线,当然这主要是针对小型船只和渔船而言。① 虽然在所有影响近海港口交通安全的因素中,相对来说船舶因素所占的比重比较小,但是船舶性能仍然是发生船只碰撞事故的一个重要因子。例如,在2003—2013年的10年间,大连港水域共发生82起碰撞事故,而船舶因素就是这些灾难发生背后的关键因素。②

4. 人员因素

人员因素方面主要包括知识能力、经验熟悉度、精神状态和团队合作。

---

① 徐国裕,张运杰,吴兆麟. 船舶在港口水域安全航行的影响因素[J]. 大连海事大学学报,2006,04:48-50.

② 薛伟. 大连港及其附近水域船舶碰撞事故风险分析[D]. 大连海事大学,2013.

(1)专业水平有待提高。渔船上的船员相对于其他工作领域而言,文化水平普遍比较低,绝大部分没有经过正规的专业教育,业务素质、技术水平较低。据某省统计,报考五等职务船员的人员学龄一般均不超过10年,其中初中以下文化程度的占98%。近年来,由于渔船数量的增加,渔民中有60%以上是农民工,必须的技术业务素质得不到保证。他们关于渔船和海洋方面的知识能力明显不足,大部分是依靠长时间获得的经验来操纵。目前在渔船中存在吨位越小,专业素质越差的现象。

(2)安全意识不强。在工作中积极性不高,缺乏团队合作精神,他们中不乏有人认为渔船碰撞事不关己,在渔船行驶过程中疏忽瞭望、不使用安全航速,在能见度不良时也不懂得如何行动、抢过大船船头等。甚至有些渔船船员根本不了解大船的操纵性能,相遇时也不采取避让行动,紧迫局面在所难免。

(3)超负荷工作。任何事故的发生都是要归结于人的行为,那么,人的精神状态也注定是影响近海港口交通安全的关键因素。由于大部分船员年龄偏大加之工作时间较长,即使有轮班或者休息,但是压力过大导致精神状态不佳现象仍然十分严重。

5. 港口航运服务

港口服务主要包括船舶交通服务、导航标志、泊位状况、港口支持这四个方面。

(1)船舶交通服务。船舶交通服务可以针对每一艘船舶,以便帮助船上的航行操作;也可针对整个交通,防止产生危险局面和允许优化使用航道。一般由雷达子系统、VHF通信子系统、信息传输子系统、雷达数据处理子系统、交通显示及操作控制子系统、船舶数据管理子系统、记录和重放子系统组成,有些安装了AIS子系统。截至2009年底,我国已建成28个VTS中心,91座雷达站,信号覆盖了所有重要港口和交通繁忙水域。船舶交通服务在大型船只上应用的比较好,并未为小型船只所接纳,这主要是小型船只出于经济利益考虑而节约成本所致。

(2)导航标志(航标)。航标是帮助引导船舶航行、定位和标示碍航物与表示警告的人工标志,因此,导航标志的合理设置是保证船只安全的重要举措。航标配布应当根据海上和海岸的具体航行条件,简单明了地指出安全、经济而又便于船舶航行的航道。导航标志是船只航行在海洋上的指南针,依靠导航标志才能顺利到达终点。中国海事局为保障沿海水域的通航安全,确保航标应急恢复及时完成、应急标志及时设置、应急任务及时完成、信息及时传递处理,提高全国海区航标应急反应能力,制定并发布了《海区航标应急反应管理办法》。中国还成立了海事航标应急队伍,利用ISO9001质量管理体系标准的理念,参照IALA 1052指南及相关国际组织的建议,开始试运行航标质量管理体系。目前,中国在航标技术、质量、自动化、信息化等局部方面已不亚于发达国家水平。

(3)泊位状况。泊位状况可以分为靠泊条件和系泊条件。一方面,大型船舶进港应配备足够马力的拖轮协助转向靠泊,否则容易出现转向偏差的情况;另一方面,系泊条件主要包括护旋、系缆设施和缆绳的选取和布置。护旋的选择和布置应综合考虑靠泊船舶的类型尺度,靠泊方式,码头结构型式,水位变幅和使用要求等因素。同时也要考虑到船舶的撞击力。

(4)港口支持。港口支持是船舶得以前进和停靠的港湾。各大近海港口都十分重视港口建设工作,努力为海上交通运输提供更加全面、优质的服务,同时也是推动各个港口蓬勃发展的重要步骤。

(5)交通秩序维护。港口水域交通秩序的维护是通过港务监督的监督员、监督站、信号台、邽望台、巡逻船、通信设施、港口交通管理系统等手段来维护交通秩序,保障船舶航行安全。

6. 引航服务

在引航服务方面,主要包括专业素质、敬业精神、引航技术、沟通协调四大内容。

(1)在专业素质方面,由于目前渔船多为个体所有,设备及其运行状况十分简陋,而且大部分船员没有经过正规的专业技术培训,不懂得正确使用导航仪器。即使是在大型渔船上,能懂得正确使用先进的导航仪器和GPS、雷达的也少之又少。

(2)在引航技术方面,船员多凭经验进行操控,引航技术不足,碰撞事故时有发生。一个人的经验也是有限的,并且只限定于自己熟悉的海域,一旦遇到一些突发情况,经验不是万能的。另外,引航技术与发达国家相比仍有差距,安全事故的隐患进而加大。

(3)船员的敬业精神在很大程度上取决于雇主的意愿。一些船主除雇请农民工充当船员外,还减少船员定额,搞所谓的"一人多技"、"一船多用"等,拼命增加船员的劳动强度。劳动强度过大导致农民工身心俱疲,进而影响工作效率,可能会因劳累导致交通安全问题出现。

(4)船员大都素质水不平不高,在沟通协调时存在困难。沟通上的失误有可能会导致错误的操作,从而增大事故发生率。

第三节　影响远洋运输港口交通体系安全的主要因素

一、我国远洋运输港口交通体系的主要构成

所谓远洋运输港口交通体系,通常是指集装箱远洋干线班轮挂靠的港口交通体系,也称为集装箱干线港交通体系。

根据上一节对近海港口构成的介绍,我国几乎所有的近海港口都部分的承担着远洋运输的功能。长期以来,我国远洋运输港口主要集中于环渤海港口群、长江三角洲港口群以及

珠江三角洲港口群,但近年来西南港口群承担远洋运输的功能和运量也在大幅增加。下面举例介绍部分远洋运输港口。

(一)大连港

大连港位于辽东半岛南端的大连湾内,港阔水深,港区条件优良,是我国主要集装箱海铁联运和海上中转港口之一。大连是哈大线的终点,经东北铁路网和公路网联接着俄罗斯和朝鲜,通过西伯利亚大铁路,成为欧亚大陆桥的起点,为东北三省的门户,也是东北地区最重要的综合性外贸口岸。大连港现拥有集装箱、原油、成品油、粮食、煤炭、散矿、化工产品、客货滚装等 80 来个现代化专业泊位,其中万吨级以上泊位 40 多个,拥有中国最大、最先进的 30 万吨级原油码头和 30 万吨级矿石码头。

大连港已与世界上 160 多个国家和地区、300 多个港口建立了海上经贸航运往来,开辟了集装箱国际航线 75 条,至 2013 年是我国第八大海港,货物吞吐量世界排名第十位。天津港主要由新港港区和海河港区两部分组成,具体包括大港、黑嘴子、甘井子、大连湾、鲇鱼湾、大窑湾等港区。

(二)天津港

天津港处于京津冀城市群和环渤海经济圈的交汇点,是中国北方最大的综合性港口和重要的对外贸易口岸。天津港是我国沿海主枢纽港和综合运输体系的重要枢纽,也是华北、西北地区能源物资和原材料运输的主要中转港,是北方地区的集装箱干线港和发展现代物流的重要港口。天津港拥有各类泊位 140 余个,其中公共泊位 76 个,岸线总长 14.5 千米,万吨级以上泊位 55 个。1973 年 9 月,天津港成功开辟了我国第一条国际集装箱航线,成为中国大陆最早开展国际集装箱运输业务的港口。1980 年,天津港建成中国第一个集装箱码头。2013 年,天津港货物吞吐量首次突破 5 亿吨,集装箱吞吐量突破 1 300 万标准箱,成为北方第一个 5 亿吨港口。

天津港主要由北疆港区、南疆港区、东疆港区、临港经济区南部区域、南港港区东部区域等组成。北疆港区以集装箱和件杂货作用为主;南疆港区以干散货和液体散货作业为主;东疆港区以集装箱码头装卸及国际航运、国际物流、国际贸易和离岸金融等现代服务业为主;临港经济区南部区以重装备制造业、新能源、粮油轻工业为主要发展方向;南港港区东部区域以煤炭、矿石等大宗散货为主。

(三)青岛港

青岛港位于山东半岛南岸的胶州湾内,是太平洋西海岸重要的国际贸易口岸和海洋运输枢纽。港内水域宽阔,四级通航,是我国著名的优良港口。港口拥有码头 15 座,泊位 73 个,主要从事集装箱、煤炭、原油、铁矿、粮食等各类进出口货物的装卸服务和国际国内客运服务,与世界上 130 多个国家和地区的 450 多个港口有贸易往来,是太平洋西海岸重要的国际贸易口岸和海上运输枢纽。2014 年实现港口货物总吞吐量 4. 65 亿吨,集装箱吞吐量突破 1 658 万标准箱,进口原油吞吐量居中国港口第一位,集装箱装卸效率、铁矿船效率保持世界第一,港口吞吐量在全国位居第七,是世界集装箱吞吐量第七大港口,是我国第二个外贸亿吨吞吐大港。

青岛港由青岛老港区、黄岛油港区、前湾新港区三大港区组成。

(四)上海港

上海港位于长江三角洲前缘,居我国 18 000 多千米大陆海岸线的中部、依江临海,扼长江入海口,地处长江东西运输通道与海上南北运输通道的交汇点,水陆交通便利,集疏运渠道畅通,全国 31 个省市(包括台湾省)都有货物经过上海港装卸或换装转口。对外接近世界环球航线。是我国沿海的主要枢纽港,我国对外开放,参与国际经济大循环的重要口岸。上海市外贸物资中 99%经由上海港进出,每年完成的外贸吞吐量占全国沿海主要港口的 20%左右。

至 2011 年底,上海港区拥有各类码头泊位 1164 个,其中万吨级以上生产性泊位 150 个,货物吞吐能力 4. 6 亿吨。包括公用码头泊位 183 个,其中生产性泊位 145 个,共有集装箱专用泊位 41 个。2015 年上海港年货物吞吐量达 7. 17 亿吨,其中集装箱吞吐量 3 653. 7 万 TEU,连续六年保持世界第一。

上海港主要由分布在长江入海口南岸的宝山、张华浜、军工路、外高桥、共青、高阳、朱家门、民生、新华、复兴、开平、东昌等港区构成。

(五)宁波-舟山港

宁波-舟山港 2006 年由浙江宁波港和舟山港合并组建,其中宁波港位于长江三角洲东南部,地处东海之滨杭州湾畔,舟山港位于浙江省舟山群岛舟山市,地处长江三角洲和东部沿海要冲。宁波-舟山港是我国大陆重要的集装箱远洋干线港和国家的主枢纽港之一,国内最大的铁矿石中转基地和原油转运基地,国内重要的液体化工储运基地和华东地区重要的煤炭、粮食储运基地。现有生产泊位 615 座,其中万吨级以上大型泊位 150 座,设计吞吐能力 7. 2 亿吨,居我国首位;集装箱吞吐能力 1 297 万 TEU,集装箱远洋干线 130 条,居全国前列,与世界上 200 多个国家和地区的 600 多个港口建立了业务关系,已开通班轮航线 230 多条。2015 年,宁波-舟山港货物吞吐量达到 8. 89 亿吨,连续六年位居世界港口第一;集装箱吞吐量首次突破 2 000 万标箱,排名跃居世界港口第四。

宁波-舟山港由镇海、北仑、大榭、穿山、梅山、金塘、衢山、六横、岑港、洋山等 19 个港区组成。

(六)广州港

广州港地处珠江入海口和我国外向型经济最活跃的珠江三角洲地区中心地带,濒临南海，毗邻香港和澳门，东江、西江、北江在此汇流入海，是海上丝绸之路的始发港之一，是泛珠江三角洲经济区域的出海通道和中国最重要的对外贸易口岸之一，是全国沿海主要港口和集装箱干线港。通过珠江三角洲水网，广州港与珠三角各大城市以及与香港、澳门相通，由西江联系我国西南地区，经伶仃洋出海航道与我国沿海及世界诸港相联。截至 2015 年底，广州港拥有各类码头泊位 673 个，锚地 88 个，浮筒 23 个，万吨级以上泊位 66 个，最大靠泊能力 30 万吨。目前已通达世界 80 多个国家和地区的 350 多个港口以及国内 100 多个港口，有 66 条航线，其中 29 条为对内的航线，4 条非洲线，4 条澳洲线，4 条日本线，1 条韩国线，6 条美洲线，4 条中东线，其余为地中海及欧洲线，。

2015 年，广州港完成货物吞吐量 5.2 亿吨，集装箱吞吐量 1 762.5 万标准箱，广州港货物吞吐量和集装箱量均位列全国沿海港口第四，位列世界第六和第七。

广州港港区划分为内港、黄埔、新沙和南沙等 4 大港区。

（七）深圳港

深圳港位于广东省珠江三角洲南部，珠江入海口伶仃洋东岸，毗邻香港，是国家确定的华南地区集装箱枢纽港。拥有港口泊位数 153 个，其中万吨级泊位 67 个，货物年吞吐能力 20 035 万吨，其中集装箱吞吐能力 1 925 万标准箱，客运泊位 19 个，年设计通过能力 550 万人次。开通国际集装箱班轮航线达 235 条，通往 100 多个国家和地区的 300 多个港口，沿海内支线及外贸驳船航线 47 条。2015 年全年深圳港港口货物吞吐量 22 323.73 万吨，集装箱吞吐量 2 403.74 万标箱。

深圳 260 公里的海岸线被九龙半岛分割为东西两大部分，深圳港拥有蛇口、赤湾、妈湾、盐田、大铲湾、沙鱼涌、下洞、东角头、福永和内河 10 个港区。

二、我国远洋运输港口的发展情况

（一）我国远洋运输港口占世界重要地位

中国大陆主要港口在世界港口中已经占据重要地位，在世界港口的排名不断靠前，成为世界上港口货运吞吐量和集装箱吞吐量最多，增长速度最快的国家。截至 2015 年，我国已经连续 13 年在港口货运吞吐量居于首位，在 2015 年全球十大货运吞吐量港口的排名中，我国占据了 7 个席位，总吞吐量占全球吞吐量的 73.7%；同时也占据了全球十大集装箱吞吐量港口的 7 个席位，总吞吐量占比 69.5%。

全球顶级 20 集装箱港口中，中国各港口 2015 年大部分实现增长。在以上港口中，外贸货物吞吐量已经占据主要比例、国际中转箱量也在不断增加，成为新的业务增长点。

（二）我国的国际航运中心在崛起

从 20 世纪开始的建设国际航运中心探索，逐步取得突破。到目前为止已经有 4 个港口获准建设国际性航运中心，一批沿海港口正在努力建设国际性航运中心。包括上海、天津、大连和厦门在内的航运中心在完善航运市场要素、健全航运服务功能、航运管理制度等方面进行与国际接轨的拓展和探索，进一步提升了我国沿海港口在远洋运输中的地位。

（三）远洋港口日渐成为全球供应链的重要枢纽

我国远洋港口已经向全程物流发展，将腹地范围内的货代、船代、公路运输商、铁路运输商、船公司、港口服务商等各个方面的资源进行分工合作，为货主设计全程物流方案，提供满足货主运输需求的相应服务，使得货物从发货地开始就能够实现整个运输的安全、及时，并达到低运输成本。港口不再仅仅是运输中的一个环节了，而是控制国际贸易全程运输的主要物流经营商，成为全球供应链的重要枢纽。

（四）正在形成 8 大系统

自 2006 年以来，各港口根据全国沿海港口规划，正在形成 7 大远洋货物运输系统和一个客运运输系统：

——由北方沿海的秦皇岛港、唐山港（含曹妃甸港区）、天津港、黄骅港、青岛港、日照港、连云港港等 7 大装船港，华东、华南等沿海地区电力企业的专用卸船码头和公用卸船设施组成的煤炭运输系统。

——依托石化企业布点，专业化的、以 20 万~30 万吨级为主导的石油卸船码头和中、小型油气中转码头相匹配的石油运输系统。

——临近钢铁企业布点，专业化的、以 20 万~30 万吨级为主导的铁矿石卸船泊位和二程接卸、中转设施匹配的铁矿石运输系统。

——以大连、天津、青岛、上海、宁波、苏州、厦门、深圳、广州等 9 大干线港为主，相应发展沿海支线和喂给港的集装箱运输系统。

——与国家粮食流通、储备、物流通道配套的，专业化运营、集约化的粮食运输系统。

——依托汽车产业布局和内、外贸汽车进、出口口岸，专业化、便捷的商品汽车运输及物流系统。

——以人为本、安全、舒适、便捷的旅客运输系统。

（五）远洋运输港口处于平稳发展阶段

从 2011 年开始，我国干散货吞吐量的增速逐步走低，到 2015 年开始甚至出现了负增长。主要贸易国欧盟经济的持续疲软拉低了 2016 年集装箱吞吐量的增速，到 2016 年，集装箱吞吐量增速降低至 2%。预计“十三五”期间，全国港口吞吐量增长速度可能会低于国民经济发展速度，但我国货物贸易大国、资源能源进出口大国的地位短期内不会发生改变。因此，我国港口在今后一段时期内总体上会处于平稳发展的阶段，即我国港口货物吞吐量和集装箱吞吐量增长将进入中低速增长的“常态”。

（六）远洋运输长期忽视港口和通道

长期以来，中国的远洋运输史被归结为中国远洋运输集团公司的发展史，20 世纪 90 年代后，中国远洋运输发展战略目标被定位为建立一支覆盖全球的集装箱班轮运输船队和确立全球承运人地位。受限于意识和能力，港口对远洋运输的支撑和服务、融入国际规则、国际航运便捷和安全等方面，与国际航运大国不相适应。

表 6-3　2015 年全球顶级 20 港口集装箱吞吐量排名

2015 排名	2014 排名	港口	所属国家	集装箱吞吐量（万 TEU）	同比（%）
1	1	上海港	中国	3 660～3 690	4.1～5.0
2	2	新加坡港	新加坡	3 480～3 510	2.7～3.6
3	3	深圳港	中国	2 430～2 450	2.5～3.4
4	5	宁波-舟山港	中国	2 160～2 180	12.1～13.2
5	4	香港港	中国	2 130～2 150	-4.2～-3.3
6	6	釜山港	韩国	1 925～1 940	3.2～4.0
7	7	青岛港	中国	1 740～1 755	4.7～5.6
8	8	广州港	中国	1 712～1 728	5.7～6.7
9	9	迪拜港	阿联酋	1 655～1 670	8.9～9.9
10	10	天津港	中国	1 490～1 505	6.2～7.3
11	11	鹿特丹港	荷兰	1 280～1 290	4.1～4.9
12	12	巴生港	马来西亚	1 160～1 170	6.0～6.9
13	13	高雄港	中国	1 110～1 120	4.8～5.7
14	15	汉堡港	德国	1 010～1 020	4.1～5.2
15	14	大连港	中国	990～1 000	-2.0～-1.0
16	16	安特卫普港	比利时	935～945	4.4～5.5
17	17	厦门港	中国	920～930	7.5～8.7
18	18	丹戎帕拉帕斯港	马来西亚	900～910	5.6～6.8
19	19	洛杉矶港	美国	855～865	2.5～3.7
20	20	长滩港	美国	695～705	1.9～3.4

资料来源：根据中国科学院研究预测小组的结果整理。

从国内视角来看，我国近海港口的货物吞吐量虽然有所降低，但是总体上仍然持续稳步发展的节奏。近海港口依靠发达的交通运输线、不同水深的航道、现代化的港口设备，在 2014—2015 年中取得了显著的成绩。

三、我国远洋运输港口安全管理存在的主要问题

为了更好地分析影响远洋港口运输交通体系安全的因素，有必要对其目前远洋运输港口存在的安全问题进行阐述。为加强港口设施保安工作，根据经修订的《1974 年国际海上人命安全公约》（以下简称 SOLAS 公约）、《国际船舶和港口设施保安规则》（以下简称 ISPS 规则）和《国际海运危险品规则》，我国自 2008 年 3 月 1 日起施行《中华人民共和国港口设施保安规则》，港口安全工作得到加强，我国主要商港均已对外开放并取得了保安证书，但具体而言，依然存在以下问题：

（一）安全监督管理滞后

从本质上来说，港口是作为一个行政管理单位存在的，安全管理就应当成为港口行政管理之中的重中之重。但随着港口体制改革的不断深化，部分港口并没有配备相适应的管理机构，从而导致工作效率下降、人员配备不足、政企不分的现象依然存在。尤其是在安全监督管理方面做得不够到位。工作人员对于港口进出货物的检查力度不强，细致度不够，导致部分危险物品进入船只内部，从而大大增加了渔船等在运输过程中的危险性，不安全系数增大，而且由于远洋运输时间和距离较长，一旦发生事故，援救较为困难，后果不堪设想。

（二）未完善与港口安全相关的法律法规

远洋运输港口作为国家经济发展的重要力量，承担着与其他国家之间进行友好合作的使命，应当从国家法律的的高度不断完善远洋运输港口的安全保障。就目前而言，我国已经出台了《港口法》、《水陆危险货物运输规则》、《危险化学品管理条例》等法律，在一定程度上保证了港口的安全，但法律法规仍不健全，相关的法律法规在港航系统的落实不够到位，违规操作的现象时有发生。对于远洋运输港口而言，各类货物的装卸作业还缺乏统一的标准，特别是液体货物的装卸以及储运安全的标准和制度。同时，由于远洋运输会涉及与各个国家之间的沟通协调，国家在制定有关法律时应当了解和参考国际通行的规定，以最大限度地与国际接轨，保证港口安全法规的全面和实用。

（三）缺乏港口安全管理的人才

总体上来说，港口安全管理是行政管理的主要职责之一。但是，由于港口的专业性、技术性、综合性较强，导致大部分行政管理人员无法切实履行自身职责。货物和泊港船只的安全是远洋运输港口的主要工作任务，确保安全，责任重大。但是，如果一个缺乏安全管理的人员来进行管理，那么有可能造成严重的工作失误。更为重要的是，港口安全管理的技术和方法更新较快，一旦跟不上最新的管理方法，也会导致工作效率的大大降低。基于此，各大远洋运输港口应当针对自身实际发展情况，积极引进港口管理人才。在人才比较匮乏的情况下，积极组织培训活动，尽可能让管理人员掌握港口安全管理的基本知识甚至于专业

知识。

（四）港口危险物品过多，布局不合理

目前，我国远洋运输港口的货物中危险物品过多并且集中于液体货物之中，加之有的港口管理不严，从而导致危险货物随意堆放的现象严重。同时，有的港口布局不合理，距离生活区较近，安全距离不足，一旦危险货物发生泄漏，将会造成巨大损失。另外，危险物品安全保障措施的缺位也是港口易发事故的一个主要原因。

四、影响我国远洋运输港口系统安全的因素

（一）我国远洋运输港口事故发生的特点

1. 碰撞及搁浅事故频发

在远洋运输港口过程中，渔船和各类船只的碰撞和搁浅事故时有发生。由于远洋运输会遇与各国的船只相遇，一旦发生碰撞，如果沟通协调不畅就会导致争论，进一步加大运输过程的危险，严重的会导致人员伤亡。比如：2007 年 5 月 12 日，圣文森特籍“金盛”轮与韩国籍杂货船“金玫瑰”在烟台港北偏东约 42 海里处发生碰撞。事故造成“金玫瑰”轮沉没，16 名船员死亡失踪。紧接着，在 6 月份又发生了一起碰撞事故，导致船只沉没。船只之间的碰撞将会产生巨大的冲击力，加之如果船只速度过快，定会酿成恶果。

2. 事故发生具有区域性

远洋运输港口的事故发生呈现一定的区域性，这主要是指事故总是会围绕在某一片海域发生，也就是我们通常所说的事故多发地段。这与海域的自然情况及人员操纵水平有关。以青岛港为例，在主港区海域内，事故多发海域主要是：团岛附近、马蹄礁附近、大公岛附近，共发生事故 20 起，占事故总数的 41. 7%。

3. 事故发生的季节性显著

各大远洋运输港口由于其所处地理位置不同，那么自然环境对港口的作用力也就不同。通常来说，在多风、多雨、多雾的季节里，远洋运输港口事故的发生率比较高，即主要是集中于秋冬季节。比如：大连港由于冬季进入较早，船舶事故易发生在 5 月份和 9 月份，在 2 月份就相对较少；而青岛港，发生在 11 月至次年 1 月以及 6 月的海上交通事故要多于其他月份。①

4. 事故发生频率随港口重心移动

远洋运输港口的建设和发展重心会随着国家政策的出台及其自身实际发展需要的变化

① 叶先锋．港口环境对船舶安全航行的影响及安全评价[J]．中国水运（下半月），2009，05：57-58.

而不断变化。一个港口如果作为重点发展对象,那么相应的货物运输量就大,船只经过的就多,最终导致事故发生频率的增高。例如,在整个环渤海港口群中,青岛港作为港口发展的重心,其近几年事故发生率有所上升,而烟台港和威海港的事故率有所降低。

(二)影响远洋运输港口交通体系安全的因素

众所周知,安全是得以生存和发展的第一位要素。世界各国的海运国家都在为确保自身的港口安全而做出努力。但是,港口事故依然在发生。究其原因,除了自然因素之外,还应当包括人为因素、交通因素、船舶因素以及新型影响因素。具体表述如下。

1. 自然因素

影响远洋运输港口交通体系安全的自然因素与上一节近海港口的环境因素是类似的,在这里,自然因素主要包括风、航道、能见度、冰冻天气这四个部分。

(1)风的影响。这里的风一方面是指沿海地区秋冬季节所产生的大风,另一方面主要指像台风一样的恶劣天气。风会对航行的船只的产生影响,风力越大,那么船只就越难受控制,船只的方向容易放生倾斜现象,严重的话会导致航行路线的偏差。因此,远洋运输过程中应当充分考虑风的影响因素,做好预留风压差,以方便控制方向。

(2)航道深浅的影响。航道深浅也是影响近海港口交通运输安全的主要因素。虽然有的船员全年来往于海上,对海洋情况了解颇深,但是海洋是浩瀚无比的,加之海上情况复杂,如果遇到恶劣天气,那么就会发生搁浅等问题。

青岛主港区水域内影响海上交通安全的受限水域主要有浅滩和航道内浅水区。港内浅滩主要有马蹄礁和安湖石附近,尤其是马蹄礁地带,船舶易发事故。据统计,在 1999—2007 年有 7 起事故发生在马蹄礁区域。但是,随着禁渔区、禁锚区的设立,自 2007 年以来没有发生大的海上事故。

(3)能见度。这里的能见度,主要是指船舶在行使过程中遇到大雾时而导致能见度降低,稍有不慎,就会发生海上交通事故。例如,2010 年 5 月 4 日,由新加坡驶向天津的巴拿马籍“GLOBAL THEMIS”轮与“辽大中渔运 15130”轮在威海成山头东约 27 海里处发生碰撞。事故造成“辽大中渔运 15130”轮沉没。8 名渔民死亡失踪。事故当时海面上起着大雾,能见度非常低。

(4)冰冻天气。这里的冰冻天气主要是针对环渤海港口群而言的,由于山东及东北地区冬季寒冷加之东北地区进入冬天的时间早且持续时间长,从而会在一定程度导致海洋冰冻现象的发生。同时,冰冻天气的出现也会导致船舶运行的困难,同时会加剧船舶耗损。因此,船舶在运输之前应及时做防冰冻的准备,并且在行使过程中尽量避开冰冻的区域。

2. 人为因素

在人为因素方面,从大的方面来说,主要包括人的生理因素和行为因素。从具体分析来看,行为因素主要包括船员的素质、船员的责任心、船员的操纵能力这三个因素。

(1)生理因素。生理因素主要包括船员身体健康程度和身体疲劳两个方面。一方面,船员的工作非常辛苦,一般要求比较年轻的船员来进行工作,因为年轻人相对来说心态更活跃、精神面貌较好。而对于年龄稍大的船员而言,身体状况难以适应船上工作。另一方面,由于船舶多为私营化的模式,使得雇主往往采用"少人员、多劳动"的模式来降低成本,劳动强度过大会导致船员身体疲劳,进而影响他们的精神状态。而海上事故多是在操作船员精神萎靡的情况下发生的,这样,远洋港口交通运输的事故率就会提高。

(2)行为因素。第一,船员的素质与港口交通运输事故发生率正相关,这里的素质主要是指船员的专业技能素质,船员的素质越高,就越能灵活处理和应对在交通运输过程中出现的问题。第二,船员的责任心体现了他对这份工作的热情,对团队合作精神的看法以及自身所拥有的敬业精神。如果一个船员能够兢兢业业工作,及时观察和汇报船舶运行过程中的动态,那么,港口交通运输的安全性肯定会大幅度提高。第三,船员的操控能力也是其专业素质的一种体现,船员对于船舶的操控能力把握越强,他们应对突发危机等能力就越强。

(3)船舶因素。船舶因素包括船舶本身和船舶管理两个方面。一方面,船舶质量、船舶适航是船舶安全航行的前提,船舶自身因素主要是指配置情况,例如驾驶室的导航设备、安全装置、各种消防和救生设备以及各种机械设备等。另一方面,船舶管理主要是针对人的行为而言的。为了确保远洋运输港口交通的安全,各大港口必须对人的各种行为进行规范管理,确保行为操作的统一性。

(4)交通拥挤因素。交通拥挤度是指因船流密度过大而造成通航压力的一种情况。有的港区发展迅速,进出前湾港区的船舶数量逐年增加、船舶吨位也逐年增大,这在一定程度上加重了交通拥挤的情况。还有的港区航道宽度窄、负担大,加上安湖石附近浅水区的影响,事故发生有增长趋势。

(5)全球变暖因素。当全球变暖,冰川开始融化,海平面开始上升,这不仅会使得沿海港口面临淹没的风险,而且还将改变全球海洋航道的布局。全球变暖让海洋变得更加深不可测,如果不能对海洋情况做足够了解,那么港口交通事故的发生率会大大提高。

(6)海盗猖獗,恐怖活动盛行。由于远洋运输港口交通涉及国际航运,那么海盗和恐怖主义活动就是必须要考虑的因素。20 世纪 90 年代初,一些索马里军阀以"保护索马里海洋权益"为由,对付那些在索马里海域内捕鱼的船只,他们装备精良,初期还有一定的组织性。但是,由于看到了劫持船只来钱快、来得多,就开始了疯狂的海盗行为,劫持船只,扣押人质,勒索财物,无恶不作。因马六甲海峡附近海域海上货运繁忙,从而也导致海盗活动日益猖獗。国际海事局的有关统计显示，马六甲海峡和整个东南亚水域的海盗袭击事件占全球总数的56%以上。东南亚海域也是恐怖主义活动常发之处，它与海盗行为有所不同，有一些所谓的“政治诉求”，也不像海盗那样，劫持船只扣押人质，勒索财物，但却同样严重影响航运安全。总之，海盗行为和恐怖主义活动严重影响我国远洋运输港口体系的安全。

第七章　航运发达国家确保海洋通道安全体系畅通的经验借鉴

我国是一个世界海运大国,海洋通道体系安全对我国经济发展具有重大的意义。经过半个世纪的海洋航运事业发展,我国海洋运输事业取得了巨大的成就,但与一些传统的海洋大国相比,我国在海洋通道保障能力和水平上仍有着明显的差距。以美国、英国、日本为代表的传统海洋大国,在海洋建设及安全保障体系方面有许多先进的经验值得我国学习借鉴。

目前,绝大部分国家和国际组织的海洋安全战略都是非成文战略,各国的海洋安全战略散见于国家安全战略、海洋战略、海上军事战略等方面的表述中,只有美、英和欧盟的海洋安全战略曾发布成文。为此,本章对航运发达国家的海洋安全战略加以汇辑探讨,作为我国学习借鉴的"它山之石"。

第一节　美国海洋通道安全体系的构建

一、美国海洋通道安全历史演变

对于美国而言,大西洋和太平洋既是两道天然的屏障,使美国不易受到外部战火的袭扰;同时又是两条天然的通道,使美国可以自由地向外部投送自己的影响和力量。有一句话,被经常用来评价美国与海洋的关系,这就是:"美国的诞生、存在依赖于海洋,美国的大部分历史自然是海上活动的人和船的历史。"200 多年来,美国的海洋安全与国家安全紧密地联系在一起,其海洋通道安全战略在确保美国的安全、推动美国发展的过程中发挥了极其重要的作用。

建国初期至 19 世纪末,美国的海洋安全政策主要是为美国的独立、国内的经济建设和在北美大陆的领土扩张服务的。在独立战争和第二次美英战争期间,美国海军采取了海上袭扰的方式,攻击敌舰和破坏敌人的海上贸易,在独立战争中发挥了重要作用。从第二次美英战争后到 19 世纪末,美国采取了以建立海岸要塞防御体系为主,以海军巡洋作战为辅的方式,保护美国本土免遭来自大西洋彼岸的威胁,确保美国"西进运动"的顺利进行和在北美大陆的领土扩张。从 1890 年到 1991 年冷战结束,美国奉行的海洋安全战略是争夺海洋霸权的战略,这100年是美国走出美洲、进入海洋、迈向世界的100年。

因此,有人把20世纪称为“美国世纪”。1890—1945年期间,美国在马汉《海权论》的影响下,其海军开始成为海外扩张的首选工具,历经两次世界大战,最终成为世界海洋的霸主。1945—1991年冷战期间,美国始终奉行以遏制苏联“扩张”为核心的全球战略。在海洋安全方面,于20世纪80年代初推出了“海上战略”。该战略使美国在与苏联的海上争霸赛中赢得了霸主地位,同时加快了冷战结束的进程。20世纪末,随着苏联和华约的解体、苏联海军的衰落,在一段时期里世界进入了美国主导的单极世界,“86版”美国海上战略逐渐退出历史舞台。

进入21世纪,面对“9·11”事件、阿富汗战争、伊拉克战争之后的国际反恐新形势,新兴国家的迅速崛起和国际多极世界的形成等各种传统安全问题与非传统安全问题,主导美国海上安全的美国海军经过两年多时间的争辩与讨论,抛弃了此前的单边主义和战争主导思维,于2007年出台一份海上新战略——《21世纪海上力量合作战略》,又于2015年推出了第二版。美国开始走向以解决传统和非传统安全威胁为诉求,寻求国内力量和国际合作确保美国利益和全球海上和平的新道路。

二、美国海洋通道安全时代特征

(一)美国海洋安全战略目标由海向陆扩张转为全域介入

美国海洋安全战略的发展经历了三个发展阶段,其战略思想的发展也经历了四个阶段,即“以陆制海”、“以海制海”、“以海制陆”和“全域介入”。

第一阶段是“以陆制海”阶段。美国没有对海上舰队投入必要的发展资金,而是将有限的资金主要用于加强岸上要塞建设,依靠海岸防御来抵御外敌。因此,在“以陆制海”思想的指导下,采取以要塞防御为主,海上袭扰为辅的策略,来维护美国的海上安全,协助美国的陆上扩张。

此后,美国经济迅猛发展,为美国海上力量的发展奠定了坚实的物质基础,加上马汉“海权论”的推动,美国的海洋安全战略的战略思想发展到了第二阶段,“以海制海”阶段。美国开始加强海军尤其是舰队的建设。无论是在两次世界大战中,还是在冷战时期同苏联在海上的争霸斗争中,美国都是力求以强大的海上实力达成控制海洋的目的。

经过多年的发展,美国的海上力量发展达到了顶峰,世界大洋上已无任何国家的海上力量可以挑战美国的地位,美国牢牢地掌握了世界大洋的控制权,其海洋安全战略思想也发展到了第三阶段,“以海制陆”阶段。在此阶段,美国通过从海上向陆地投送力量和影响,发挥从海上控制和影响陆上事务的能力,从而通过控制海洋来控制整个世界。

第四阶段是“全域介入”阶段。2007年以后,美国的海上安全战略发生新的改变,即强调为美国的全球利益提供保护和全球行动的畅通无阻,与其他国家一起促进全球安全和繁荣,并采取任务导向的全球分布式部署,建立全球伙伴关系,在海、陆、空、天、网络空间和电磁频谱等六个领域提高"全域介入"能力。其海上安全战略超越了单纯的海上力量和本国单边行动,体现了全域介入和关注全球安全的新特征。

(二)美国海洋安全战略日渐迈向全球合作

随着海洋安全环境的改变,美国海洋安全战略的合作思想不断深化和拓展。无论是在国际合作,还是在本国力量的整合,联盟性思想在合作的范围、层次和力度上都有很大的变化。在国际合作方面,寻求与更多的国家加强合作,由强调正式联盟框架下的合作转向在正式联盟和非正式组织双重框架下的合作。冷战结束之前,美国主要强调是盟国之间的合作。进入21世纪后,为应对海上恐怖主义、大规模杀伤性武器扩散、海盗、环境破坏等非传统海上安全威胁,美国在继续扩大和加强冷战期间构建的联盟体系的同时,开始倡导在非正式组织框架下的国际合作,如"地区海上安全倡议"、"千舰海军"计划等。旨在扩大全球各国的合作力度,在美国的主导下,联手应对突发的海上危机或冲突。在整合本国力量方面,美国由强调军种之间的合作转向军事力量与国家其他形式力量之间的合作。强调军种合作的同时,要求加强海上力量与国家其他形式力量之间的合作,要求采取适当措施把海上力量与其他形式的国家力量以及与盟国和友国的力量整合起来,保护并延续与美国繁荣密切联系的全球海上安全体系,共同应对海上威胁。特别是2007年以来,美国海洋安全战略以合作为主题,其新战略的中心观点是:海上力量各军种之间、国内各部门之间、国际各盟友之间要加强协调与合作,培养相互之间的信任,为了共同的利益而一起应对威胁;为了繁荣和安全的未来,海上力量应该是一支统一的力量,并且表达了美国与中国等国家在加强共同应对海上安全威胁方面合作的意愿。

(三)美国海洋安全战略的内涵日益丰富

随着时代的发展以及海洋地位和作用的不断提高,美国海洋安全战略的内涵也开始出现新的变化。这种变化主要表现在以下四个方面:

一是由侧重战争时期的运用转向注重非战时期和危机时期的运用。从美西战争到第二次世界大战结束,美国在非战时期并没有形成完整的海洋安全战略,有的只是战时的作战战略或作战计划。在长达半个世纪的冷战中,美苏两国为争夺海洋霸权不断展开较量。期间,美国推出的"海上战略",谋划的依然是如何打赢一场苏联在全球范围内发起进攻的战争。随着冷战的结束,海上总体形势趋向缓和。1982年签署的《联合国海洋法公约》,预示着国际海洋新秩序的建立。在这样的背景下,美国的海洋安全战略不再以战争运用为核心,而是更多地关注非战时期和危机时期的运用,显示国家主权所在,慑止敌国可能的入侵,维护国家的海上利益。

二是由应对传统安全威胁转向应对非传统安全威胁。自建国到冷战结束,美国都有明确的对手,应对的是传统的大国威胁。进入 21 世纪后,海洋在全球经济中扮演着越来越重要的角色。海上恐怖主义的盛行、大规模杀伤性武器的扩散、海盗等海上非传统安全威胁日益增加,对美国的海上安全和海外利益的不利影响日渐加大。应对海上非传统安全威胁逐渐成为美国海洋安全战略新的内涵。为确保对海洋的安全使用,美国从 2002 年开始相继提出“集装箱安全倡议”、“防扩散安全倡议”、“地区海上安全倡议”,推出《国家海上安全战略》和《21 世纪海上力量合作战略》,将应对恐怖主义、核扩散、跨国犯罪和海盗、海上污染、自然灾害等非传统安全威胁纳入了美国海洋安全战略,并通过提升能力来完成保卫本土安全、遏阻冲突、应对危机、挫败侵袭、保护海上公域、加强伙伴关系、提供人道主义救援等使命。

三是安全威胁由模糊转向特定指向。2015 年《21 世纪海上力量合作战略》将印度洋—亚洲—太平洋(Indo-Asia-Pacific,简称“印亚太”)地区视为更加重要的安保地区,特别关注中东和非洲地区的动荡局势对暴力极端组织和恐怖主义组织发展的推波助澜;重视商船自由通过霍尔木兹海峡、马六甲海峡、巴拿马运河和苏伊士运河等海上战略通道的重要性;提出中国海上力量不断向印度洋和太平洋扩张,增加了地区局势紧张和不稳定,有导致域内国家误判甚至局势升级的潜在可能;指责俄罗斯军事现代化、非法夺取克里米亚以及军事入侵乌克兰对欧洲安全和稳定带来了严峻挑战;指出伊朗对霍尔木兹海峡安全通航的威胁不断增加;强调伊朗和朝鲜继续发展核武器和远程弹道导弹技术,对美国及其盟国和伙伴国的安全构成了威胁。

四是将某些关键性领域视为安全挑战。美国认为新的军事挑战来自网络空间和电磁频谱,并将有能力通过网络空间和电磁频谱威胁美国全球指挥和控制系统(C2)的对手视作威胁重点。在地域方面提出加强在北极地区的行动能力,加强与环北极伙伴国的合作,维护地区安全。

(四)美国海洋安全战略的手段趋向多样化

200 多年来,无论美国的海洋安全战略如何变化或发展,唯一不变的是其战略的内核——建立并发展海权。从 19 世纪末到冷战结束的 100 年间,美国海上力量奉行实力至上原则。“9·11”之后,美国延续了其一贯的做法,制定“先发制人”战略,发动阿富汗和伊拉克战争。但是,布什政府过分强调军事打击,使美国深陷伊拉克战争泥潭,其国际形象也因“单边主义”而受损。之后,美国战略界开始提出加强“软实力”的运用,以弥补“硬实力”的不足,并认为“硬实力”和“软实力”是战略的双翼,不可偏废。

2007 年颁布的《21 世纪海上力量合作战略》拓展了海上力量新的核心能力——“海上安全”和“人道主义救援/灾难应对”,体现出美国对“软实力”的重视。因此,有评论家认为,与以往的战略相比，新海上战略增添了以往战略所没有的柔性。2009年1月，美国国务卿希拉里提出美国将采取“巧实力”战略来处理国际关系。所谓“巧实力”，既不是硬实力，也不是软实力，而是巧妙地利用一切可用的“硬实力”和“软实力”，即运用外交、经济、军事、政治、法律和文化等各种手段的组合来维护本国利益。可以预见，未来的美国海洋安全战略将会显现出更大的弹性，不会一味蛮用“硬实力”，而是会将“硬实力”和“软实力”巧妙地结合起来，以最小的代价实现美国利益的最大化。

目前，美国海上安全新战略在手段上进一步丰富。一是将运用海上力量预防战争提高到与赢得战争同等重要的地位，既要致力于决定性地赢得战争，同时也要增强预防战争的能力。二是将强化前沿存在、加强与盟国和伙伴国的关系作为海上力量合作战略的两项基础性内容，例如深化与盟国和伙伴国的安全合作，打造“全球海军网”，共同应对海上安全挑战等。三是通过发展全域介入能力、威慑能力、海上控制能力、力量投送能力、海上安保能力等五项必备能力来实现安全目标。

三、新时期美国海洋通道安全举措

进入新世纪，美国形成了适应全球安全新形势的举措，这主要包括：

(一)强化在全球安全前沿存在，为安全布局

在重点地区部署力量和提升行动能力，辅之有限度的军事行动。在印亚太、中东、欧洲、非洲、西半球和北极等地区部署海上军事力量或提升行动能力，以遏阻冲突、避免威胁、打击非法走私和跨国犯罪组织，维护地区安全。同时，“要将最现代化和技术最先进的部队派遣到最需要的地方”，确保“在需要的地点、需要的时间”行动，即在“真正需要”的情况下才会派兵参战，不让美军卷入无底洞式的冲突之中。

(二)以全球合作确保其在全球利益和全球安全

新海上安全战略的一个重大举措从原来的单边主义走向了强调国际合作。合作的目标是共同维护并促进全球安全和繁荣，但其前提是保证美国的主导权和为美国利益服务。美国海上安全战略转变的原因主要有三个。首先，通过国际合作可以节省美国的军力和资源。美国认为，面对日益严峻海上威胁，世界上“没有任何一个国家具备足够的资源，或者仅靠自身力量可以确保整个海域安全”，也没有任何国家有能力单独对付国际恐怖主义，美国“不能再单打独斗了”。其次，面对当前传统威胁与非传统威胁交织的复杂国际安全形势，美国希望与其他国家共建一个稳定的海上安全秩序，共同应对海上安全挑战。美国不仅强调与盟国间的合作，同时也主张与其他具有共同海洋利益的国家形成伙伴，希望汇集世界各地志同道合的海上国家和组织，特别是在亚太国家之间深化安全合作、参与东盟等多边机制，以此构建对其有利的全球海上安全体系。第三，美国认为所有国家应共享海上安保所带来的利

益,海上安保是一个可以扩大与盟国和伙伴国合作的领域。因此,其旗帜鲜明地指出,为了共同的利益而一起应对威胁,为了繁荣、安全的未来,海上力量应该是一支统一的力量。

(三)以遏制战争和消除威胁为目标的能力建设

值得注意的是,新战略强调防止冲突的爆发,并且特别强调要以强大的力量来慑止战争,为此美国的海上力量在维护国家安全时需要具备五大基本作战能力。这五项必备能力包括:一是全域介入能力。“全域介入”能力是为了确保美军在海、陆、空、天、网络空间和电磁频谱等六个领域的行动自由,并将美军在六个领域空间的各种行动整合起来,与海上控制和力量投送相结合,打败潜在对手的反介入和区域拒止战略。“全域介入”作战将“通过利用优越的战场态势感知,运用网络和电磁机动战,采用集成火力投射,在反舰弹道导弹和巡航导弹发射前消除威胁”。二是威慑能力。通过战略核威慑和传统威慑,取代先前的“支持发动先发制人的战争以消除流氓国家造成的威胁”,以实现“使对手为避免产生某种结果而放弃实施某些特定政策的行动”。三是海上控制能力。海上控制的基本要素包括水面战、水下战、打击战、水雷战、防空和导弹防御、海上领域意识以及情报、监测和侦察等,为保障海上运输通道安全奠定基础。四是力量投送能力。力量投送能力的提高取决于增强空运(如空中燃料补给能力)、海运和后勤支援能力以及在全球基地的部署和预置设备的能力。五是海上安保能力。加强对海上公域和海上通道的安全保障,应对军事和非军事安全挑战。通过多国演习和训练,加强与相关国家海上力量之间的合作,共同打击跨国有组织犯罪、保护渔业和海上贸易等。

第二节　欧盟海洋通道安全体系构建

一、欧盟海洋通道安全历史演变

海洋自古以来便在欧洲文化、特性和历史的发展中发挥着重要作用,对于欧洲旅游业、渔业、航运、贸易以及整个欧洲经济都非常重要,可以说是欧洲经济发展和繁荣的催化剂。20 世纪 70 年代,欧盟通过参加第三次联合国海洋法会议及其后加入了《联合国海洋法公约》,并成为公约唯一一个国际组织缔约方。从此欧盟进入了国际海洋治理,维护海洋通道安全的国际体系。在欧盟寻求经济复兴的今天,实现海洋的可持续发展,进一步发挥欧盟在海洋领域的领先优势,保障海洋通道安全是欧盟海洋工作的战略重点。特别是 1999 年和 2002 年欧盟水域相继发生“艾瑞卡”(Erika)号和“威望”(Prestige)号事故,给欧盟海洋相关产业造成重创之后,欧盟更加认识到制定海洋通道安全政策的重要性。

从 20 世纪 70 年代到 21 世纪初长达 30 年的时间里,欧盟海上安全政策基本上都是海难事故的催生产物。从1978年油轮“Amoco Cadiz”号在法国布列塔尼海岸沉没催生了关于在北海及英吉利海峡深水引航员引航船舶的欧洲法令79/115/EEC,到1987年在美国水域发生的“自由先驱论坛”号沉没和“ExonValdez”号搁浅事故导致欧盟通过关于防止事故造成海洋污染及提高客渡船安全的决议,再到2000年Erika事故后欧盟出台Erika第一套和第二套一揽子措施,处处体现出欧盟缺乏对海上安全整体有效的管理以及海上安全指导战略的不足。

2002年11月19日“威望”号(Prestige)事故发生后,欧盟开始再次审议其海上安全政策和法律体系,着手提出制定新法令及进一步修订现有法令的建议。经过3年酝酿,2005年11月23日,欧盟执行委员会(EC)副主席兼运输专员JacquesBarro先生宣布EC最终通过了第三套海上安全一揽子措施的建议案(3RDMSP)。这是欧盟第一次试图通过全面解决海上安全涉及的所有方面,包括船旗国履约、港口国控制、海上劳工标准、责任和赔偿、船舶通航管制和海上事故调查存在的问题来促进欧洲水域的海上安全和环境保护。欧盟的海上安全工作不再坐等事故发生之后才有所行动,而是第一次把事故预防放在了与事故应对同等重要甚至更重要的位置。

从2003年《欧洲安全战略》发布开始,尤其是2005年后,欧盟通过推出一系列的战略性研究、具体行动规则乃至于官方政策,逐步地展现出其海洋安全战略的根本宗旨、基本逻辑和线索、主要方法与措施等关键性的组成部分。

2007年,欧盟在颁布了《欧盟海洋政策绿皮书》的基础上,于2007年10月颁布了《海洋综合政策蓝皮书》,以加强对海洋资源的综合管理,里面包括无障碍的欧洲海运、统一的欧洲海洋研究战略,建立欧洲统一的海洋政策并被各成员国实施,成立专门的海洋政策委员会协调海洋事务,建立统一的欧洲海洋监测网络,减少沿海气候变化政策和减少海运污染,建立欧盟防御海洋灾害策略等。2009年10月,欧盟出台了第二份海洋蓝皮书《欧盟海洋综合政策的国际拓展》。

2009年3月11日,欧洲议会最终通过了3RDMSP所包含的六项法令和两项条例,它们分别是:满足船旗国要求法令(2009/21/EC)、港口国控制法令(2009/16/EC)、关于船舶检查和检验组织及海事主管机关相关活动共同规范和标准法令(2009/15/EC)、建立共同体航行监管和信息系统法令(2009/17/EC)、制定海上运输事故调查基本原则法令(2009/18/EC)、船东为海事索赔保险法令(2009/20/EC),船舶检查和检验组织共同规范和标准条例(391/2009)和海上发生事故时旅客承运人责任条例(392/2009)。通过3RDMSP的实施,欧盟将全面有效监控靠港船舶,更严格监督被认可组织的质量和表现,监控欧盟海域的航行,统一海上事故调查方法并建立可靠的数据库,为今后的安全工作提供经验并促进欧盟船旗国履行IMO要求。相关法令和条例的实施使欧盟朝着进一步有效预防海上事故发生、提高海上安全所有关联方责任的方向迈出了重要一步,极大改善了事故预防以及事故后续管理措施的有效性。

2014 年 6 月,欧盟委员会通过了首个《欧盟海洋安全战略》,提出了欧盟安全的利益所在、原则和具体行动。同年 7 月,欧盟成员国批准了欧盟委员会关于完善和加强海洋安全战略的提案。该项决定意味着欧盟委员会将制定有关海洋安全战略的具体举措,以提高整个欧洲民间和海洋主管部门(包括海军)在海洋遥感和监测数据交换等方面的能力,并制定诸如军民两用海洋技术开发、海上安全联合培训,以及跨国研究计划等方面的措施和建议。同期还达成一项旨在确保欧盟国家海域更安全、渔业生产更理性的协议。根据该协议,欧盟将集中使用各国海岸警备队、海军、海洋运输监控机构、海洋环保、渔业资源保护及边境海关提供的数据。

二、欧盟构建海洋通道安全举措

从 20 世纪 80 年代开始,欧盟的海洋安全逐步发展,最终形成了自己的安全战略,标志着欧盟向维护海洋安全利益,应对全球海洋领域的风险和威胁迈出了关键的一步。

(一)通过“政策化”来推进安全建设

欧盟海洋安全战略的推动建立在欧盟国家对海洋管理权益让渡的基础上,其执行也需要各国的共同行动。因此,欧盟特别重视通过“政策化”来应对威胁。它在《欧盟海洋安全战略》中提出通过五个方面的具体行动来让各国间的海洋依赖“政策化”。

(二)以多边原则和国际法应对对外争端和外部关系

欧盟以多边主义为关键原则并强调建立以联合国为核心的规则导向型全球秩序。其认为应对对外争端和外部关系需根植于国际法的多边秩序,强调以 1982 年《联合国海洋法公约》来解决争端,与国际组织和合作伙伴相处时,使用多边主义原则。

(三)提高海洋通道安全保障能力

欧盟委员会通过提高欧盟成员国间的海洋通道安全能力,以及加强各成员国海洋安全资源共享等方面的整合,完善与提高欧盟的海洋安全战略。此外,欧盟还加强对军民两用海洋技术开发工作的财政支持,力促有效提高欧盟在该领域的技术领先地位。欧盟还为应对广泛的海洋风险、确保欧盟海洋安全利益采取一系列行动,以消除全球犯罪组织的威胁和对航行自由的限制与威胁。如海盗和海上武装抢劫;大规模杀伤性武器的扩散;对船只、货物和乘客以及港口和其他重要海洋基础设施的恐怖袭击;对海洋或导航信息系统的网络攻击以及海洋环境风险等。欧盟委员会还制定了有关海洋安全战略的一些具体举措,以提高整个欧洲民间和海洋主管部门(包括海军)在海洋遥感和监测数据交换等方面的能力,并制定诸如军民两用海洋技术开发、海上安全联合培训以及跨国研究计划等方面的措施。

（四）强化成员国联合应对能力

目前，欧盟海上安全监管的具体实施仍以各国家和相关行业组织为主。欧盟如今面临的海上安全威胁需要成员国的积极响应和协同配合，完善海洋安全战略已刻不容缓。这包括四方面：一是缩短应对海洋安全的危机的响应时间和加强对重要海上基础设施的有效保护。这主要通过强化和提高欧盟各成员国联合风险分析和应对能力来实现。今后的方向是要加强涉海工作和各成员国间的协调，以提高工作效率。二是依靠各地区对不同行业和部门的政策进行协调与合作，与利益相关者建立伙伴关系，召开由不同层次的政府机构和利益相关者参加的海洋安全管理工作年度会议。三是将海警、海军、执法部门及情报部门结合在一起，保卫欧盟成员国及其工业。四是将海岸与非海岸利益结合起来，将欧盟内部与外部结合起来，将民事与军事元素结合起来，开展监管和信心共享等融合。

（五）优化海洋巡航监视体系建设

海洋巡航监视在确保海洋利用活动的安全以及维护欧洲海洋边界安全方面具有重要意义。不断改进和优化巡航监视工作，在欧盟层面实现海洋巡航监视工作的联合，有助于欧盟更好地应对各类威胁与挑战，包括在航行安全、海洋污染、海上执法和欧盟整体安全等方面所面临的威胁与挑战。欧盟认为，必须在各成员国海岸警卫队之间和其他相关机构之间开展深层次的合作，促进海洋巡航工作的协调与合作；应逐步建立欧盟沿海水域和公海综合性船舶跟踪与电子导航系统网络，包括利用卫星监测和远距离识别跟踪等。欧盟成员国的海上监督活动通常都是各自进行，然而欧盟各成员国的大多数海上活动和所遭受的威胁涉及到多个国家。但多数成员国在渔业、环境、海洋政策制定或移民潮方面的监督管理都由几个不同的执行机构独立运作，这种操作方式使得其资源利用率相对低下。欧盟因此倡议各成员国海岸警卫队和其它相关机构在海上监督方面加强协作。

（六）开展防务一体化

2016年9月，欧盟非正式峰会在斯洛伐克首都布拉迪斯拉发召开，与会27国领导人深入讨论了“组建永久性欧盟军事指挥部”、建立“欧洲军队”的防务一体化路线图，并计划于当年12月制订具体实施方案。这一方案包括三点：第一，在防务领域建立长期的结构性合作，其中包括建立用于干预危机事件的共同作战力量；第二，为所有的民事和军事任务建立单一指挥总部，以确保任务完成更加有效，反应更加迅速；第三，设立共同基金，以刺激对共同军事力量的投资。这标志着诞生于上世纪末的欧盟防务机制——共同安全与防务政策（原称ESDP，现为CSDP）的发展进一步加快。未来，欧盟的海洋通道安全将置于一体化防务保护之下。

第三节　俄罗斯海洋通道安全体系构建

一、俄罗斯海洋通道安全体系的主要特点

俄罗斯特定的海洋地理、独特的历史和文化传统,导致其国家海洋安全战略也具有鲜明特征。

(一)早期以夺取出海口为国家海洋安全战略的主要目的

俄罗斯独特的海洋地理环境决定了出海口对国家发展和安全的重要性。17 世纪彼得一世继位时,把夺取出海口作为他最关注和最核心的工作之一。彼得一世的"两只手"理论和对俄国海洋安全的认识,可以说是俄国历史上最早的海洋安全战略思想。他的这一思想,对俄国的海上安全实践产生了重大影响。此后的叶卡德琳娜二世和保罗一世在海洋安全和海军建设方面继承了彼得大帝的一系列做法,终使俄国取得了黑海等诸多出海口,真正改善了俄国的海上安全环境。

(二)海洋安全战略谋求海洋强国地位

进入 21 世纪后,俄罗斯力图重拾海洋强国地位,海洋战略不单单是维护海上安全和获取经济利益,而是作为国家大战略的重要方向和组成部分,服务于其成为世界独立一极的大国目标。正如其副总统罗戈津指出,俄修改海洋学说的原因是国际环境、世界局势的变化和巩固俄海洋强国地位的需要。这被认为旨在建立对美国霸权的有效制衡。

(三)强调国家海上力量整体运用,突出海军主导作用

海军在维护国家海洋安全和海洋利益中的重要作用俄罗斯有切身的体验。早期的俄罗斯,周围都是拥有强大海军的强邻。俄罗斯人知道,要想维护自身安全并向外拓展,必须依靠强大海军。彼得一世是俄罗斯历史上认识海军重要性,并将之付诸实施的第一人,他创建了俄黑海舰队和波罗的海舰队。叶卡捷琳娜二世和保罗一世不仅大力扩充海军舰队,而且组建了海军陆战队,并创建了海军。戈尔什科夫将海军在维护国家海洋和海洋利益中的地位和作用上升到一个全新的高度。普京时期,俄罗斯更是强调海军在维护国家海洋安全和海洋利益方面的重要作用,认为发展武装力量对于俄罗斯来说至关重要,而海军更是重中之重。俄海军在历史上和将来都是国家力量的象征,必须确保海军的战斗力,必须用先进武器来装备海军,海军的强大有利于巩固国家安全,捍卫俄在 21 世纪的国家利益。

(四)控制海洋的能力与控制海洋的目标始终存在差距

争取对远海和远洋的控制权一直是俄罗斯梦寐以求的目标,彼得一世争夺出海口,其最

终目的就是通过各出海口来控制大西洋、太平洋和印度洋。这一宏愿虽经几代人的努力，始终未能如愿。实际上这反映了俄海上力量与控制海洋的目标始终存在差距这一现实。17—19 世纪，俄罗斯一度控制了波罗的海、黑海和地中海，但一直未能像英国那样走进大西洋、印度洋和太平洋，这一问题也困扰着俄(苏联)在整个 20 世纪和 21 世纪初对海洋安全和海洋利益的控制。冷战时期，苏联最终建成了一支能在全球范围对美国发起挑战的海军，但依然是近海防御能力强而远洋控制能力弱。苏联解体后，俄罗斯海军活动从全球远洋收缩至近海防御。近年来，其再次梦想成为海洋大国，但受制于经济的衰退等原因而困难重重。

(五)海上核力量是国家海上力量发展的重中之重

第二次世界大战以后，东西方冷战开始，同时人类进入了核时代。1949 年 9 月，苏联进行了第一次核爆炸，打破了美国的核垄断。核时代的来临带来了军事理论的变化。苏军认为，实施大规模的核突击是现代条件下作战的主要方法。利用战略火箭军、远程航空兵和弹道导弹核潜艇共同实施猛烈而集中的核突击，能够一举摧毁敌人的军事中心、经济中心、政治中心、战略核武器和军队集团。在此背景下，苏联海洋安全的全部理论和实践都带有核的烙印。从战后苏(俄)海上力量发展的轨迹不难看出，无论是冷战时期与美国争夺海洋霸权，还是在冷战后保卫国家安全和海洋权益，以弹道导弹核潜艇为主的海军兵力，始终是国家倾力发展的重点，也是苏(俄)海洋安全战略有别于他国的一大鲜明特点。

(六)海洋安全体系勉为其难

俄罗斯(苏联)海上力量的建设与发展，尤其是冷战时期苏联海军的发展，俄罗斯海上力量的发展更多是革命式的大跃进，这虽然满足了与美国争霸的需要，但却严重超越了国家经济实力这一基础。1945 年夏，在苏联还没有从“二战”的破坏中恢复的情况下，迫于东西方冷战序幕的拉开，海军总司令部就提出了 1946—1955 年的 10 年间造舰计划。经过超常的、革命式和跃进式的建设，苏联建设了一支庞大的、无可匹敌的水下核舰队，以及一支能与大型航母编队抗衡的远洋核动力导弹巡洋舰队，为苏联平等地同美国进行争夺世界海洋创造了条件。但是，苏联超常建设海上力量的代价也是巨大的，超常的军费远远超出了苏联经济的承受能力，成为导致苏联垮台的原因之一。2007 年以来的海洋学说逐渐谋求全球布局和抗衡美国，但 2008 年的世界金融危机减缓了俄罗斯的发展进程，俄罗斯经济运行受国际能源市场价格变动的直接影响巨大，多年来基础设施建设欠账多，其宏伟的海洋战略目标受制于经济实力。以 2011 年为例，国防订单框架内建造军舰的支出 1 067 亿卢布，比 2010 年减少 15. 7%；船舶制造的产量总体大幅下降 16. 2%，总额为 2 115 亿卢布。尽管苏联解体已经 20 多年了，但俄仍然没有摆脱苏联依赖能源和原材料工业的发展模式，一直在努力从资源出口型向以高新技术、人力资本为基础的创新型经济发展模式转变，但并未取得多大进展。

二、俄罗斯保障海洋通道安全体系的举措

对俄罗斯而言,海洋运输不仅是发展海洋经济的重要保障,还是保障国家海上安全利益和加强国家海上战略纵深不可或缺的条件。苏联解体使俄罗斯失去了一些具有重要战略价值的海岸地区,黑海、波罗的海的大部分港口落入了其他国家,大大缩减了俄罗斯进入主要大洋的能力,因此海上运输在保证战略物资补给、捍卫国家政治经济利益、展示国家威力等方面更凸显其重要性和紧迫性。为保障海洋交通运输的通畅,俄制定了《俄罗斯在世界海洋的交通运输》分纲要,把"防止被排挤出世界运输线路,以及重新布置本国重要的交通运输线路"作为重要任务。俄罗斯重视海洋通道安全战略的谋划,更重视具体落实。为了重振海洋强国的雄风,俄罗斯特别重视加强保障海洋通道安全战略实施机制的建设,并取得了一定的成效。

(一)逐步形成海洋活动的国家管理体系

俄罗斯重视对海洋的综合管理,在 1998 年颁布的《俄罗斯"世界洋"目标纲要》中就已明确:"在俄罗斯联邦世界海洋目标纲要的框架下建立机制,是保障俄罗斯在世界海洋实现自己的国家利益的重要条件之一。"俄罗斯构建对海洋的综合管理模式,开世界之先,比美国几乎早了 10 年,2009 年 9 月奥巴马政府才在公布的《美国政府部门间海洋政策工作组中期报告》中,开始逐步建立以生态保护为核心的海洋综合管理机制,2010 年这一机制才建立起来。而俄罗斯政府早在 2001 年 9 月就颁布了建立海洋委员会的第 662 号政府令,规定海洋委员会是联邦政府的常设机构,设主席、副主席、执行秘书和委员。这个委员会高居于政府各部门之上,起初由政府总理担任海洋委员会的主席,三位副总理为副主席,成员包括联邦执行权力、联邦主体执行权力机关,以及与研究、开发和利用海洋直接相关的科研机构和其他组织的人员。海洋委员会履行一个协商机关的职能,其基本任务:一是协调各部门在完成俄罗斯联邦海洋学说、保障海洋活动、分析国外海洋强国开发和利用海洋潜力的趋势,通过和实施俄罗斯联邦海洋领域的新文件以及解决俄罗斯联邦海洋活动中出现的问题,完善国际合作的法律基础。二是确定海洋政策的目标和任务,以及俄罗斯联邦从国家政策和相应的国际纲领出发制定开展海洋活动的纲领。2015 年俄罗斯海洋战略新学说还明确了俄海洋活动的国家管理体系,包括联邦总统、联邦安全委员会、联邦议会、联邦政府权力部门和政府海洋委员会等。联邦总统确定国家海洋政策重点和近期、长期规划,采取措施保障俄在世界各大洋的主权;联邦安全委员会负责发现和指出俄潜在危险,制定俄在世界各大洋的安全战略方针;联邦议会从事有关海洋的立法工作及保障国家海洋政策的落实;联邦政府通过相关权力部门和海洋委员会对国家海洋政策的落实情况进行管理。

(二)重视在重要区域的国际合作

俄罗斯欲成为世界重要的一极,重视塑造自己负责任的大国形象,在海洋权益的争夺中

主要还是利用国际法维护自己的权益，重视参与国际机制和相关国际法律体系的建设，注意研究国际法问题及其政策的发展方向，提高俄罗斯在一般海事公约和国际组织中的参与程度。俄罗斯在国际事务中重视通过合法途径解决矛盾和争议，并将“立法”、“抢占法律空白点”作为解决争端非常重要的手段。例如，俄罗斯积极协调解决里海划界争端，发挥里海五国委员会的作用。2010 年 4 月，俄成功解决了与乌克兰在黑海舰队基地和乌克兰安全问题上的争端；9 月，通过谈判，成功解决了与挪威在巴伦支海和北冰洋上的海域争端，划定了两国在巴伦支海的疆界。在北极划界问题上，努力按照《联合国海洋法公约》的要求寻找利益诉求的依据；在南极问题上声明遵守 1959 年《南极条约》，以及其他构成南极条约体系的国际法，包括《保护南极海豹公约》(1972)、《保护南极海洋生物资源公约》(1980)、《南极条约保护南极环境议定书》(1991)，等等。其在太平洋和印度洋地区，分别于中国和印度合作。其中，将发展同中国友好关系，扩大与亚太地区其他国家的密切联系视为太平洋方向最重要的海洋政策；计划与印度发展友好关系，提出了扩大航运，联合其他国家勘探资源、铺设水下管道；保持在印度洋军事存在，参与包括反海盗在内的海洋安保行动；以巩固俄在印度洋地位为目的，从事海洋科研等任务。但是，在威胁到俄罗斯认为的核心利益时，它会采取激烈手段，比如 2015 年的乌克兰危机处理，抓住机遇，出手很快。

(三)重视运用军事威慑手段

在维护本国海洋权益、解决海洋争端中，俄罗斯强调运用外交和法律手段，同时，也把军事作为威慑力量来使用。2001 年出台的《2020 年前俄罗斯联邦海洋学说》明确，导弹巡洋舰、驱逐舰和护卫舰集中部署在滨海地区的各主要海军基地，用以维护附近重要海域和有关海峡通道的安全。在 2012 年总统选举期间，普京重申：“我们的任务是全面复兴‘远洋’海军，首先是北方和远东。世界主要军事强国开始围绕北极积极行动，俄罗斯面临保障我们在这一地区利益的任务。”在北极争夺战中，俄罗斯一方面加大投资，加紧开发北极，另一方面加强在北极的军事力量。鉴于俄日间存在领土争端，朝鲜半岛形势复杂，美国加强在亚太地区的军事存在，俄罗斯也加强了在太平洋地区的军事实力，太平洋舰队成为保障俄罗斯在亚太地区国家利益和安全的主要工具，正在法国建造的头两艘“西北风”级直升机航母也可能率先装备太平洋舰队。2010 年 11 月 1 日，俄总统梅德韦杰夫视察国后岛，这是俄国家元首首次视察俄日争议岛屿。2011 年 3 月，俄罗斯政府公布了 2011 年南千岛群岛社会经济发展规划，计划拨款 11.4 亿卢布(约合 4 119 万美元)，在择捉岛修建新机场、修缮国后岛门捷列沃机场、修复色丹岛上公路、在南库里尔斯克镇建码头、在国后岛建渔业加工厂等。

(四)强调全方位的海上活动安全

要求采取与海上环境特点及其他自然和认为状况相关的一系列有效安全措施，以保障航行安全、海上人员搜救、海洋基础设施及近邻海域设施安全、海洋环境保护等。包括在世界大洋范围内的水文地理、海洋学、医疗等研究，通报海上危险，更新电子地图，组建导航和智慧一体化系统和管理系统，完善搜救系统，海上统一防灾救灾，海上综合监测，侦查和打击破坏、恐怖等非法活动，保护和发展全球信息系统等。

（五）重视自有船队和基础设施建设

俄罗斯的新海洋学说要求打造一支新型、综合的海上运输船队和专业保障船队，发展海上航行安全保障系统。计划在2010—2015年建造和投入使用41艘现代化的救援船（截至2011年12月，即已建造16艘，投入使用10艘）。为消除俄罗斯海上交通被阻隔的威胁，在波罗的海、黑海和科拉半岛发展生态上允许的、有经济价值的新港口体系，保障黑海海峡的自由通航。

（六）突出重点区域海上布局

俄罗斯的新海洋安全战略，在全球布局基础上，特出重点地区：

一是大西洋、北极、太平洋、里海、印度洋和南极成为6大重点发展地区，特别是提升了大西洋和北极的战略位置，成为俄罗斯的核心战略地区。二是为保障通航，重点解决在太平洋建立整合的运输中心的问题，全力开辟和充分利用“北方海上通道”（北极航道），普京将之视为对于俄罗斯，甚至比苏伊士运河更重要的航线，未来将加大海上力量的部署，并有成立北极舰队的计划。

第四节　日本海洋通道安全体系建设

一、日本海洋通道安全体系演进

（一）“二战”之前的海洋通道体系

“一战”之前，日本的海洋体系从明治维新开始，告别闭关锁国，发展海军，历经中日甲午战争和日俄战争，成为亚洲海洋强国，并联手英国，与英国共霸西太平洋。“一战”之后，进一步发展海军，实施“南进战略”，欲夺取中西太平洋和印度洋。“二战”中，日本挑起珍珠港事件，日美激战太平洋，并在中途岛海战中惨败，海军覆灭。这一时期，日本没有形成独立的海上通道战略，海上力量主要服务于军事扩张。

（二）“二战”之后的海洋通道体系

“二战”后，日本的海洋战略开始注重海洋经济和海洋科技，注重用政治、军事、经济、外交来综合维护安全，以美日同盟为支柱，建设海上自卫队，注重与海洋国家合作，战略上是防御性的,提出了最远止于1 000海里的海上航线保护。20世纪70年代起,日本提出综合安全保障战略,把确保石油、天然气等能源供应列为最重要的战略目标之一,强调要增加能源的储备,加强对海上运输机制的研究。同时,顺应美国的要求,由日本海上自卫队承担其两条1 000海里海上航线的责任,保护在该海域执行任务的美国作战舰艇和向日本运送物资的外国船舶安全,在冷战时期主要以苏联为防卫对象。1 000海里以外的航线安全由美国海军负责。

(三)21世纪的海洋通道体系

进入21世纪,日本的海洋安全战略迅速强化,通过《海洋基本法》等一系列海洋法规,将海上交通线安全作为重点目标,构建新的海上安全保障。其基于对本国经济社会所需物资大部分依赖进口,为确保海洋资源的开发利用、海上运输、维护海洋秩序,强调应采取必要措施确保海洋安全和治安,并将维护马六甲一线的海上交通安全作为五大海洋安全体系之一。

二、日本保障海洋通道安全的措施

日本以国内能源基本法律、政策和相关反恐怖法案为基础,依托海上自卫队和海上保安厅等强有力的执行机构,强调日美合作,采取加强国内统筹、法律基础、国际合作和军事建设等综合手段,以保障海洋通道安全。

(一)加强国内立法

日本以《海洋基本法》为海洋"母法",通过《海洋基本计划》(2008年)、《海洋基本计划》(2013年)等涉海法律及政策,明确日本海洋领土安全、海洋航道安全的发展方向;以《对付恐怖特别措施法案》、《海上保安厅法》、《自卫队法》以及每年的《防卫白皮书》、《防卫计划大纲》等法案,给予日本海上自卫队行使日美安全同盟和日美海权合作方针的法律依据;以《日美共同合作与安全保障条约》、《日美防卫合作指针》、《周边事态法案》、《武力攻击事态法案》、《反恐特别措施法》、《支持伊拉克重建特别措施法》提供参加反恐支持。

通过自卫队法的修改以及《反海盗法》等法案的通过,提高了海军的行动自由度,特别是近年来持续进行的修宪行动,意图使日本重获国家交战权和集体防卫权,复归"正常国家"地位,使日本海上安全力量走向全球。

(二)整合国内力量

2007年7月,日本通过《海洋基本法》成立了"综合海洋政策本部"。其作为21世纪日本海洋安全的战略管理机构,将原来分散于经济产业省、农林水产省、国土交通省、外务省、防卫省等八个省厅的职能整合,集中并综合地推进海洋政策实施。由首相担任本部长,包括制定和实施《海洋基本计划》,协调相关行政机构活动,拟定重要海洋政策。通过《海洋基本法》和《海洋基本计划》划定了国家和民间的分工与合作形式,提出了民间应在海洋安全信息和提供对策等方面发挥作用。同时,通过设立国民新节日——“海之日”等方式,不断推进海洋教育、培育海洋人才。

(三)开展外交与国际合作

日本以“共同的价值观”和“潜在的威胁”与东南亚和南亚部分国家深化了政治交流和互动。在外交领域,日本注重发展与东盟和印度等海上通道国家的关系,积极同相关国家开展海上安全对话、高层防务交流、军事备忘录交换和联合演习,注重合作国家的多样性和地理位置的关键性,定期开展军事高层对话,加强对东盟有关国家的经济援助,提升日本的国家形象;充分利用“均势平衡”理念,为遏制中国在东亚和东南亚影响力迅增的势头,在东海、南海问题上频频向中国发难,拉拢与中国存在海上边界争议的国家,塑造对己有利的海上安全环境。此外,除了在传统安全领域开展合作,在美国的推动下,日本积极加入 TPP 协定,在 APEC 框架内表现积极;围绕反海盗同东南亚国家推动“海盗合作机制”。积极参与全球事务,在全球气候变化大会、全球能源合作、人道主义援助等国际性问题会议中提出主张并承诺给予大量援助,积极提升国家形象,探索海洋合作之道。

(四)重视军事手段

以美日军事同盟为基础,以日本自卫队和海上保安厅为主体,积极进行扩张性军事布局和军力建设,采取监视、封锁、对峙等手段,维护通道安全。

配合美国的海上战略特别是美国重返亚太的需要,日本主动加强了美日同盟构建,积极介入南海、台海等海域,甚至将台湾作为海洋通道的要害。日本积极参加各种联合军演,派海军进入印度洋,出动海上保安厅与韩国对峙,军警联合抓捕进入钓鱼岛附近的中国渔民,加强其海上力量的存在。特别是由海上自卫队作主力,以反潜护航、海峡封锁、海上防空、水面打击、扫布雷及登陆和抗登陆等手段,保护航运安全。具体采用了包括监控战略通道、建立多层次立体封堵线、各军协同作战等方法。

(五)以中朝为“假想敌”或者战略目标

冷战时期,在美国的推动下,日本成为美国在东亚地区对抗社会主义的重要阵地。随着中国的日益发展以及要求日本承认其历史问题,在日本国内民族主义思潮的影响下,日本国内逐渐夸大了中国的威胁,认为中国和朝鲜是日本的现实威胁。特别自 2010 年以来,中日钓鱼岛矛盾逐渐激化,尤其是日本不顾中国的反对,恶意对钓鱼岛制造“购岛”及“国有化”,中国回应强硬。日本国内右翼势力借此迅速膨胀,污蔑中国为亚太地区的“地区霸权主义”。2010—2014 年度新《防卫计划大纲》,有关中国海军和海洋政策的负面表述措辞空前严厉,相关内容极富针对性。

第五节　韩国海洋通道安全体系建设

一、韩国海洋通道安全体系的演进

(一)“二战”后的海洋通道安全战略

“二战”后,朝鲜半岛经历了朝鲜战争,形成了南北分治,韩国据南而立,与美国成盟。这一时期,韩国依靠美国的驻军和支持,建立海军,形成以防御为主的海洋安全战略,并在后期产生了海洋主权意识和“自主防卫”海洋安全思想,将积极参加护航护渔、近海巡逻等任务作为防御任务。

(二)冷战后的海洋通道安全体系

冷战结束后,韩国更加重视海外利益和海洋安全,提出新的海洋安全理念,转向重视“大洋化”,防御范围从“近海防御”向“远洋作战”过渡,防御任务将保护海上交通线、确保海上活动安全、控制海洋等作为主要任务。采取综合的、多层次的海洋安全合作,并开始建立远洋海军。尤其是在与日本的海洋领土争端中,更体现出韩国的海洋主权意识。

二、韩国海洋通道安全体系的构建

(一)明确四大海上交通线为重点

韩国贸易量97%依赖海上运输,海上运输线就是韩国的海上生命线,是韩国历届政府关注的焦点和确保海上利益的关键,成为韩国海洋安全战略的主要方面之一。韩国认为其海上交通线的威胁主要包括朝鲜、周边强国、与周边国家的海洋争端、海盗和海上恐怖主义。韩海军提出战时必须加强保卫“海上四大交通线”(从韩国东海横穿日本津轻海峡东出太平洋的北方航线,从釜山来往于日本之间的韩日航线,从韩国西海抵中国的韩中航线,以及最远的一条从韩国南海经中国南海和马六甲海峡抵东南亚的南方航线),以确保海上资源的安全和海上运输线的畅通。在海军力量之外,韩国还通过参加国际合作活动维护交通线。

(二)大力发展海军

朴槿惠上台后,重启李明博时期缓行的大洋海军战略,大力建设现代化海军,通过加强海空军力量建设,提高海军远洋作战能力。在军费、兵力结构和武器装备等三个方面采取措施优先发展海、空军,加速海军武备的现代化,不断扩大海军活动范围,建设负责保卫占韩国海运量99.88%海域的济州海军基地,逐步加强对海航交通线的渗透和控制。延平岛事件后,韩国海上安全形势日趋严峻,其海军的防卫目标指向朝鲜。

（三）积极开展国际合作

韩国进行的海洋安全合作主要包括以下三个层次的内容：一是积极参加与海洋安全有关的、地区层次的论坛和研讨会，有效地交流研讨海洋安全理念和战略思想、海洋安全合作的方法等相关内容，如东盟地区论坛、世界海军首脑论坛国际海上力量研讨会（ISS）、西太平洋海军论坛（WPNS）、亚太安全合作理事会（CSCAP）等；二是积极派遣高层军事人员外访，派遣军舰访问，派遣军事人员参加交流和培训、参加海上联合军事演习，如近年来的韩日、韩俄、韩中军事互访与交流等；三是积极参加具体务实的海洋安全活动，如海上搜寻救助、抢险救灾、人道主义救援、反海盗、反走私、反恐怖主义合作、防止海上事故磋商以及签订海洋科技和渔业协定等。通过这些海洋安全合作，不仅有效地预防了海上危机的发生，而且为海洋安全提供了较为可靠的保障。

（四）重视海洋环境

韩国努力打造舒适、安全的海洋环境，包括执行严格的环境保护政策和惩罚举措，提倡可持续和健康的海洋意识，协调海洋开发与海洋环境之间的矛盾，建造能防治灾害的安全港湾，构建一流的海事安全管理体系。

（五）加强海事安全

韩国全面提升海事安全管理能力。努力从制度、技术、机制和具体管理等方面开展能力建设：建立有效的国家海洋事故应急方案，开发治污技术，健全海上安全事故的有效管理机制，加强港口管制并强化船舶安全管理，建立海上通道安全综合网络，提高海事工作者的安全管理能力，改进海洋环境评价和补偿制度，建立健全气象方面的信息搜集和预报机制，完善海洋安全综合预防管理机制。尤其是“岁月”号海难后，韩国进一步提高海上通道安全机制的构建。

（六）综合施策保安全

韩国注重军事、外交、经济和法律等多种手段的综合利用。朴槿惠政府恢复了海洋水产部并重组职能，将整合海洋警察力量，出台系列法律和政策，构建全方位、多极化的大国外交关系，参加地区、双边和多边海洋安全合作。同时还建造海运、海湾和物流中心，大力发展海运和物流企业。

第八章　确保海洋通道安全体系展望

第一节　海洋通道安全体系的主要判断

一、海洋通道安全体系的高度重要性

由于海洋通道的全球天然贯通、价格低廉、巨量运输等优势，全球化下各国和地区对海运的高度依赖，贸易的一体化发展，全球供应链的形成与强化，使得海洋通道体系对单个国家或地区以及全球具有主要通道地位和不可替代的重要性。这种重要性随着全球生产力布局的演变和分化、运输方式的日渐融合，呈现不断增强的趋势。

二、海洋通道安全体系的双重安全影响

由于人类对海洋通道的高度重视与依赖，海洋通道安全正呈现出双向影响。一方面，由于人类对海洋通道安全的重视，包括港口、航道、航路、船舶、气象、搜救、护航等能力不断提高，海洋通道安全的技术性保障空前提高了。另一方面，集体越对某个领域强调不安全并彼此防备就会越加重这一领域的不安全，即由于各国的海域主权意识增强、安全意识和行动的发展，海洋通道安全已经成为各个国家和地区的传统安全重要领域，出现了对海洋通道控制与防范、对航运自由的刻意强化等现象，给海洋通道本身构成新的不安全因素。

三、海洋通道安全体系的全球共管事实

由于海洋的开放性和通道的多选择性，全球化促进的经济高度融合，决定了海洋通道无法被占领和长期控制。虽然在冷战时期发生过古巴导弹危机，冷战后发生过伊朗威胁关闭霍尔木兹海峡，但事实上，“二战”之后，特别是冷战之后，全球主要海洋通道一直处于全球体系的共管之下，并没有发生通道被独占、控制或者封锁，失去其原有通道作用的情况。有理论以“二战”时日本海上补给线被美军摧毁为例，认为战时海洋通道安全极其重要。但是这一理论从根本上忽视战时海洋通道安全的两个关键特点，一是战时本身就是非安全的，所以海洋通道已经处于随时危机状态；二是海洋通道安全在战时是整个战争和安全的一部分，其

是否安全不取决于本身的保障,而系于整体安全能力,把战时的海洋通道安全独立出来是没有意义的。

四、新时期海洋通道安全体系的主要安全问题

在冷战解体以后,和平发展是世界主流和大势,但安全威胁依然存在,这决定了海洋通道安全的主要问题集中在:一是全球绝大多数海洋通道是安全的,但是在局部地域存在一定威胁,这种威胁包括军备竞赛和军事威慑等,主要来自于亚太和中东的个别国家;二是非传统安全的影响更加明显,主要表现在恐怖主义、海盗、武器扩散、疾病蔓延、跨国犯罪、走私贩毒和非法移民;三是来之于自然环境、技术或者管理上的安全,包括异常天气、地震、管理疏漏、安全技术缺陷等。

第二节　构建和平与发展的全球海洋安全体系观

一、世界范围内的传统海洋观

海洋观是人们对海洋认知的根本价值取向,是人类处理海洋与人类之间关系行为的前提,是人类对如何开发、利用和保护海洋以及通过对海洋权益的维护来保护国家、民族利益的总体观念。[①] 由于历史因素和经济发展因素,不同国家和地区、一个国家和地区的不同历史时期具有不同的传统海洋观。

(一)欧美发达国家的传统海洋观

海洋观其实就是海权观。"海权"一词,它的意思是"大海的力量"(海上力量),征服和利用海洋的力量,是由古希腊历史学家修昔底德首创。海权的实质是国家在海洋领土范围内对海洋进行控制和利用,以最大程度地获取相关利益。

从15世纪开始,欧洲的海军船队相继探索新的海洋路线,这些新的路线使其找到了新的合作伙伴。但由于合作伙伴的争夺而引发的战争比比皆是,此时,海权观念应运而生。只要控制了海洋领土就可以获得巨大的财富和资源,因而掌控海上力量的能力成为西方殖民者制定国家海洋战略的首要因素。此后,葡萄牙、西班牙、荷兰等国先后发展海上势力,相继依靠海权成为当时的海上霸主。

欧洲发达国家、美国和俄罗斯是世界上比较早对海洋进行探索、利用和力图控制的国家。对海洋的认识和利用,对其崛起发挥了关键性的作用。以下是具有代表性的海洋观,上

① 冯超．增强海洋意识,树立新世纪海洋观[J]. 经济论丛,2010(19):200-201.

述国家的海洋实践就是这些海洋观的应用结果。

1. 马汉:“海权论”

19 世纪末,塞耶·马汉(A.T. Mahan,1840—1914 年)建立了系统的海权理论,主要体现在《马汉将军的海权论》中。这是历史上首次提出了海权观念,代表着西方资本主义国家正式迈向海权时代。在马汉之后的 20 余部作品里,皆是以海权与海洋战争的题材为主,其中最具有代表性的两部作品分别于 1892 年和 1905 年出版,主要阐述海权对帝国主义的影响和海权与战争关系,强调海洋军事战略。马汉的海权理论逐渐成为了系统完整、体系科学的思想观念。

17 世纪中期至 18 世纪末期,在长达 100 多年的时间里,西方资本主义国家一直在围绕海洋权利展开一次又一次大规模的海权争夺战,在这些战争中,无一不体现出海权对一个国家发展的重要作用。这对马汉将军海洋控制权思想的形成产生了极大的影响。马汉将军的海洋控制权思想有四个方面的重要阐述。

一是一个国家是否强大,很大程度上取决于对海洋领域控制的多寡。很多政治、经济强国的发展壮大都离不开对海洋的控制权,只有在海洋领域越来越强,才可以轻松应对每一场战争。从另一个角度上看,扩大对海权的占有权,也是从另一个方面扩大了海洋运输贸易,可以发现新的销售模式,增加国家财政收入。与此同时,国家在对海权的争夺战中,也可以锻炼国防战斗力,提升国防实力。

二是国家利用和控制海洋的能力即为海权。“海权的实质是,国家通过运用优势的海上力量与正确的斗争艺术,实现在全局上对海洋的控制权力。”其中特别提到要注意海洋运输对国际海洋贸易和运输的决定性意义。海权本身有多个重要的环节,这些重要的环节由工业、运输业与国土范围三个链条组成。

三是海权的顺利发展离不开国家现状的六大因素。海权要素是一个国家海上力量发展的重要体现——国家所处于的地理位置、自然风貌、国土领域面积、公民数量、国民性格、国家发展方向等六个方面,这六个方面也是影响海权发展的重要因素。

四是预言世界政治的中心在欧亚地区。欧亚地区是世界经济发展最有成效的地区,它的发展水平代表着世界经济水平。

2. 莱曼:“海上优势论”

“海上优势论”是 1981 年至 1987 年期间担任美国海军部长的小约翰·莱曼提出的思想。莱曼的海上优势论得到里根总统的支持,成为 20 世纪 80 年代美国海军发展的指导性理论。其思想主要包括以下两个方面的内容。

第一,要根据国情制定符合国家现状的战略方针。莱曼认为,要想扩大海权的优势,就要制定出一套国家专属的海上战略方针。这个方针要能够满足军队的所有需求,除了要解决各种日常的军事问题,还需要保证国家和民众的人身安全和财产安全,要让军队的海上作业能力变强,不受外来入侵者的打击。莱曼适时提出了美国的海上战略八项原则:

①海上战略从属于国家安全总战略;

②国家战略规定海军的基本任务;

③海军基本任务的完成需要确立海上优势;

④为确保海上优势需要重新确立一个严谨的海洋战略;

⑤制定海上战略必须以对现实的估计为基础;

⑥海上战略必须是一种全球性理论;

⑦海上战略必须把美国和自由世界各国的兵力完全结合成一个整体;

⑧海上战略必须是前沿战略。

第二,确保美国的海上优势。莱曼认为在形成核战略均势的情况下,美国必须确立海上优势。海军的均势美国而言将会是一场灾难。因为海军的均势会带来相持的局面,而海上的相持局面将意味着不能利用各个海洋。海上优势就是美国有能力且让别人看到美国有能力牢牢控制那些通往重大利益地区的通道,这是一个国家安全问题;海上优势还意味着当国家有重大利益的地区遭敌人联合威胁时,美国有能力战胜他。

第三,美国需要掌握制海权。海军在战争中的目标就是将敌人海军摧毁或驱逐出海面,由己方控制海洋交通线。为了夺取制海权的需要,1981 年 2 月 5 日莱曼提出建设一支 600 艘舰艇的海军,包括 15 个航母战斗群、100 艘核攻击艇以及以战列舰为核心的 4 个水面舰只战斗群的建设计划。

3. 乔治·莫德尔斯基的"海权—世界霸权周期论"

"海权—世界霸权周期论"是美国学者乔治·莫德尔斯基在《世界政治的长周期》等著作中提出的。其主要观点包括:

第一,海权是世界霸权的必要条件。由于海军具有跨洲际行动的机动性,因此海军是成为世界领导国家即全球性强国的必要条件。作为世界领导国家,需要拥有占世界一半的海军力量。这个优势连同国家在主导产业上的优势共同构成其世界霸权的基础。

第二,海权更替决定世界霸权周期。世界霸权的每一个周期大约持续 100 年,只有英国保持了两个世纪。每一个周期结束都进行"国际权力转移",大国霸权后期经常出现全球权力结构的非集中化,挑战者与原有霸主或领导国以一场全球战争特别是海军战争实现霸权的转换,开始新的霸权周期。

第三,海军增加国家"安全盈余"。16 世纪以来海军用于保护本国免受攻击、防止敌对势力进入海洋,从而保卫便利的交通和商业路线,因而增加国家的安全系数。尤其是地理上的岛国或半岛国家,由于不与大陆国家领土相衔接以及可以在世界上占领具有战略意义的海军基地，控制世界海洋通道，因而其安全是相当充裕和有“盈余”的。

4. 戈尔什科夫：“国家海上威力论”

戈尔什科夫曾长期担任苏联海军总司令（1956—1985 年），他提出了国家“国家海上威力论”，被称为苏联版的海权论，戈尔什科夫本人也被称为“苏联的马汉”。戈尔什科夫的理论体现在他 1976 年出版的《国家的海上威力》等著作中。迄今为止，已被全世界各国学者争相翻译。其主要观点有：

一是国家海上威力概念。国家海上威力是合理结合起来的对保障世界大洋进行科学研究、经济开发和保卫国家利益的各种物质手段的总和。它决定各国为本国利用海洋的军事和经济潜力的能力。对于政治、经济发展的大国而言，如何更好地实现海洋优势尤为重要。其中，国家对于海洋资源的开发和运输能力都有待提高，比如生产制造业的能力，要与国家军队相符合。“国家海上威力”的实质就是通过最有效的方式来利用世界海洋，以满足海军部队的需求。

二是注重海上建设是成为世界强国的必要条件。一个国家的强大只有在海上势力发挥到最大威力时才能完美的得以体现，否则，很有可能只是昙花一现。在“威力论”中，其以俄国为例，阐述了战争失利的主要原因。

三是海军的平衡发展。国家海上威力离不开一支长期战斗力强劲的海军队伍。有研究表明，要使部队长期维持巅峰时期的战斗力，平衡发展尤为重要。苏联海军凭借着“威力论”的成功理念，建立了在全世界范围内屈指可数的顶尖海军作战队。然而，苏联过度强调海军在国家海洋战略中的作用，忽视了戈尔什科夫要求海军建设要与经济建设相平衡的原则，更没有看到“海军的发展只是实现国家战略的一种工具、一种手段而已，而其本身并非目的所在。”这使得苏联付出了惨重的代价，最终也拖垮了苏联，使其不得不走向解体的道路。

5. 伍承祖：“海洋环区论”

1985 年，美国纽约市立大学地理学教授伍承祖（美籍华人）提出，在地球上以北极为中心可以划一个内环区，它包括了北美大陆的美国、加拿大、欧亚大陆架及日本等，在内环区以外可以划一个外环区，包括拉美、非洲、中东、南亚。沟通内外环区之间的通道为 4 个“地中海”，即沟通北美和欧亚大陆的“北冰洋地中海”，沟通欧亚非大陆的“地中海”（包括直布罗陀海峡、地中海、红海、苏伊士运河、黑海及土耳其海峡），沟通亚洲和大洋洲之间的“地中海”（包括南中国海、菲律宾和印尼及澳大利亚之间的海域及马六甲海峡等），以及沟通南北美洲大陆的“地中海”（包括墨西哥湾、加勒比海、巴拿马运河等）。除“北冰洋地中海”之外的其他 3 个“地中海”加上北太平洋、北印度洋和北大西洋，构成了全球的战略海运航线，是世界上内外环区之间的海上运输的大动脉。谁控制了 4 个“地中海”及 3 个大洋的战略要道，谁就会在争夺海洋霸权方面占有优势。

此外,还有美国海军战争学院教授巴里·波森的"空间控制权论",就是从海洋和太空的角度来讲,公用空间就是不属于任何单一国家的和充当全球多数国家的共同通道的领域。要想制定积极参与全球事务的外交政策,就必须保持对公用空间的控制权。印度政治家、外交家潘尼迎提出"印度海权论",即印度历史中向来有一种忽视海洋的倾向,而历史上印度主权的丧失就是由于失去海权,印度完全有条件发展海权,目标应该是使印度成为海权国,足以在安全攸关的海上捍卫本国利益,而执牛耳于印度洋地区。澳大利亚墨尔本大学地理学高级讲师 J. R. V. 普雷斯科特则提出"海洋政治地理论",其主要认为海权研究在当代的一个变化就是增加了内陆国进入海洋的通道以及海洋法问题。由于各国对海洋提出了主权要求,海洋特定地理部分与某些国家的特殊利益相联系,关系到这些国家的安全和发展的机会,国家确定海洋边界与划分陆上国界一样事关国家的重要利益。国家使用特定海域的能力与在这些海域的利益存在,是以它们开发海洋资源的技术技能为前提的。

(二)日本的海洋观

日本在德川幕府时期实行闭关锁国政策,仅把海洋作为国家天然的保护屏障,而没有认识到海洋的重要作用和战略意义。18 世纪末至 19 世纪初,日本少数知识分子海洋意识觉醒,开始从不同的角度提出日本的海防观。美国的马登·柏利舰队的到来,致使日本闭关锁国的海洋政策宣告结束,由此引发了"倒幕运动",并于 1868 年 7 月建立了明治政府。之后随着马汉海权思想的问世,日本开始出现了近代的海权思想,传统的海权观逐渐形成,即海洋关系着日本和世界的未来,必须要加强海军建设,夺得制海权。日本意欲利用本国的军事力量开拓疆土展现国威,走上海外扩张的道路。中途岛海战美国彻底挫败了日本在太平洋地区的攻势,日本对外扩张型的海洋战略逐渐走向衰败。

1945 年日本投降,日本传统的海权观也开始向综合性的海权理论转变。日本更重视发展海洋经济和海洋科技,加快海洋立法,要求将军事方面和非军事方面结合起来。日本在战略防卫中以苏联为假想敌,依靠美国的核保护伞、本国的先进装备以及具有强大战斗力的自卫队,来保卫自身的安全,战略指导思想从原先的消极防御向积极防御转变。

冷战后,日本从国家历史、文化以及传统方面对国家身份作了重新定位,即日本是一个海洋国家,并积极制定海洋战略和政策,继续强化日美同盟关系,展开了对海洋国家身份的追求。新世纪的日本,在复杂的国际国内形势下,采取政治、经济、文化、军事等手段继续推行和完善日本海洋国家战略,形成了一个立体的、综合性的海洋战略。其从战略的高度确定了日本海洋国家的身份,使海洋国家意识逐渐深入人心;以美日同盟为基础,不断加快海上自卫队建设的步伐,增强海上力量,保卫海上安全,表现出进攻性的特点。

二、致力于构建和平与发展的全球海洋安全体系观

今天,我们必须在新的历史条件下对海洋开发、利用和对国家海洋权益维护形成新认

识、新观念，在增强国民、国家海洋意识的基础上，在新世纪海洋观的引导下，实现可持续发展和共同发展，实现人海之间的和谐共处，构建“和平、合作、和谐”的中国新海洋观。

（一）增强海洋意识，提高对海洋的重视

中国是个海陆兼备的国家，海洋与陆地同样重要。长期的中国意识中，海洋的地位远远低于陆地，近代以来，特别是改革开放以来，中国的海洋意识空前觉醒，海洋观念不断发展，建设海洋大国和海洋强国愿望日渐强烈，思路逐渐成型。2013 年，中央政府确定了建设海洋强国的战略。中国要成为海洋强国，必须正确认识海洋的价值和重要性，进一步增强海洋意识。

（1）提高对海洋价值的认识。要正确意识到海洋的价值不仅仅是为我们提供鱼类资源，而且其中所蕴藏的尚未完全开发的资源比陆地上更加丰富；在中国出口贸易不断发展的今天，海洋作为海上商贸通道的载体，具有重要的经济价值；而当今世界各国对海权、海域、岛屿和海洋资源的竞争与合作，也给海洋赋予了重要的国防价值和外交价值。由于海洋环境的日益重要，海洋的生态环境价值也愈发突显。对海洋的认知、航海史、海洋文明的整理、研究与开发，构成了海洋多姿多彩的文化价值。

（2）大力发展海洋经济。要通过海洋经济的不断发展，在国民经济中的比值不断增加，使人们能够注意到海洋经济在今天对中国经济作出了巨大贡献，将目光更多的投向海洋，提高对海洋的开发和利用的关注度。

（3）大力开展海洋教育。要在广大民众中强化现代海洋意识，通过媒体和学校教育等渠道，开展海洋文化教育，把海洋知识、海洋观念、海权思想、海洋合作与共同发展理念作为国家观念和国防教育的重要内容，拓宽、加深民众对于海洋的全面理解，加强海洋主权意识教育，树立正确的海洋文化观念，通过教育激发人们开发海洋的积极性，为我国的海洋事业发展提供软实力资源。

（二）建立新型海洋价值观，与新海洋观相适应

传统的海洋价值观是以破坏自然环境为代价来谋求自身利益的绝对人类中心主义，也曾出现国家之间零和博弈的“霸权观”，有悖于“和平、合作、和谐”的新海洋观，因此，构建新海洋观，必须建立新型的海洋价值观。

（1）建立海洋可持续价值观。海洋资源与陆地资源一样，某些资源是不可再生的，某些资源即便属于可再生也需要具备一定的条件。海洋环境遭受破坏之后难以恢复甚至无法恢复。海洋可持续发展价值观的核心理念就是：不能以牺牲他人与后人的海洋资源利用、破坏海洋生态为代价去谋得局部或一时的经济获得。所以，对于海洋不可再生资源要有计划地开采，对可再生资源的利用要以维持其再生机制为前提，对于海洋环境的利用和开发要以最低限度影响为原则。

(2)建立海洋多元统一价值观。海洋具有经济、社会、生态等多元价值,它们之间存在着既对立又统一的辩证关系。海洋的经济价值和社会价值说到底都是一种资源价值,都是对于海洋资源的利用、消费,是一种“消费性价值”,而生态价值则是对海洋资源的保存、保护,是一种“非消费性价值”。对于人类而言,要利用海洋的“资源价值”,就要消费资源,就意味着对消费对象的改变甚至毁灭;而要实现海洋的“生态价值”,就必须保存资源、减少消费。即如果我们要实现海洋的资源价值,就必须开发海洋,这必然会改变甚至毁灭某些海洋资源,影响甚至破坏海洋的生态价值;如果我们要实现海洋的生态价值,就必须保护海洋,不去改变它的自然状态,而这又必然会妨碍海洋资源价值的充分实现。为此,我们要在海洋多元统一价值观的指导下,通过科学测定与合理运作,把人类对海洋的开发和消费限制在自然生态系统的稳定、平衡所能容忍的限度以内。必须明确地认识到海洋对人类的经济价值、社会价值和生态价值之间的辩证统一关系,绝对不能分割开来,不能先利用后保护。

(3)建立海洋战略价值观。对海洋价值的开发利用,要有战略的视野,定位于人类的和平发展,着眼于长远利益、整体利益、根本利益。党的十八大报告提出了“提高海洋资源开发能力,发展海洋经济,保护海洋生态环境,坚决维护国家海洋权益,建设海洋强国”的海洋战略。这是通过以海兴国来实现中华民族的复兴,与和平发展海洋是完全一致的。以这样的海洋战略价值观为指导,必然要求区域性、行业性的海洋发展布署都要服从于国家整体海洋战略;要求通过海洋科技的发展来提高我们开发、利用海洋资源的能力;要求在海洋开发的同时保护好海洋生态;要求坚决维护我国的海洋权益和海洋空间的安全,因为这是开发海洋资源、发展海洋经济、保护海洋生态的基础和保障。

(4)建立海洋和平价值观。突破传统上对海洋的资源、环境、安全等价值认识局限,要充分认识海洋在维护区域与世界和平合作上的巨大价值。在自然上,由于海洋地理上的不可分割、海洋在资源与气候上的一体性,使不同地区的人群产生了基于共同海洋的密切联系。在海运上,由于海洋通道的非封闭性,使人类之间必须共用海洋通道,任何国家要排他性地控制海洋通道被证明是不可行的,并且海洋通道承担全球最大量的运输而将人类紧紧地绑在了一起。在安全上,由于海洋是相对于大陆安全的天然化空间,随着海洋航运和海上力量的发展,通过在大陆上的阻隔、封锁与占领来威胁地区与全球和平变得代价沉重和不可持续。相反,人类可以利用海洋这个流动的纽带来增强交流、合作,促进彼此的融合,推动区域和全球一体化,维护世界和平。

(三)坚持和平与合作、共同发展的国际海洋合作观

(1)摒弃传统海洋强国的海上霸权观,树立海上共同体的观念。历史证明,任何要实现区域或全球海权的战略,都会导致与传统海洋强国的激烈冲突与战争。取得和维持海上霸权代价沉重而且凶吉未卜。作为一个新兴大国,中国没有绝对实力去赢取一个可持续的海

上霸权,海上霸权也有违中国的传统邦交文化和现行外交原则。坚决摒弃自16世纪以来传统海洋强国依靠海军为后盾,掠取海上资源,进行海上殖民扩张,以武力控制海上贸易通道,主宰海洋的海上霸权观。反对任何形式的、非主权领域内的海洋封闭。树立全人类共有、共用、共同保护和开发海洋,海洋是人类相依为命的载体,人类基于共同的海洋形成共同体的观念,倡导和推动建立开放的、对话的、基于国际法和规则的海洋新秩序。

(2)摒弃海上争夺,树立和平、合作的共享观。中国的安全战略目标是和平发展,现在中国国家战略大局需要一个和平发展的国际和国内环境。我们要坚持走独立自主的和平发展道路,这就从根本上否定了我国走扩张、掠夺的道路。中国愿与各方共建和平之海,将坚定不移走和平发展道路,致力于在尊重历史事实和国际法基础上,通过当事国直接对话谈判解决海洋争端;中国积极构建海洋合作伙伴关系,共同建设海上通道、发展海洋经济、利用海洋资源、探索海洋奥秘,为扩大国际海洋合作做出贡献;中国愿与各方共建和谐之海,在开发海洋的同时,善待海洋生态,保护海洋环境,让海洋永远成为不同文明间开放兼容、交流互鉴的桥梁和纽带。中国要努力杜绝并避免海洋成为争夺场,努力促进海洋成为合作和平的通道,合作的平台,共同发展的空间。

(3)在近海,坚持主权下的和平解决和共同开发。中国近海问题存在着深刻的地缘因素和历史因素,国际法对解决近海问题具有很大的弹性,但近海是中国整体安全又长又薄的“内衣”。中国在近海海区还有很多安全问题尚未解决,近海安全仍是中国海洋安全的基础与重点。我国坚持加强与周边国家睦邻友好关系的基本国策,坚持用和平方式、谈判方式解决争端,努力维护和平稳定。同时,要坚持“主权属我、搁置争议、共同开发”的方针,推进互利友好合作,寻求和扩大共同利益的汇合点。我们坚决反对近海军备竞赛,反对近海成为“火药桶”,努力将分歧和争议化解,积极促成热点、突出问题的缓和,争取为紧张局势的化解创造条件,争取形成争议各方共同接受和遵守的准则,共同建设和谐近海。

(4)在远洋,我们支持国际共管下的海上安全。正视远洋安全的复杂性和艰巨性,正视远洋安全力量维持的困难性,深刻认识在远洋上与传统安保势力对抗的巨大危机和利用已有势力的便利,十分谨慎地避免在远洋上产生对抗性的安全力量。中国应坚持非主权争议下远洋海域的主权确定性或共有性,坚持远洋海域的开放性。要尊重并利用《联合国海洋法公约》等国际法,对远洋安全进行共建、共管与共享,不谋求对远洋通道海域与通道的单方控制。

(四)建立人海和谐的海洋依赖观

人海和谐,要求人类在开发海洋的同时,与海洋生态系统建立一种相互适应和支持的关系,在对海洋进行开发,满足人类自身需求的同时,也要对海洋生态环境加以保护,保证海洋生态的可持续发展和海洋资源的可持续利用,实现人类和海洋和谐共处。深刻认识到海洋是人类生存生活不可复制的载体,是人类的共同家园,是人类生产和生活必须依赖之地。为此,必须加强对海洋生态的修复,全力保护海洋环境。

第三节 保护支撑海洋通道的生态环境

在陆地资源短缺的今天,丰富的海洋资源对人类的经济和生存发展有着无法替代的重要意义。党的十八大报告中提出:“大力推进生态文明,是关系人民福祉、关乎民族未来的长远大计。把生态文明建设放在突出地位,努力建设美丽中国,实现中华民族永续发展。”“提高海洋资源开发能力,发展海洋经济,保护海洋生态环境。”①海洋资源的开发利用和保护,是我国海洋经济发展的重要任务之一。要保护海洋生态环境,着力推动海洋开发方式向循环利用型转变。要下决心采取措施,全力遏制海洋生态环境不断恶化趋势,让我国海洋生态环境有一个明显改观。要把海洋生态文明建设纳入海洋开发总布局之中,坚持开发和保护并重、污染防治和生态修复并举,科学合理开发利用海洋资源,维护海洋自然再生产能力。

一、我国海洋生态环境状况

(一)海洋环境情况

根据国家海洋局对外发布了《2015 年中国海洋环境状况公报》显示,我国海洋生态环境状况基本稳定,近岸局部海域污染依然严重。

1. 海洋生态系统的健康状况分类

海洋生态系统的健康状况分为健康、亚健康和不健康三个级别:

健康:生态系统保持其自然属性。生物多样性及生态系统结构基本稳定,生态系统主要服务功能正常发挥。环境污染、人为破坏、资源的不合理开发等生态压力在生态系统的承载能力范围内。

亚健康:生态系统基本维持其自然属性。生物多样性及生态系统结构发生一定程度变化,但生态系统主要服务功能尚能发挥。环境污染、人为破坏、资源不合理开发等生态压力超出生态系统的承载能力。

不健康:生态系统自然属性明显改变。生物多样性及生态系统结构发生较大程度变化,生态系统主要服务功能严重退化或丧失。环境污染、人为破坏、资源的不合理开发等生态压力超出生态系统的承载能力。

---

① 王敏旋. 新时期我国海洋开发需走海洋经济可持续发展之路[J]. 福建省社会主义学院学报,2012(01):107-112.

2. 我国海洋生态环境状况

(1)2015年我国海洋生态环境状况基本稳定。海水、沉积物质量总体较好,管辖海域海水环境维持在较好水平,符合第一类海水水质标准的海域面积约占我国管辖海域面积的94%。生物多样性状况保持稳定,国家级海洋自然(特别)保护区的海洋生物资源、自然遗迹和生物多样性等保护对象得到有效保护。海洋功能区环境满足使用要求,部分区域环境质量稳中趋好。赤潮灾害有所减少,发现赤潮共计35次,累计面积2 809平方千米,分别较上年减少21次和4 481平方千米。

(2)我国近岸海域环境问题依然突出。部分近岸海域污染依然严重,面积在100平方千米以上的44个大中型海湾中,21个海湾全年四季均出现劣四类海水水质。典型海洋生态系统的健康状况不容乐观,实施监测的河口、海湾、滩涂湿地、珊瑚礁等典型海洋生态系统86%处于亚健康和不健康状态。陆源入海污染居高不下,陆源入海排污口达标排放率仍然较低,88%的排污口邻近海域水质不能满足所在海洋功能区环境质量要求。海洋环境灾害仍然突出。据开展的冬季、春季、夏季和秋季4个航次的海水质量监测,海水中无机氮、活性磷酸盐、石油类和化学需氧量等要素的综合评价结果显示,近岸局部海域海水环境污染依然严重,近岸以外海域海水质量良好。

(3)2011—2015年监测结果显示,“十二五”期间,我国海洋环境质量总体基本稳定,污染主要集中在近岸局部海域,典型海洋生态系统多处于亚健康状态,局部海域赤潮仍处于高发期,绿潮影响范围有所增大。2015年,我国管辖海域共发现赤潮35次,累计面积约2 809平方千米。东海发现赤潮次数最多,为15次;渤海赤潮累计面积最大,为1 522平方千米。赤潮高发期主要集中在每年的5—6月。2015年是近5年来赤潮发现次数和累计面积最少的一年,与近5年平均值相比,赤潮发现次数减少18次,累计面积减少2 835平方千米。

(4)海水入侵北部地区较重。渤海滨海平原地区海水入侵和土壤盐渍化严重。黄海、东海滨海地区海水入侵和土壤盐渍化范围较小,但个别监测区近岸站位氯离子含量明显升高。南海滨海地区海水入侵范围小,土壤盐渍化较轻。

(二)海洋资源情况

1. 海洋资源分类

根据海洋资源的开发利用,可以将其分成生物资源、矿产资源、化学资源和能源资源;按照海洋资源性质、特点及存在形态,可分为六大类:

(1)海洋生物资源:包括渔业资源、海洋药物资源和珍稀物种资源等。

(2)海底矿产资源:包括金属矿物资源(金属砂矿、基岩金属矿、大洋多金属结核等)、非金属矿产资源(非金属砂矿、海底煤炭磷灰石和海绿石、岩盐等)、石油和天然气资源。

(3)海洋空间资源:包括海岸带区域、港口和交通资源、环境空间资源。

(4)海水资源:包括盐业资源、溶存的化学资源、水资源等。

(5)海洋新能源:包括潮汐能资源、波浪能资源、海流能资源、温差和盐能产资源、海上风能资源等。

(6)海洋旅游资源:包括海洋自然景观旅游资源、娱乐与运动旅游资源、人类海洋历史遗迹旅游资源、海洋科学旅游资源、海洋自然保护区旅游资源等。

2. 海洋资源简况

我国海域地跨温带、亚热带和热带,有大量河流入海,沿岸水域有机质和营养盐极为丰富,每平方公里海域年平均生物生产量达到302吨。我国海域海洋生物物种高达20278种,约占世界海洋生物物种的1/4以上;滩涂浅海生物达2950种,适合养殖开发的经济生物多达238种。我国海域渔场面积为280万平方千米,适宜人工养殖的浅海和滩涂面积共133万平方千米。我国海底矿物资源比较丰富。估计我国海洋石油资源量约406亿吨,其中近海246亿吨、深海160亿吨,海洋天然气资源量为8.4万亿立方米。已探明海滨砂矿储量约16.25亿吨,其中金属矿为0.25亿吨、非金属矿为16亿吨。我国海洋可再生能源理论功率约为4亿~5亿千瓦,包括潮汐能、波浪能、海流能、温差能等。海水资源主要利用方向是制盐,提取钾、溴、镁等化学元素,海水淡化和海水直接利用等。此外,我国滨海旅游资源亦很丰富,具有开发价值的旅游景点共有1500多处,其中有规模较大的海边沙滩100多处,重要景区273处。①

二、坚持海洋资源开发与保护并重

(一)改变海洋管理模式,健全海洋法律法规

1.要改变传统的海洋管理模式。目前,中国对海洋资源的管理基本上根据自然资源属性及其开发产业,按行业部门进行计划管理,这种管理模式是陆地各种资源开发部门管理职能向海洋的延伸,各部门从自身利益出发考虑资源开发与规划,使得海洋资源的综合优势和潜力不能有效地发挥。我国现行的行业管理体制,不能适应海洋资源、环境的有效管理。因此,改变传统的管理模式,完善海洋资源综合管理体制势在必行,应通过国家从全局出发,指定管理政策,采取宏观调控,引导沿海地方政府在海洋资源开发过程中牢固树立全局观念,考虑长远利益和整体综合效益,协调相关行业者之间的利益关系,更有效地解决好各种海洋资源开发活动之间的关系。②

2.要健全海洋资源开发管理的法律法规。海洋资源开发与利用的法制建设是保证海洋

① 温海明.海洋资源开发利用与环境可持续发展问题研究.[J].绿色科技,2012(10):116-118.

② 叶向东.海洋资源可持续利用与对策[J].太平洋学报,2006(10):75-83.

资源开发秩序和合理布局以及维持海洋生态平衡、提高综合效益的基本保障，也是保证广大人民利益和国家利益免受侵害，促进人与海洋和谐的基本保障。尽管我国颁布了一系列保护海洋生物资源的法律法规，但是我国现行的行业管理体制，不能适应海洋生物资源、环境的有效管理。因此，应根据发展和保护需要，加强海洋资源管理的立法工作，尽快制定自然保护区法、海洋生物多样性保护法等国家法律，进一步完善海洋生物资源保护和管理的配套法规及实施条例，逐步建立起国家海洋资源管理的法律体系。同时结合新情况、新问题，应尽快在《水产资源繁殖保护条例》、《中华人民共和国渔业法》等基础上制定《海洋资源开发管理法》，明确海洋开发的具体规范和依据，使海洋资源开发工作有章可循，有法可依，并深入调查研究，对现有法律法规不适应新形势的条款进行修订，完善相关配套技术规章。

（二）保护近海渔业资源，大力发展远洋渔业

1.必须大力保护近海渔业资源。面对近海渔业资源的严重衰退，我国必须要坚决采取保护措施：对于资源已遭严重破坏的种类，除应保护产卵场并且设立幼鱼保护区之外，对其中某些种类要采取禁捕和增殖的措施，以恢复资源；对于尚有一定资源数量的种类，则应加强管理，合理安排生产，认真整顿捕捞秩序，控制渔船数量和捕捞强度，减少拖网作业，限制定置渔网渔具，限定最小网目尺寸，从而控制捕捞强度，使其持续利用；严格执行国家规定的渔船马力指标，严格执行捕捞渔船更新、改造的审批和检验制度，加强捕捞许可证管理，从事捕捞生产的人员，必须经渔业行政主管部门培训并取得资格证书。严格制止非渔业生产者从事近海和内陆水域捕捞生产；通过强制性法律法规，使我国渔业捕获和保护法制化。建立健全渔业资源开发监测和评价体系，及时防止我国渔业捕获过度。实行定期捕鱼休渔制度，以促进渔业资源的可持续发展。鼓励养殖，促进海洋农牧化、集约化发展。

2.必须要大力发展远洋渔业。近年来，我国渔业主管部门积极推动远洋渔业产业结构调整，特别是鼓励各地有实力的远洋渔业企业加快发展大洋性公海渔业，在国家政策的引导下，沿海地方政府也纷纷出台优惠政策，支持大洋性公海渔业的发展。与此同时，各地有实力的渔业企业也响应国家政策，大力进行渔船的改造和修建工作，使我国远洋渔船占机动渔船的比例逐年增长，带动远洋渔业产值占海洋渔业总产值的比例也逐年上升。我国在发展远洋渔业，参与利用世界海洋渔业资源，加快开发利用外海渔业资源工作上取得了一定的成绩。尽管我国远洋渔业生产能力逐年提高，但远洋渔业生产能力的绝对数仍然很低，海洋渔业产业结构仍不合理，我国远洋渔业的发展任务仍然十分艰巨。①

（三）提高海洋资源利用率，加强海洋资源监控预警

1.依靠科学技术，对海洋资源进行深层次开发利用，加强资源的综合利用，实现其物质

① 王立彭，张斌．浅析海洋生物资源可持续发展[J]．中国水运，2008，08(3)：186-188.

效能的全面合理利用，大幅度提高资源利用效益和效率。一要加强与海洋资源可持续利用有关的应用基础科学的研究，如资源再生过程、海水养殖容量、海洋资源承载能力、海岸带陆海相互作用及综合管理的方法和机制等研究，利用先进的科学手段，对海洋资源的可持续利用水平做出科学评价和预测，为海洋资源开发利用规划和政策的制定提供科学依据。二要提高海洋开发技术水平，加强开发海水利用技术、海洋生物技术、深海矿产资源开采技术、海洋空间开发利用技术等的研究，从而提高海洋资源的利用效率，节约海洋资源。三要依靠先进的科技，提高海洋资源勘查精度，探索新的、可开发利用的海洋生物、矿产、能源、水及空间等资源，可以增强海洋资源转化为现实存量的可能性，提高海洋资源的供给能力，为人类世代利用海洋和从海洋持续获取利益提供资源储备。

2.依靠高新技术，建立和完善统一的海洋资源和海洋环境保护的监测预警网络，按照统一的技术规范，利用先进技术手段，开展对重要目标生物多样性状况及海洋环境的长期动态监测和预警，加强对海洋资源的动态监测，不断积累和完善海洋生物资源数据库、珍稀濒危动物种数据库、经济海洋生物数据库等，从而提高我国对海洋生物等资源监测标准和技术，完善海洋资源的监测监督和保护评价体系。

（四）加强海岛资源的开发保护，继续加快海洋保护区建设

1.要加强海岛资源的开发与保护。根据海岸带与海岛资源的种类、分布、集中程度和开发价值，优先开发综合价值高的海洋资源；加快岛屿经济开发建设，开发海岛港的资源，尽快畅通交通，使之成为大陆港的卫星港；有计划地开展海岸带与岛屿生态研究。要积极开展海岸线与岛屿的生态研究，在此基础上进行全面规划，制定海岸带与岛屿保护开发方案。在不同的区域中，选择典型的海岸带与岛屿建立自然保护区，进行全面系统的研究，以便取得基础数据，为海岸带与岛屿的自然保护提供科学依据。同时，要注意防止由各种工程建设而引起的海岸带与岛屿生态环境的恶化。

2.要加快海洋保护区的建设工作。海洋自然保护区包括海洋生态系统保护区、濒危珍稀物种保护区、自然历史遗迹保护区、特殊自然景观保护区以及海洋环境保护区等类型，建立海洋自然保护区，对维护海洋生物多样性和防止海洋污染有重要意义，对维护海洋资源开发的可持续发展有积极促进作用。保护海洋生态环境及海洋生物资源海洋资源过度地开发利用，导致海洋环境及其资源的严重破坏。

近30年来，不少沿海国家和地区相继建立起为数众多的各种类型的海洋保护区。目前我国已建立了珠江口中华白海豚保护区、北仑河口红树林生态自然保护区、鸭绿江口滨海湿地自然保护区等20余个海洋自然保护区。海洋保护区能完整地保存自然环境和自然资源的本来面貌；能保护、恢复、发展、引种、繁殖生物资源，能保存生物物种的多样性，能消除和减少人为的不利影响。因此，必须继续加快海洋保护区的建设，增加海洋保护区的数量。

三、确保最低限度的海洋生态环境

全面建立实施海洋生态红线制度，建立入海污染物总量控制制度，从源头上有效控制陆源污染物，开展海洋环境承载能力监测预警试点，建立健全海洋生态损害赔偿制度和生态补偿制度。

1.加大陆源污染的防治工作。要从源头上有效控制陆源污染物入海排放，严格控制工业污染物的排放，重点进行沿海工业企业的排污治理，淘汰高能耗、高污染的产业，并对排污企业收取排污费用；利用高新技术大力推行清洁生产，发展环保事业，推动传统产业的转型升级，努力实现工业企业排污量的最小化；严格控制生活污染物的排放，完善城乡污水处理设施，加快配套管网建设，提高管网截污率和污水处理厂的负荷率；严格控制除陆海污染外的新污染物排放，严禁具有高持久性和高毒性合成有机化合物以及放射性物质排入海内；加强海上污染物的排放控制，尽量避免海上船舶漏油等事故的发生，并制定相应的应急措施，做到及时处理，防止大面积污染，将对海域的污染影响降到最低；进一步推进长江口、珠江口等重点入海河口，渤海、东海等重点海域，以及沿海湿地、滩涂等生态区域的环境治理和资源保护，通过加强对河口、海域排污总量的监测评估，严格控制农药、重金属和有机物等营养物质的排放，减少海水富营养化和赤潮灾害的发生。

2. 加快建立海洋生态补偿和生态损害赔偿制度。建立海洋生态补偿制度，以谁排放谁污染谁负责的原则，进一步明确海洋生态损害补偿的主体、权限、范围和标准，补偿和赔偿经费应主要用于海洋生态环境的修复、保护和管理，财政单列对海洋补偿的专项支出，多渠道筹集资金。

3.加强海洋生态区域的治理修复工作力度。加大对近海海域和滨海湿地的保护力度，严格按照法律规定，科学合理的进行沿海项目开发，严厉打击填海，采砂，围垦等违法用海项目，建立协调的海洋生态经济模式；加快并加大海洋保护区的建设速度和管理力度，着重建立海岸生态隔离带，推动海洋生态保护网络的形成；加快国内运用微生物和植物修复滨海湿地的技术研发，组织实施海岸带资源环境与保护修复项目，对有机污染和重金属污染的海域的有效修复，实现海洋生态的良性循环。

4.加强对海洋环境的监测和预警。建立健全海洋监测系统，大力发展近海海洋灾害预测模型技术、湿地和红树林保护技术、大规模养殖区有害赤潮发生机制及治理技术、城市污水离岸排放扩散模式及污水处置工程对海洋环境和海洋生态系统影响评估技术等海洋环境检测技术①，对近海海域和湿地滩涂等做到环境质量的全方位监测；完善海洋环境预警预报系统，开展灾情调查分析和对策研究，制定防灾抗灾的应急计划，提高处理海洋突发事件的

①

应急能力和防灾减灾的海洋环境保护能力；加快建设海洋环境信息管理系统和数据信息平台，为海洋环境监测和污染事故处理提供及时准确的依据。

第四节　建立健全的海洋通道安全体系

一个健全的海洋通道安全体系不仅仅局限于海洋通道本身的安全，还基于并包括整个海洋的安全。

一、海洋通道安全体系的重要作用

（一）海洋通道安全是维护国家安全的重要屏障

从资本主义时期到如今的21世纪，海洋始终是影响国家安全的重要地理因素之一，海域及濒海地区的安全和稳定，直接关系到各沿海国家的根本利益。随着科技的进步、经济的发展和世界各国围绕海洋权益斗争的展开，海上的军事较量也更加激烈，特别是在《联合国海洋法公约》生效后，由于国际海洋法规不完善和国际海洋秩序的混乱局面，加上超级大国和地区霸权主义借题发挥，海洋权益斗争对立性加剧，从而使海洋成为世界军事斗争的敏感区。随着经济全球化的加快，来自海洋领域的非传统安全问题也日益进入国际关系领域并对世界政治产生了重要的影响，国际海盗、跨国犯罪等行为日益猖獗，海洋环境污染和生态系统破坏的情况也在不断加剧。中国拥有18 000多千米的海岸线，500平方米以上的海岛6 500多个，约300万平方千米的主张管辖海域，东南沿海以其宽阔的海域和海域中分布的众多岛屿，将中国与周边大洋分隔开来，构成了沿海地区的第一道天然海上屏障，控制这一海域对维护中国的安全有着重要意义。此外，随着海洋经济对中国经济发展的作用越来越突出，马六甲海峡海盗猖獗且对海峡掌控能力不足，中日韩围绕东海大陆架、中国和东盟的南海争端等海上非传统安全严重影响了我国的海上交通运输和经济开发等，对我国的海洋经济发展产生了不利影响。

（二）海洋通道安全是保证海洋国家持续发展的重要保证

进入21世纪，由于经济及人口增长同资源、空间有限性的矛盾日益突出，海洋资源种类多、数量大、开发潜力深厚，成为人类社会可持续发展的宝贵财富和最后空间，向海洋要资源、要能源、要食物，已成为当今世界潮流。按照《联合国海洋法公约》规定，中国可拥有约300万平方千米的海域，资源极其丰富，是一个巨大的资源宝库。除了周边海域，还有公海可以共享开发。不管从近期还是从长远看，加速开发海洋资源，将为我国提供更多的物质资源，从而带动国民经济的快速发展。

同时，海洋还是能源运输和商品运输的海上生命线。随着世界经济海陆一体化的不断发展,海洋作为运输通道的作用越来越突出,由于海运具有运量大、能源消耗少、运费低廉以及劳动生产率高等优点,在国际贸易运输中,80%以上是由海运承担的。因此,控制重要的海上通道,争取海上斗争的主动地位,成为海洋竞争战略和国际战略运筹的重要内容。作为一个濒海大国,海上运输对中国经贸往来有着重大的影响,海上通道安全与我国经济安全密切相关。

(三)海洋安全是捍卫国家权益的重要手段

自1994年11月16日《联合国海洋法公约》正式生效,海洋权益,特别是沿海国家有关毗邻海域的权益,成为了沿海国家权益的重要组成部分。世界已进入争夺海洋权益的新时代,海洋资源争端、海域划界争端、岛屿争端、海洋环保争端等问题日益剧增。对海洋安全和海洋权益的重要意义认识较晚,是造成目前中国面临的海域岛屿被侵占,海洋资源被掠夺、海上军事安全受威胁、海洋主权和海洋权益受到严重侵犯的重要原因。海洋关系着国家的兴衰荣辱,中国必须尽快健全海洋安全战略,维护自身的国家权益。

二、健全中国海洋通道安全体系的具体措施

(一)建设安全港口体系

按照国际海事组织要求,实行严格的港口安全制度,建立涵盖运输、装卸、仓储、生产等各个环节的安全保障体系。

1. 安全意识与技能提高。建立包括港口经营者、承运人、货代、报关、监管部门的全员安全教育培训机制。实行对安全员的专业培训制度。建立对港口经营者、承运人、监管部门人员的安全知识和技能的考试和审核制度,并以考核合格为上岗前提。

2. 形成完善的安全准入制度。实行港口经营者、个人、监管者的三方准入机制。对经营、从业和监管均实行经审核合格后的准入。准入设定有效期限。审核内容包括但不限于安全制度保障、人员、设备、应急、背景、相关犯罪记录等。

3. 安全和环保评价制度的双约束。对港口进行安全评价和环保评价,实行"双评价"通过后的经营许可。安全评价范围包括码头、进港航道、一定区域的陆域,评价内容包括自然环境、经营者相关技能、设备和技术、监测能力、应急机制等。每一座码头都必须进行安全评估,都必须拥有合格的安全规则,都必须从所在国家的交通管理部门领取相应的安全合格证书,并且在司法程序中随时准备向其他签约国家出示,必须拥有港口码头专职安全官员,必须拥有港口码头的安全设施和工具,必须配备训练有素的港口码头安全管理人员。

4. 建立安全检查与监测制度。对安全进行自检、他检、监管者检,自测、他测、监管者测相结合的"三检三测"制度。通过检查和监测发现的隐患和问题要限责限期落实整改,对不按限期整改者要追究责任,并取消从业资格和终身不得进入领域从业。

5. 预案与应急机制。建立完善的预案和应急组织机制、实施机制、演示机制。每个港口都应该有整体和分区的应急预案,预案管理应成为准入的必要条件。形成由公安、海事、海关、检验检疫、交通、消防、环保、气象、媒体、港口经营者、承运人、铁路和公路等联运方参与的应急联动机制。

6. 安全终身问责。对从货物到港到离港在港口的全部环节,实行隐患和问题的发现、威胁和事故发生后倒推的全程逐个环节问责,追查每个环节的责任。对每个环节的人员实行终身追责。被终身问责的企业或个人取消从业资格。

(二)打造安全航行通道

1. 重视重点通道安全。近年来,一系列国际问题的出现对中国的海上通道安全造成了不可忽视的威胁,如日本海上通道战略强化,美国海上力量部署变化,中东局势不稳,南海问题持久,俄罗斯军事扩展对欧洲安全和稳定带来的挑战,朝鲜继续发展核武器和远程弹道导弹技术构成的威胁等。中国应充分认识到霍尔木兹海峡、马六甲海峡、巴拿马运河和苏伊士运河等海上战略通道的重要性,积极采取措施应对不断变化的安全威胁,确保重要海上战略通道的安全。

2. 不断改进和优化巡航监视工作,深化与各国合作,促进海洋巡航工作的协调与合作;建立沿海水域和公海综合性船舶跟踪与电子导航系统网络,包括利用卫星监测和远距离识别跟踪等。

3. 加强近洋和远洋安全力量部署。建设海警与海军,海上与沿海陆上的安全力量建设,将海上安全力量向海岸拓展。完善海上安全力量布局与分工。加强海军参与的远洋护航,建立船队与海军的信息联动系统和预警应急机制。

(三)建立安全支撑商船队

1. 确保紧急状态下的船队供应。建立机制,通过财政支持、制度约束和志愿运输协议,确保在紧急情况下能够动员和使用一定数量的民间商船队,使之与国有商船队形成合力,保障紧急状态下的航运需要。这些船队包括集装箱船、干散货船、油轮和接驳船。由海上安全部门对船员进行登记和批准,同时要处理好安全和商业海运利益二者的关系。

2. 国防船队预备。为支援海军和战略补给运输的需要,海军建立一支强大的战略海运预备役分队。这些船队包括重型货物的吊运、近岸补给油料、辅助起重机、航空后勤支援船和医院船。

3. 武装装备船队。由政府和工业部门联合行动,通过在船只上搭载武装人员和采用新的技术,应对海盗和恐怖主义行为。

4.《国际船舶和港口设施保安规则》要求每一艘船舶必须接受安全评估,每一艘船舶必须递交获得船籍国家交通管理部门批准的安全规划书,轮船公司和其船舶均必须有合格的安全管理官员。

5. 船队安全(电子标示、跟踪系统)。目前,根据国际海事组织要求,国际航行船舶必须安装与船舶保安有关的两个系统,一个是船舶自动识别系统,一个是船舶保安报警系统。其中,船舶自动识别系统给港口官员和附近的其他船舶关于船舶的身份、方位、速度和航路的信息,用于发现出现异常的船只。船舶保安报警系统将启动并传送船岸间的安全报警至主管机关指定的机构,从而确认船舶的位置并指明船舶的安全是否正受到威胁或已经危及安全。

(四)整合海上力量

1. 提高商船队的安全意识和能力。引导和推动商船队重视安全,参与安全体系,推动商船队、政府监管部门、海上安全力量的合作。同时,建立各方协调联动的安全合作机制,促进各方的信息共享和统一行动,开展国家和民间的分工与合作,重视发挥民间在海洋安全信息和提供对策等方面的独特作用。

2. 推动科研机构对海上安全研究。给予研究政策支持和资金支持,推动可研成果的转化,推动军用技术的民用化。

3. 整合监管部门。整合政府海上管理部门,厘清安全责任。形成国家和地方的统筹协调机制,实现信息共享和监管合作。避免重复监管和多头失管。

4. 开展军民政合作。推动海警、海军、执法部门、情报部门和民间的有机结合。依靠各地区对不同行业和部门的政策进行协调与合作,与利益相关者建立伙伴关系。

(五)积极参与国际合作

1. 参与联合国下的海上安全合作。积极参与联合国海洋公约的实施和推动新的修订。加强与有关国家间的协调,强化和提高与有关国家联合风险分析和应对的能力。

2. 积极开展双边和多边合作。开展全球海上安全合作计划,实施与重点港口和通道有关国的合作,借鉴美国的《集装箱安全倡议》和《海关—贸易伙伴协议》,推动安全航运的起点化和在途化。发挥上合组织和与东盟海上合作关系,开展对话、协调和共同行动。

3. 借力传统海洋强国。利用传统海洋强国的优势和力量,参与其全球供应链安全体系的构建,采取节约资源的办法,达到安全并不造成误会与冲突。加强与欧盟合作,推动多边原则下的海上通道新秩序建立。

(六)加强立法

1. 建立法规体系。针对海上航运安全,研究出台《海上航运安全法》和《海上反恐法》,并以此为基础,完善系列安全监管法规,填补法规空白。清理、修改目前已不适宜的安全法规,避免"多头"规定和"打架"规定。

2. 参与国际法进程。在利用国际法维护自己权益的同时,重视参与国际机制和相关国际法律体系的建设,提高在一般海事公约和国际组织中的参与程度。在国际事务中重视通过合法途径解决矛盾和争议。

第五节　健全有利于海洋通道安全的国际海陆新秩序

统筹维稳和维权两个大局,坚持维护国家主权、安全、发展利益相统一,维护海洋权益和提升综合国力相匹配。要坚持用和平方式、谈判方式解决争端,努力维护和平稳定。要做好应对各种复杂局面的准备,提高海洋维权能力,坚决维护我国海洋权益。推进互利友好合作,寻求和扩大共同利益的汇合点。

一、当今国际经济秩序问题

(一)当今国际经济秩序的缺陷

国际经济秩序,就是指处于某一时期国际交往中的国际行为主体,彼此间为各自经济利益的最大化而相互竞争、博弈形成的相对稳定的力量均衡状态。随着"二战"后布雷顿森林体系的形成,规定的美元与黄金挂钩,其他国家货币与美元挂钩,并实行可调整的固定汇率制,确立了美元在国际货币中的中心地位,形成了以美国为主导,为美国等发达国家所控制的国经济秩序并沿用至今,构成了以世界银行、世界贸易组织和国际货币基金组织三驾马车为标志的国际经济秩序基本框架。这种国际经济秩序,在"二战"后较长一段时期里,对全球经济的复苏起到了重要的作用。它使国际市场剧烈波动的汇率在短时间内得以平静,并使主要国家的货币汇率得到较长时间的相对稳定,为各国经济复苏提供了重要的市场环境,对各国的经济发展、贸易增长和国际投资扩张等发挥了重要的积极影响,协调了各国利益,实现各国的共同发展。但随着经济全球化和一体化的不断推进,区域经济的不断发展,这种被发达国家所控制的美元霸权的国际经济秩序开始造成全球经济的不公正和不合理发展。

(二)国际经济旧秩序的失衡对发展中国家造成的影响

近年来,世界经济格局发生了由单极化向多极化的转变。除了日本和西欧等国家的迅速崛起,对美国的霸主地位产生了巨大冲击。进入21世纪后,以发展中国家为主的新兴经济体的发展势头也十分迅猛,增长率远高于世界平均水平和发达经济体。以中国、印度、巴西、俄罗斯和南非为代表的"金砖五国"等新兴经济体对世界经济的发展起到了积极作用,尤其在2008年经济危机之后,世界经济呈现出低速增长的态势,新兴经济体成为拉动全球经济复苏,促进经济贸易发展的驱动力量。新兴经济体不仅实现了自身的发展壮大,其引领作用和溢出效应也相当明显,带动其他发展中国家积极参与国际产业分工,全球经济逐渐呈现出发展中经济体群体性崛起,发达经济体逐渐衰落的"南升北降"趋势。尽管这两年金砖国家等新兴经济体的经济增长出现波动,但从长期来看,新兴经济体的发展趋势依然十分明朗。①

尽管发展中国家在经济增长上有着巨大的潜力,但目前的国际经济秩序仍是以发达国家为主导,处在一种经济失衡的状态下。作为主要的规则制定者,发达国家在现有国际经济秩序中处在操控地位,不断制约着发展中国家的发展。

1.不平等的国际生产分工体系。尽管现今的国际生产分工体系已由保守的单一体系向国际化的多层次体系转变,但由于发达国家和发展中国家在经济发展水平和资金技术实力上的差距,发达国家在这一体系中还是处在高层,发展中国家处在底层。由于发展中国家普遍拥有低廉的劳动力和丰富的自然资源,发达国家将大量的高耗能、高污染产业和生产加工厂转移到发展中国家,发展中国家大多从事的还是依靠廉价劳动力的劳动密集型加工生产,或是依靠自然资源的原材料出口等初级的生产加工工作,而发达国家则从中获得了绝大部分的附加值收益。

2.失衡的国际贸易体系。发达国家和发展中国家之间的不合理、不平等的生产分工,导致了国际贸易体系的失衡,初级产品的价格不断下降,制成品和服务的价格不断上升,使得发展中国家的利益受到严重损害。如今工业制成品在世界贸易中的比重不断增加,与之相比初级产品贸易则发展缓慢,这种商品出口贸易结构也对发展中国家十分不利,发达国家在世界服务贸易中占据了绝对优势。

3.不平等的国际金融体制。从目前的金融体制看,发达经济体占据着国际货币的主导地位和垄断地位,发展中国家和发达国家在货币发行量、汇率调整、债务发行和转移等方面都处在极不对称的位置上。且由于发展中国家资金力量薄弱,想要发展经济必须依靠国际金融市场,而发达国家几乎控制了国际金融市场,它们企图通过向发展中国家转移出资金,控制发展中国家的发展方向及进程,并且获取巨额的利润和利息。发展中国家为了借新债来弥补国际收支的逆差,被迫接受债权者的种种严苛条件,甚至被迫要调整本国的财政经济政策。此外,在影响国际金融体系的国际货币基金组织和世界银行中,发达国家起着重要的影响作用,而发展中国家则处于无权、少权的地位。②

因此,为保证发展中国家的经济健康发展,必须建立起一个满足发展中国家经济发展需要的,适应全球经济发展趋势的国际经济新秩序。

① 陈飞翔,吕冰.加快更新国际经济秩序时不我待[J].国际贸易,2015(06):4-10.

② 黄胜海.论建立国际经济新秩序与全球经济治理[J].中国集体经济,2012(22):12-13.

二、当今国际政治发展格局

(一)国际政治格局的发展过程

国际政治秩序既是国际关系发展变化的产物,又具有鲜明的时代特征。从第二次世界大战结束至今,国际上共发生了三次政治格局的演变。

1."二战"后形成的"美苏冷战"两极格局。第二次世界大战结束后,美国的经济和军事实力一跃到世界第一,美国称霸世界的野心也因此形成。然而在太平洋的另一端,社会主义阵营的苏联的军事实力也在不断增强。为了遏制苏联的发展,美国提出了冷战政策,开始了长达近半个世纪的"美苏冷战"两极格局。

2.苏联解体后的单极化格局。20 世纪 90 年代初,苏联由于体制僵化和民族问题等种种原因,宣告解体,长达近半个世纪的"美苏冷战"结束。而另一边能与美国相抗衡的欧洲也发生了剧变,因此,国际政治格局开始向以美国为主导的单极化转变。

3.当今世界的一超多强格局。20 世纪 60 年代开始,日本和西欧经济高速发展,迅速缩小与美国的差距,成为世界经济不可忽视的重要力量。随后的 70、80 年代里,亚洲经济崛起,新加坡、中国香港、中国台湾等地区都呈现出经济腾飞的态势。进入 21 世纪以来,发展中经济体迅速壮大,增长率远高于世界平均水平和发达经济体。在这种经济形势下,从 20 世纪 80 年代末期开始,美国主导的单极化政治格局发生改变,逐渐形成了现今的一超多强格局。

(二)当今国际政治发展趋势

1.世界多极化将继续成为国际政治格局发展的基本方向。随着新兴力量的不断崛起,继欧美之后,亚、非、拉具有全球影响的地区大国不断出现,世界力量已初步出现从西到东、从北到南的转移进程。国际权力呈分散化的态势和世界多极化的特征越来越明显,非西方力量在世界事务中影响力不断上升。经济全球化、政治多极化、模式多样化、文化多元化将是世界进入下个十年的基本面貌。

2.社会制度和发展模式多元并存将成为国际政治发展的基本趋势。在全球 20 国集团中,每个国家都有着各自不同的发展模式,各国在根据各国国情规划其发展道路的同时,也在根据国际的经济政治形势和本国的发展情况不断的作出调整和变革。而在全球化发展的大背景下,世界各国也在不断的相互竞争,国际政治关系中的制度之争、价值观之争、发展理念之争、软实力之争、话语权之争等呈不断上升的趋势。随着非西方新兴势力的崛起,西方与非西方国家在制度、道路、模式、理念等方面的差异也使得双方斗争不断。西方国家不会放弃其所谓的普世价值观,不会坐视其既有优势和主导权的丧失,而新兴大国和发展中国家凭借自身的不断发展和增强,也越来越不愿意受制于"西方中心主义"。

3.“中国道路”和“中国模式”成为国际政治中的热门话题。国际舆论称:“中国在世界舞台的再次崛起是近年来最有影响的地缘政治事件之一。”“中国角色”在变化中的国际政治格局中被视之为“核心内容”。30多年来,中国在世界历史的风风雨雨中,成功走出了一条符合自身特色、顺应世界潮流的道路,形成了科学的发展理念与模式,产生了世界影响,以自己卓然的“个性”和独特的风貌,改变了国际政治力量对比,引起世界上对中国不同的声音和不同的立场态度,“中国模式”成为国际政治中热议、热门、热点与敏感话题。

三、中国应致力健全21世纪国际海陆新秩序

随着亚洲基础设施投资银行(亚投行)的成立、“丝绸之路经济带”和“21世纪海上丝绸之路”(一带一路)战略的提出和亚太经济合作组织(APEC)的发展壮大等在经济上取得的巨大成就,中国已成为世界上最大的发展中国家和经济实力最强的新兴国家。因此,构建一个更有利于发展中国家经济发展的合理公正的国家经济政治新秩序,中国应该肩负起最大的责任,促进发展中国家乃至世界各国经济的共同发展。

(一)中国建立国际海陆新秩序的措施建议

从近期来看,中国应当从以下几个方面来积极引导国际海陆新秩序进行改革创新:

1.优化空间布局,提升对国际经济事务的影响力。区域经济一体化对未来全球经济格局具有十分重要的影响,不同形式的自贸区是今后一个时期支配全球经济竞争态势的关键因素。我国要抓紧时间把“一带一路”战略做实做好,通过基础设施建设和制度安排等逐步形成有实质意义的共同市场和区域经济共同体。同时,也要更为积极主动地推进各种类型的自贸区建设,因势利导加快与不同类型国家的自贸区谈判进程,更为积极有效地引导区域经济一体化的发展进程,促进全球经济发展的力量平衡。

2.完善国际机构,扩大对国际经济事务的话语权。随着经济全球化进程的不断推进,相应的国际经济组织与机构将发挥出更为重要的功能,我国应当以更为主动的姿态参与其中。一方面,要积极推动对现有国际经济组织的改革与改造,比如,努力促成国际货币基金组织的改革早日落实,以更好地体现和保障发展中国家的正当利益。另一方面,要大力加快金砖国家银行的建设步伐、让亚洲基础设施投资银行早日进入实质性的运行。同时,我国还要考虑设立更多的国际化基金和政府间合作组织,让发展中国家在未来的全球竞争中有更多的选择。

3.转换开放模式,增强国际经济事务中的自主性。要把我国对外开放的重心转移到培育和发挥新型比较优势的轨道上来,尽早在国际产业链和价值链中进行重新定位。过去三十多年国民经济的长足发展已经在重构我国参与国际竞争的态势,从现在开始应更积极地拓展海外直接投资来拉动国内高端装备和技术出口,提高出口商品的附加价值,进一步扩大

出口市场份额。要更为主动地在国际贸易等方面推行人民币结算，扩大人民币国际互换的规模，形成新型的国际竞争优势。在未来的全球经济竞争中，我们不能再简单地追随他人，而必须要努力形成和增强自身的主导能力。

（二）中国健全国际海陆新秩序的主要路径

1.找准中国的身份定位。尽管国际的政治思潮、政治力量对比、以及政治体系结构有新的变化，但现有的世界秩序没有崩溃，新兴大国在现有世界秩序下的崛起还尚处于成长期，并没有能力追求地缘政治、地缘经济的对抗。美国和西方力量虽相对减弱，但没有衰落，在现实国际体系中，美国依然是“头号大国”。发达国家综合影响力和核心竞争力领先格局没有动摇，“一超多强”格局没有被颠覆，新兴大国要成为全球治理中求得重要的一席之地，还是一个较为漫长的过程。因此，在现有的国际政治力量对比和国际制度结构中，中国道路、中国模式仍需不断发展与完善，中国必须把握国际政治格局和外部环境的新变化，找准中国身份定位坚守发展中国家的定位，避免超水平透支发展实力，减少崛起成本。同时还要增强忧患意识，避免成为西方矛盾的焦点，减少发展进程中的阻力和外部压力。

2.有效化解发展过程中的各种矛盾。发展中新兴力量的崛起都面对着各种压力和难题，中国作为世界最大的发展中国家，所面临的麻烦比其他国家更多、更复杂。在此情况下，中国乃至其他发展中新兴集团都应努力化解同西方意识形态的矛盾、同西方遏制势力之间的矛盾、在快速发展中与其他国家利益摩擦的矛盾、在发展过程中所引发的国际战略格局动荡的矛盾，和在发展过程中避免与当下的霸权国家和世界政治体系发生正面对抗的矛盾。

3.切实提升外交质量与水平。首先，要着力改善中美关系。作为敌视中国的根源，中国的迅速崛起，使美国的世界霸主地位受到重大威胁。但同时中美关系又与我国发展的战略全局有着密切联系。因此，中国应该着力改善与美国的关系，加强两国之间的对话磋商和经济合作，增进两国的互利互信，实现两国之间的互利共赢。

4.盘活我国外交资源，推进全方位、立体化外交，妥善处理各方关系，扩大、深化同各类国家利益汇合点。加大对发达国家的外交工作，巩固在大国关系调整中的主动地位，善加利用美国及西方国家的内部矛盾，以防西方联手“制华”；增进同新兴大国的战略互信和机制化交流，加强合作深度与依赖；巩固周边战略依托，提高处理涉主权争端的能力，加强与周边国家的协调与合作，减少地区战略上的分歧；加大对发展中国家的工作投入，夯实外交全局中的战略根基；积极开展多边外交，维护我国国家利益，提升我国国际地位。全面开展各领域外交，增进国际社会对我国的理解和支持。

5.努力改进公共外交观念与方式，创造具有中国民族特色又顺应国际规则的公共外交话语体系。思想实力是建构大国地位的基石。世界越来越需要一个更懂得、更善于说清楚中国的中国式公共外交。要组织专家队伍，认真研究提升国际话语权、增强软实力的“中国方案”，如何用外国人能听懂的语言，向国际社会讲清楚中国的未来走向和发展目标，让外部世界不要误判中国的发展意图，减少对中国实力增长的误解和恐惧，成为当下紧迫之思和刻不容缓之举。

第六节 建立强大的保障海洋通道的维和海军

海军是海洋利益的坚定捍卫者，维护我国的海外利益，保障海上运输通道安全以及保护我国的海洋资源是海军光荣职责和任务。在海洋安全形势严峻、海域岛屿争端不断的今天，中国亟需建立一支强大的维和海军。

一、建立维和海军的重要性

（一）海上通道安全问题日益严峻

改革开放以来，海洋成为中国同外部世界经济交流与合作的重要通道，成为中国对外贸易的交通生命线，成为中国能源运输的重要媒介，海上通道也因此成为中国经济发展的重要命脉，海上通道安全在我国海洋安全中的地位日益重要，直接关系着我国国家经济的发展与安全。然而，目前我国存在着严峻的海上通道安全问题。

一方面，全球范围内对海洋战略通道的争夺局势不断升级。美国、日本、俄罗斯、印度等国采用政治、经济、军事、外交等各种手段加紧对重要海峡进行渗透与战略控制，其中包括对我国有着重要作用的马六甲海峡。马六甲海峡是我国战略石油通道，中国经过马六甲海峡运送的石油数量约占中国石油进口总量的70%以上，每天通过马六甲海峡的船只近60%是中国船只。美、日等国对海峡实行渗透与控制的举动，对我国海上通道安全造成了极大威胁。同时，海峡沿岸国也在不断加强国内立法，强化对海峡及各自邻接海域的管控，并利用其地缘优势，将海峡用作其进行国际关系斗争的武器。伊朗就曾在核问题局势恶化时期，多次以封锁霍尔木兹海峡为要挟吓阻美国对其动武，而霍尔木兹海峡是世界重要的石油产地之一，其航道安全对世界石油市场的稳定至关重要，也对我国石油进口的安全具有重大影响。

另一方面，我国海上运输通道存在被封锁切断的危险。目前中国海上运输通道所经海区的制海权基本掌握在美国及其盟友手中，且由于海上军事能力严重不足，特别是缺乏远洋投送能力，中国尚不具备有效保护海上贸易航线和能源通道的能力。因此，在发生战争或武装冲突等特定背景下，对手很可能切断中国的海上运输通道，使中国陷入进出口贸易受阻、资源和能源供应中断的困境,这将对中国的经济发展和国家安全造成严重的破坏性影响。①

（二）海上非传统安全威胁不断加深

非传统安全威胁主要是指近些年来逐渐突出的、发生在战场之外的安全威胁。目前我国面临着较为严重的海上非传统安全威胁。

1.海上走私行为日渐增加。由于海运具有流动性大,机动性高的优势,因此一般情况海上走私占走私总量的比重较高。近年来,我国海上走私的情况不断增多。据不完全统计,仅从2000年以来,公安海警在我国沿海海域累计查处涉及走私成品油、汽车、烟酒、化肥、珍稀动物、电子产品、工业垃圾等案件多达15 000多起,涉案总额高达近20亿元。珠三角地区和北部湾沿岸地区经济发达,通往越南等东南亚国家的水路也十分便利,因此走私活动比较猖獗,成为海上走私的热点地区。海上走私行为的猖獗,不仅造成关税的大量流失,而且也使市场秩序遭到严重破坏,给我国经济发展带来了严重阻碍。

2.国际海盗活动日益猖獗。近年来,国际范围内的海盗事件不断发生,对世界各国的海上运输造成严重威胁,进而对经济发展造成了极大的影响。2009年前8个月,全球共发生针对船只的海盗和武装劫持事件130起。其中,南中国海2009年前8个月共发生海盗和武装劫持船舶事件37起,约占全球同期发生总数的28%。马六甲海峡作为世界上最繁忙的海上通道之一,加上其复杂的海域环境和地处多国之间的现状,更成为海盗活动的重灾区。据统计,全球60%的海盗袭击发生在该地区。马六甲海峡作为中国能源与贸易的海上生命线,海盗活动对中国的影响非常巨大。

3.海上恐怖主义活动频繁。近年来,随着海盗活动的猖獗,海上恐怖主义也频繁行动。恐怖主义袭击的目标更有针对性,组织更严密,装备也更先进,将使各国打击其活动的难度加大,成本升高。恐怖组织与海盗活动相结合使诸多海域的安全状况进一步恶化。此外,猖獗的海盗活动和恐怖袭击也使得美日印等国以反恐为名,谋求实现在马六甲地区的军事存在,进一步控制这个海上交通要道。

（三）海洋资源掠夺情况不断加剧

近年来,中国周边国家加紧、加快了对我传统海疆线内油气、渔业资源的掠夺。有200多家西方公司在南海海域合作钻探了约1 380口钻井,其中大约八九成位于争议海域(即中国南海海域),石油年产量达5 000万吨,超过大庆油田的产量。越南1981—2002年,已从南沙海域的油田中开采了1亿吨石油,15多亿立方米的天然气,获利250亿美元,南沙石油已成为越南国民经济的第一大支柱产业。马来西亚在南海我传统疆界线内钻探的油气井数量最多,侵入我国传统海疆线以内24万平方千米,约占整个地区油气产量的一半以上,约占总

---

① 樊松岭,中国海权与海洋战略思考.[D].北京,中共中央党校,2007.

油气井数量的60%,争议区的油井数量约占30%。

二、我国维和海军发展现状

在当前我国海洋权益面临严峻挑战的现实情况下,发展海上力量是当务之急。就目前来看,我国的海军力量较之于发达国家以及周边国家,还是有着很大差距。建国初期,受朝鲜战争、越南战争、中印边界战争等一系列陆地边疆危机的牵绊,中国的战略防御重点长期被牵制在陆地边疆。综合国力的弱小,造船工业水平和科技水平的落后,使得中国没有建造大型军舰的实力,只能建造近海小型海军舰艇。因此,建国以来我国海军一直奉行的是“近海防御”的海上战略。改革开放以前,中国的对外贸易规模较小,加上当时《联合国海洋法公约》尚未出台,200海里专属经济区概念尚未成形,近海防御基本能够保障我们的国家安全和近海主权。但随着中国对外贸易的不断发展、海上争端的不断加剧,“近海防御”已不能保卫我国的海洋权益和海上安全,不能适应中国海军新的使命和作战需要。中国海军没有足够的能力有效控制第一岛链内的中国海域,使中国主权海域和岛屿面对被人侵占分割的严峻现实;不能确保突破第一岛链的封锁,解除大国海军对我造成的海上威胁;不能控制邻近海域战略水道以保障我海上运输线的安全,更不具备远洋作战能力。

在目前中国海军力量薄弱的形势下,美国和周边国家的海军力量越来越强大。1992年美国海军提出了“由海向陆”战略,作战样式由远洋决战转变为以在近海或濒海地区由海向陆的兵力投送、对岸打击和对陆攻击作战为主,其舰队军事实力也日益强大,并日益强化日美安保体系,增加对西太平洋的军事部署,对中国海疆与国家安全形成了极大的威胁。近年,日本逐步将其“专守防卫”战略改变为“海上防卫”战略,作战海区也由20世纪70年代的200海里扩展到1 000海里,并已拥有数艘大型导弹驱逐舰,日本的海军力量将继续向大型化、远洋化的方向发展,并由“近海专守防御”向“远洋积极防御”的战略转变。作为一个历史悠久的濒海大国,印度也饱尝了列强由海而来的侵略带来的屈辱。1965年印巴战争后,印度总结教训,决定重点发展海军,建立一支现代化的海上力量以确保印度5 600千米长的海岸线和分布在孟加拉海和阿拉伯海上的岛屿主权。近年来印度发展远洋海军的努力也十分引人注目,已通过建造或购买的方式获得了3艘航母,并实现了从近海防御到远洋作战的转变。即便是韩国、东南亚诸国这样的小国,因为其特殊的地理位置,也越来越认识到发展海军对国家安全的重要意义。近年来,这些国家普遍提出了发展海军的长远规划,试图通过发展海上力量来提高自己在争议海域问题上的说话分量。①

中国由于一直比较重视发展陆军,并且主要发展近海防御,因此,我国海军装备的舰艇数量虽多,吨位却普遍偏小,而且舰艇的技术性能也比较落后。1500年以来的世界历史证

---

① 樊松岭,中国海权与海洋战略思考.[D].北京,中共中央党校,2007.

明，在陆权和海权的斗争中，海权国家确实要略胜一筹。没有强大的海上军事力量就不能保证海权，没有强大的海上军事力量就不能有效维护国家海洋利益和海洋权益，没有强大的海上军事力量就不能有效防御来自海上的威胁。但在发展海军的同时，海军又必须以海洋经济、海外贸易和海洋产业的繁荣为基础，以免重蹈苏联的覆辙。中国没有必要成为霸权式的海权强国，但中国必须发展有限的海权，拥有一支能够胜任保护中国的海洋权益和国际经济利益、完成和维护祖国统一的海上力量。要强国，"必经略海洋"；要强军，必振海军雄风。正如邓小平曾多次强调，面临霸权主义的强大海军和严峻复杂的海洋战略环境，我们没有适当的海防力量不行，必须建立一支精干、顶用、具有现代战斗能力的强大的海军。①

三、建立强大维和海军

（一）高度重视海军在国防中的战略地位

由于长期缺乏海洋意识和海洋观念，中国近代先后经历了大规模由海上入侵的八国联军侵华和中日甲午战争，经历了如此屈辱的历史，中国的领土主权和海洋权益受到极大的侵犯。新中国成立以来，中国深知海军的重要性和必要性，决心要建立起一支保卫海防安全和经济建设的强大海军。毛泽东时期，中国在较短时间内，形成了从海上到空中、从水面到水下、从海岛到海岸的较为完整的防御体系，为海军的发展奠定了坚实的基础。邓小平时期，随着改革开放的不断深化，中国经济的巨大发展推动了对外贸易的发展，海军奉行的仅保卫本土不受来自海上侵略的威胁的"近岸防御"战略开始向"近海防御"战略转变。江泽民时期，世界政治格局动荡不断，中国领土和主权安全也受到威胁，加强海军建设成为维护国家主权和领土完整的重要手段，中国越来越深知切实提高海军近海综合作战能力，建立一支具有强大综合作战能力现代化海军的重要性。

当前，随着我国海外利益的不断拓展，人们对海洋重要性的认识不断加深，海洋的权益日益成为国家利益的重要组成部分，但同时，海域、岛屿争端，资源掠夺，海上军事安全等问题也日益突出，矛盾不断激化，中国的海洋权益和海洋安全面对严峻的威胁和挑战。因此，中国必须继续高度重视海军在国防中的战略地位，建立一支强大的现代化海军。

（二）明确新时期中国海军的战略任务

海军战略任务，是指由海军担负的维系国家重大战略利益的全局性任务，它是海军使命的具体化，也是海军兵力战略运用目标的反映。改革开放以来，随着中国经济的发展、海外贸易往来的频繁、地缘政治问题的不断凸现，中国海洋安全的威胁在不断加深，中国对海洋战略地位的认识也在不断深化。2004 年颁布的《中国国防白皮书》中明确指出，"海军担负

① 李兵．国际战略通道研究[D]．北京，中共中央党校，2005.

着保卫国家海上安全、维护领海主权和海洋权益的任务。”海军作为维护国家海上利益的战略力量，应该紧紧把握国家安全与发展对海军现代化建设提出的要求，切实履行好保卫国家海上安全，实现祖国统一，维护海洋权益的重要任务，同时肩负起确保国家海上的发展利益，保障国家海洋发展战略顺利实施的战略使命。因此，中国必须进一步明确新时期中国海军的战略任务。

(1)执行积极防御的战略构想。改革开放40年，我国的海军战略开始向“近海防御”方向发展，随着“近海防御”的提出，我国的海军作战战略发生了从依靠数量向依靠质量，从进行近岸海区防御向近海防御，从依托岛岸、守卫陆土向在近海保卫海洋领土主权完整、维护海洋权益转变。所谓“近海”，并没有一个明确的范围，它泛指我国国家利益所在的包括渤海、黄海、东海、南海和台湾以东的部分。由于中国的社会主义制度和爱好和平原则，我国的海军战略以防御为目的，中国将坚持奉行积极防御的军事战略，坚决不会侵犯他国主权。在未来，中国海军战略应摆脱近海范围的局限，延伸展开范围，加强舰队实力，提升抗衡能力，保障我海洋权益。

(2)大力保卫我国的岛屿和海域资源。中国当前面临的海域岛屿争端、海上军事威胁、海洋权益侵犯等问题，主要原因是缺少经常性的力量显示和海洋权益的实际管理。因此，我国必须根据国家政治、外交需要，选择适当的方式，通过强大的海军力量，经常性地在海上“示形”威慑，传递我国维护主权的立场和决心，以“备而不战”的行为来有效遏止外来的侵略扩张行为。

(3)加强海上交通运输线的保护。面对中国对外贸易的蓬勃发展，海洋运输业的地位越来越重要，已成为保证我国经济繁荣和社会发展的“海上生命线”。今后我国对欧洲、中东、非洲经过印度洋到达太平洋的海上运输线的依赖性将不断增强，对途经马六甲海峡运送的石油和铁矿石的需求还将持续上升，马六甲海峡成为关系我国能源安全和经济安全的咽喉要地。为此，中国海军必须担负起保障海上交通运输线畅通的重任。海上交通线涉及的海域范围已超出国家近海的范围，因此中国海军在加强“近海防御”战略的同时，也需加快从近海海军向远洋海军的转变，建立一支适应远洋作战的远洋海军，加强对海上交通运输线的保护，推动我国海军跨越式发展。

(4)增强防范危机与风险的能力。我国海区外缘呈现的是一个被岛链包围的半封闭形态。通往邻近海区海上通道的控制权基本掌握在美日等国的手里，美日两国一直试图将我国海军封锁在近海内，对我国海军进行严密监视，一旦发生战事，我国海军舰艇将面临围追堵截、被困近海的危险形势。因此，海军为了在未来海上军事冲突中能真正担当维护国家安全的重任，有效地夺取在特定区域的制海权，就必须拥有能够在危机时刻有效控制进出重要战略通道的能力。为此，我国应该通过各种方式和途径增进与朝鲜海峡、巴士海峡、马六甲海峡等重要海峡沿岸各国的友好合作关系，扩大在这些地区的政治、经济、军事、文化的影响力，建立合作、预警机制，增强抗击风险的能力，确保今后如果发生战事，能够在这些咽喉要地穿梭行动，进行战略部署，掌握主动权。

（三）加快中国海军的现代化建设

加快海军现代化建设是维护世界和平，保障我国经济和国防安全，捍卫海洋权益，实现祖国完全统一的必要保障。促进海军现代化建设与我国经济和社会整体发展相协调，是摆在我们面前一项迫切的任务。因此，中国必须紧紧地把握新军事变革的规律，实施海军人才战略工程，加快武器装备的现代化，走科技强军之路，实现海军跨越式发展。

1.实现海军跨越式发展。20世纪90年代初期的信息技术革命，使世界军事发生巨大变革，战争形态由机械化向信息化转变，世界海军强国也纷纷加快军事信息化的进程。当前，海军舰艇和武器的发展呈现“信息化”和“集成化”的趋势，世界海军强国都在全力打造一支全新的海上力量，全面提升快速反应能力和远程精确打击能力。我国海军必须顺应新军事变革的潮流，在完成海军建设机械化和提升信息化的过程中，确立信息化的主导和支配地位，力争在信息获取、信息传输、指挥控制、信息攻防等各主要领域实现跨越。应充分发挥信息技术的“纽带”和“桥梁”作用，加强各作战要素和单元的综合集成，努力做到指挥体制扁平化，作战力量一体化，实现作战体系由单元对抗向系统对抗的跨越，具体就是将攻舰、防空、反潜和反导等战斗行动从依靠本舰（艇）自身的系统向依靠网络化的舰队（编队）协同作战方式的转变；应努力以信息化带动机械化建设，塑造海上军事行动的数据链，将各种装备用网络化连接起来，从根本上改变未来执行海上任务的方式。

2.重视海军人才培养。当今世界的竞争是人才的竞争，不仅仅是在经济领域，也是在军事领域。要推进海军信息化建设的发展，就必须大力加强人才建设，走上科技强军道路。海军是一个综合军种，作战空间涉及海、陆、空、天上和水下，其装备技术几乎涉及所有现代高新技术领域，非常需要一大批知识型的中高级人才。目前中国海军官兵的整体素质在不断提高，但还未能达到建设信息化、现代化海军的要求，与发达国家的海军仍有一定差距。未来，中国必须加大对海军人才的培养力度，建立一支懂得和驾驭信息化战争的指挥队伍，一支具有战略思维、运筹帷幄的参谋队伍，一支富有前瞻性和创新性的武器研发科学家队伍，一支精通高新武器装备性能的技术专家队伍和一支能熟练掌握武器装备性能的士官队伍，建立一支拥有复合的知识结构和综合能力、具有创新精神与创新能力的海军队伍。

3.加快武器装备更新。海军武器装备的现代化建设是提高海军战斗力，确保海军“非对称性优势”，完成海军战略任务的必要保障。我国海军自创建以来，目前已发展成为一支由水面舰艇、潜艇、航空兵、岸防兵、陆战队等多兵种构成的，具有一定现代作战能力的近海防御力量。特别是战略核潜艇，已经具备相当的核反击能力。为推进海军现代化发展，中国海军必须坚持“有所为、有所不为”的原则，遵循新军事变革的客观规律，抓住其中的关键环节，加快发展形成结构合理、战略战役使用配套的海军兵力结构，重点加强海军的信息化建设，提高远程精确打击能力，增强联合作战能力和海上综合保障能力，按照信息制胜、联合制胜、系统制胜的理念，重点发展必要的武器装备，尽快形成战斗力和战略威慑力。

主要参考文献

[1] 朱坚真等.中国海洋海洋安全体系研究[M]. 海洋出版社,2015.

[2] 赵晋平等 . 对外开放关键领域的新突破[M]. 北京:中国发展出版社,2015. 8

[3] 王义桅 ."一带一路"机遇与挑战[M]. 北京:人民出版社,2015. 4

[4] 黄河.一带一路与国际合作[M]. 上海:上海人民出版社,2015. 11

[5] 朱坚真,高世昌 . 略论中国与东盟产业协作的主要途径[J]经济研究参考,2002(54).

[6] 朱坚真.南中国海周边国家和地区产业协作系统问题研究[J]. 海洋开发与管理,2001(1).

[7] 蔡鹏鸿.面向未来的亚太经济合作[M]. 上海:学林出版社,2002.

[8] 梁海明."一带一路"下如何建设港口[J]. 人民周刊,2015,11:49-50.

[9] 袁新涛."一带一路"建设的国家战略分析[J]. 理论月刊,2014,11:5-9.

[10] 邹嘉龄,刘春腊,尹国庆,唐志鹏.中国与"一带一路"沿线国家贸易格局及其经济贡献[J]. 地理科学进展,2015,05:598-605.

[11] 裴长洪,于燕 ."一带一路"建设与我国扩大开放[J],国际经贸探索,2015,10.

[12] 黄益平.中国经济外交新战略下的"一带一路"[J],国际经济评论,2015,01.

[13] 马晓琳.环渤海地区海洋经济产业结构优化研究[D],大连:大连海事大学,2014.

[14] 陈烨.沿海三大经济区海洋产业与区域经济联动关系比较研究[D]. 青岛:中国海洋大学,2014.

[15] 刘中民 . 国际海洋形势变革背景下的中国海洋安全战略——一种框架性的研究[J]. 国际观察,2011(3):1-9.

[16] 张开城.中国蓝色产业带战略构想[J]. 时代经贸(下旬刊),2008(9).

[17] 董代,真虹 . 第 4 代港口的概念与内涵[J]. 水运管理,2008,01:15-17.

[18] 王满.中国地缘经济时空格局演变及其战略研究[D],济南:山东师范大学 . 2014:39-40

[19] 国家发展改革委员会,外交部,商务部.推动共建丝绸之路经济带和 21 世纪海上丝绸之路的愿景与行动[N]. 人民日报,2015-03-29(4).

后　记

近年来我们在研究中国与东盟自由贸易区、“一带一路”、海陆一体化等现实发展问题时，一直没有放弃对《中国沿海港口交通体系与海上通道安全》问题的研究。

本书主编朱坚真教授既有多年在北京从事理论工作的基础，有在广西、广东从事政府部门综合管理、科研院所和高等院校工作的经历，有实地考察中国沿海港口和全球海洋经济的机会。2010—2014 年他主持完成了《中国海洋安全体系研究》课题，其研究成果交海洋出版社 2015 年出版。在研究中国海洋安全体系问题时，课题组深感继续进行中国沿海港口交通体系与海上通道安全问题相关性研究的必要性，从而在海洋出版社和广东海洋大学支持下近年从事进行了这方面的学术探讨。

在朱坚真教授的大力推动下，广东省人文社会科学重点研究基地——广东海洋大学海洋经济与管理研究中心、经济学院、管理学院组织有关专家学者以中国沿海港口交通体系与海上通道安全问题为主线进行了深入调查研究。

为了深入研究，2013 年我们成立了专门的《中国沿海港口交通体系与海上通道安全》项目研究组，由广东海洋大学副校长兼海洋经济与管理研究中心主任朱坚真教授、博士担任组长，广东海洋大学管理学院周珊珊博士，广东湛江港(集团)股份有限公司罗国强高级政工师，广西壮族自治区北部湾开发领导小组办公室李波处长，广东海洋大学经济管理学院张靳硕士担任副组长，组织有关学者进行分工撰写。经过近两年努力完成了此项成果。本书提纲拟定、修订统稿由朱坚真负责，周珊珊、李波、罗国强协助前期统稿和部分修订工作。初稿写作分工如下：第一章，叶晓丽、罗国强；第二章，胡俊雄、罗国强；第三章，张帅、张彤彤；第四章，李波、周珊珊、张靳；第五章，李波、张君丽、石歌；第六章，李波、周珊珊、张彤彤；第七章，李波、张君丽、张靳；第八章，李波、宋逸伦、刘汉斌。国发智库研究院执行院长沈刚、中共中央党校杨珍奇博士生、广东海洋大学外联处科长杨莉、广东海洋大学继续教育学院副院长许国炯、广东海洋大学继续教育学院科长王继全，研究生刘毅瑶、田旭、陈海开、杨锐、司俊宵、姚仕喜等为本项目研究提供了一些文献资料和宝贵参考意见。

在充分吸收我国同行已有研究成果的基础上，我们对已有中国沿海港口交通体系与海上通道安全问题研究成果进行了归纳整理，分专题小组撰写初稿，并在此基础上进行集中讨论和统筹兼顾，删除一些争议较大的章节内容。在现有章节大多数问题上达成了一致性看法，也在一些问题上保留着不同的看法。与此同时，由于各作者写作思维和方法存在差异，各章节表述也有些不一。

本书得到广东海洋大学和国家海洋局大力支持，也得到中央支持地方财政基金、广东省普通高校人文社会科学重点研究基地——广东海洋大学海洋经济与管理研究中心、广东海洋大学经济管理学院、农林经济管理重点学科基金、广东省精品课程——海洋经济学、南海综合开发系列丛书（创新强校工程）项目经费支持。

海洋出版社领导和编辑给予了具体帮助，在此深表谢意。

编著者

2017 年 2 月